Prognosen im Kapitalmarktrecht

Schriften zum Gesellschafts-, Bilanz- und Unternehmensteuerrecht

Herausgegeben von Barbara Grunewald und Joachim Hennrichs

Band 38

Zur Qualitätssicherung und Peer Review der vorliegenden Publikation

Die Qualität der in dieser Reihe erscheinenden Arbeiten wird
vor der Publikation durch den Herausgeber der Reihe geprüft.

Notes on the quality assurance and peer review of this publication

Prior to publication, the quality of the work published in this series is reviewed by the editor of the series.

Andreas Michael Mildner

Prognosen im Kapitalmarktrecht

PETER LANG

Bibliografische Information der Deutschen Nationalbibliothek
Die Deutsche Nationalbibliothek verzeichnet diese Publikation in der Deutschen Nationalbibliografie; detaillierte bibliografische Daten sind im Internet über http://dnb.d-nb.de abrufbar.

Zugl.: Köln, Univ., Diss., 2021

Gedruckt auf alterungsbeständigem, säurefreiem Papier.
Druck und Bindung: CPI books GmbH, Leck

D 38
ISSN 1867-500X
ISBN 978-3-631-85072-5 (Print)
E-ISBN 978-3-631-86130-1 (E-PDF)
E-ISBN 978-3-631-86131-8 (EPUB)
E-ISBN 978-3-631-86132-5 (MOBI)
DOI 10.3726/b18685

Peter Lang – Berlin · Bern · Bruxelles · New York · Oxford · Warszawa · Wien

Diese Publikation wurde begutachtet.

www.peterlang.com

Vorwort

Diese Arbeit entstand während meiner Tätigkeit als wissenschaftlicher Mitarbeiter im Team von Prof. Michael Schlitt bei Hogan Lovells in Frankfurt am Main. Das Thema hat mich von Beginn an sehr gereizt, da sich das europäische Kapitalmarktrecht zu der Zeit und auch in den folgenden Jahren stetig veränderte und ich so die Möglichkeit hatte, „am Zahn der Zeit" zu arbeiten. Gleichzeitig konnte ich mich mit vielen Problemstellungen und Fragen aus der kapitalmarktrechtlichen Praxis auseinandersetzen, was mir besonders großen Spaß gemacht hat. So war die Erstellung dieser Arbeit für mich nicht nur eine große Herausforderung, sondern vor allem auch eine starke persönliche Bereicherung.

Besonderer Dank gilt meinen Doktoreltern Prof. Barbara Grunewald und Prof. Michael Schlitt, in dessen Team ich während meiner gesamten Promotionszeit wertvolle praktische Erfahrungen sammeln durfte. Neben der sehr konstruktiven Betreuung dieser Arbeit hatte er stets für alle Anliegen ein offenes Ohr und er hat sehr dazu beigetragen, dass ich mich in meiner neuen Heimat Frankfurt von Anfang an wohl- und gut aufgenommen gefühlt habe. Der Teamzusammenhalt und die familiäre Atmosphäre, die Prof. Schlitt auch im Büro schafft, sind einmalig und ich freue mich, nun auch während meines Referendariats Teil dieses Teams zu sein.

Weiterhin möchte ich mich bei den großartigen Teamkollegen bedanken, die mich während meiner Zeit bei Hogan Lovells begleitet und unterstützt haben. Aus vielen sind gute Freunde geworden, die ich nicht mehr missen möchte.

Schließlich danke ich meiner Familie und auch Kiki, die mich während des Studiums und der Promotion unterstützt, aus- und am Boden gehalten haben. Ohne sie hätte mir oft die nötige Gelassenheit gefehlt, aus den letzten vier Jahren eine richtig gute Zeit zu machen. Ihnen widme ich diese Arbeit.

Frankfurt am Main, April 2021
Andreas Mildner

Gliederung

Vorwort 5

Abkürzungsverzeichnis 15

A. Einführung 23

B. Der Prognosebegriff im Kapitalmarktrecht 27

I. Positive Begriffsbestimmung 27

1. Der Prognosebegriff bei der (Konzern-)Lageberichterstattung . 27

2. Prospektrechtliche Legaldefinition 28

3. Ausgewählte Definitionsansätze aus dem Schrifttum 29

II. Negative Begriffsbestimmung 30

1. Harte und weiche Informationen 30

2. Prognosen und Schätzungen 31

3. Trendinformationen 32

4. Gerüchte 33

III. Zwischenergebnis 35

C. Prognoseberichte im Rahmen der Regelpublizität 37

I. Einführung 38

1. Zwecke der Finanzberichterstattung 38

2. Adressaten der einzelnen Berichtspflichten 38

II. Anforderungen an die Prognoseberichterstattung 40

1. Prognosen im (Konzern-)Lagebericht des Konzern- und Jahresabschlusses 40

a) Rechtsgrundlagen 41

b) Aufnahmepflicht und Funktion 42

c) Erstellung des Prognose-/Chancen- und Risikoberichts 43

aa) Grundsätze der Lageberichterstattung ... 43
(1) Vollständigkeit ... 44
(2) Wahrheit ... 45
(3) Klarheit ... 46
(4) Stetigkeit ... 46
bb) Aufbau ... 47
(1) Vorgaben des DRS 20 ... 47
(2) Abwägung zwischen den Aufbauformen ... 48
cc) Anforderungen an Inhalt und Methodik ... 49
(1) Prognosebericht ... 49
(a) Inhalt ... 49
(b) Ermittlung und Darstellung ... 50
(2) Chancen- und Risikobericht ... 52
(a) Inhalt ... 52
(b) Ermittlung und Darstellung ... 53
(c) Saldierungsverbot ... 55
(3) Beurteilen und Erläutern sowie die Angabe zugrundeliegender Annahmen ... 56
dd) Prognosezeitraum ... 57
2. Prognosen im Zwischenlagebericht von Halbjahresfinanzberichten ... 58
a) Grundlagen der Halbjahresfinanzberichterstattung ... 59
aa) Rechtsgrundlagen ... 59
bb) Inhalt des Zwischenlageberichts ... 60
b) Prognosebericht/Chancen- und Risikobericht im Zwischenlagebericht ... 61
aa) Prognosebericht ... 61
bb) Chancen- und Risikobericht ... 62
cc) Prognosezeitraum ... 63
c) Vergleich mit dem Jahresfinanzbericht ... 63
3. Die Bedeutung von Prognosen für Quartalsmitteilungen und Quartalsfinanzberichte ... 64
a) Einführung und Rechtsgrundlagen ... 64

b) Inhaltliche Anforderungen an die Prognoseberichterstattung 65
c) Berichtszeitraum 66
4. Unterjährige Publizität bei Unternehmen, die nicht zur Veröffentlichung von Quartalsmitteilungen verpflichtet sind 66
III. Mögliche Grenzen der Pflicht zur Prognoseberichterstattung 67
1. Besonders schwerwiegende äußere Umstände und Unsicherheiten 67
a) Zum Sachverhalt 68
b) Wesentliche Beschlussgegenstände 70
c) Würdigung der Entscheidung 72
2. Drohende Nachteile für die Gesellschaft 73
a) Befürworter einer Befreiung 74
b) Ablehnung einer Befreiung 75
c) Stellungnahme 76
aa) Maßstäbe bei der Interessenabwägung 76
bb) Rechtsfolge bei Überwiegen des Schutzinteresses 77
(1) Vollständiger Verzicht 77
(2) Abmilderung der Anforderungen 78
cc) Ergebnis 79
IV. Die Prüfung zukunftsgerichteter Informationen 79
1. Prüfung der (Konzern-)Lageberichte in Konzernabschlüssen und Jahresfinanzberichten 80
a) Pflicht zur Prüfung 80
b) Gegenstand der Prüfung 80
c) Umfang der Prüfung 80
d) Prüfungsbericht und Bestätigungsvermerk 82
2. Prüfung der Zwischenlageberichte in Halbjahresfinanzberichten 84
a) Pflicht zur Prüfung 84
b) Gegenstand, Umfang und Bescheinigung 84
3. Prüfung von Quartalsmitteilungen und Quartalsfinanzberichten 85

V. Sanktionen und Haftung ... 86
1. Überblick und Systematik ... 86
2. Straf- und Ordnungswidrigkeitstatbestände ... 87
3. Haftung wegen fehlerhafter Prognoseberichterstattung ... 88
a) Deliktische Haftung ... 88
b) Bürgerlich-rechtliche Prospekthaftung ... 90
c) Haftung analog §§ 97, 98 WpHG ... 90
d) Haftung sonstiger Beteiligter bei der (Konzern-) Lageberichterstattung ... 92
4. Das verwaltungsrechtliche Enforcementverfahren ... 93
a) Überblick ... 93
b) Voraussetzungen ... 94
c) Das Enforcementverfahren bei der Prognoseberichterstattung ... 95
d) Rechtsfolgen ... 97
5. Zwischenergebnis ... 98

D. Prognosen im Rahmen von Wertpapierprospekten ... 101
I. Rechtsgrundlagen und -entwicklung ... 102
1. Rechtsgrundlagen vor Inkrafttreten der Verordnung (EU) 2017/1129 ... 102
2. Gesetzgebungsverfahren/Verordnung (EU) 2017/1129 und delegierte Rechtsakte ... 103
3. Untergesetzliche Rechtsquellen ... 106
II. Prospektrechtliche Begriffsbestimmung ... 106
1. Legaldefinition und Auslegung durch die ESMA ... 107
2. Vergleich mit der Regelpublizität ... 109
III. Aufnahmepflichten und inhaltliche Anforderungen ... 110
1. Pflicht zur Aufnahme von (Gewinn-)Prognosen in Wertpapierprospekte ... 111
a) Verordnung (EG) Nr. 809/2004 ... 111
aa) Grundsatz ... 111
bb) Aufnahmepflicht wesentlicher Informationen ... 112

(1) Ausstehende Gewinnprognosen und -schätzungen 112
(2) Sonstige zukunftsgerichtete Informationen 114
cc) Nachträge zum Prospekt 115
dd) Informationelle Gleichbehandlung von Investoren 115
b) Verordnung (EU) 2017/1129 und Delegierte Verordnung (EU) 2019/980 116
aa) Grundsätze 116
bb) Ausstehende Gewinnprognosen 116
cc) Sonstige zukunftsgerichtete Informationen 118
dd) Prospektnachträge 119
c) Bewertung der neuen Rechtslage 119
2. Inhaltliche Anforderungen 122
a) Verordnung (EG) Nr. 809/2004 122
b) Verordnung (EU) 2017/1129 und Delegierte Verordnung (EU) 2019/980 123
c) Bewertung der neuen Rechtslage 125
aa) Nennung wesentlicher Unsicherheitsfaktoren 126
bb) Eigene Erklärung des Emittenten zur Gewinnprognose 126
cc) Streichung des Wirtschaftsprüferberichts 127
(1) Reaktionen der Stakeholder auf den Entwurf der ESMA 127
(2) Argumentation der ESMA 129
(3) Reaktionen der Stakeholder auf den Kommissionsentwurf 129
(4) Abwägung 130
3. Zwischenergebnis 131
IV. Ermittlung, Darstellung, Prognosezeitraum sowie Prüfung von Gewinnprognosen 132
1. Ermittlung der Gewinnprognose 133
a) Erfassen der Geschäftsvorfälle 134
b) Ermittlung von Faktoren 134
c) Annahmen 136

d) Ableitung der Gewinnprognose 139
2. Darstellung 139
3. Prognosezeitraum 142
4. Optional: Wirtschaftsprüferbericht 142
a) Inhalt des Prüfberichts 143
b) Verwendung der Ergebnisse der Abschlussprüfung 145
V. Prospekthaftung für (Gewinn-)Prognosen 147
1. Überblick über das deutsche Prospekthaftungsregime 149
2. Prospekthaftung nach dem WpPG 150
a) Fehlerhaftigkeit/Anforderungen an die Prognoseberichterstattung 151
aa) Prospektfehler 151
bb) Anforderungen an die Prognoseberichterstattung 153
(1) Grundzüge der Rechtsprechung 153
(2) Weiterentwicklung der Rechtsprechungsgrundsätze durch die Literatur . 154
(3) Abwägung 155
b) Verschulden 157
aa) Grundsatz 157
bb) Anwendung auf Prognosen 158
c) Zwischenergebnis 160
3. Haftung des Wirtschaftsprüfers 161
a) Die Wirtschaftsprüferhaftung vor Inkrafttreten der neuen Prospektverordnung 161
aa) Das Leiturteil des BGH 161
bb) Literaturstimmen und Würdigung 163
b) Folgen der Verordnung (EU) 2017/1129 164
c) Zwischenergebnis 166
VI. Steuerung des Prospektinhalts durch Regelpublizität? 166
1. Vermeidung durch entsprechende Formulierungen/ Disclaimer 166
2. Zwischenergebnis 167

E. Prognosen und Ad-hoc-Mitteilungen 169

I. Allgemeines zur Ad-hoc-Publizitätspflicht 170

1. Zweck der Ad-hoc-Publizitätspflicht 170

2. Voraussetzungen der Ad-hoc-Publizitätspflicht 171

II. Veröffentlichungspflichten im Zusammenhang mit Prognosen 174

1. Ad-hoc-Publizitätspflichten bei Prognosen 175

a) Ad-hoc-Publizitätspflicht aufgrund des Prognoseinhalts (künftige Umstände) 176

aa) Präzise Information 176

bb) Kursbeeinflussungspotential 178

(1) Abweichen von der allgemeinen Markterwartung oder zurückliegenden Geschäftsergebnissen 179

(2) Abweichen von zuvor veröffentlichten Prognosen 180

b) Ad-hoc-Pflicht aufgrund des Bestehens einer Prognose als solcher (bereits existierende Umstände) 182

2. Ausscheiden einer Ad-hoc-Publizitätspflicht durch zuvor veröffentlichte Prognose 183

3. Ad-hoc-Publizitätspflicht aufgrund abweichender oder fehlerhafter Werturteile 184

a) Äußerungen Dritter 184

b) Aufrechterhalten einer Prognose trotz abweichender Markterwartung 185

III. Zeitpunkt der Veröffentlichung 187

IV. Aufschub der Veröffentlichung 189

1. Voraussetzungen der Selbstbefreiung 189

2. Berechtigtes Interesse des Emittenten 190

a) Effektive und verlässliche Öffentlichkeitsarbeit 191

aa) Meinungsstand 191

bb) Abwägung und Zwischenergebnis 192

b) Weitere Analyse und Bewertung 192

aa) Meinungsstand 193

bb) Abwägung und Zwischenergebnis 194

3. Nicht zur Irreführung der Öffentlichkeit geeignet 196
4. Sicherstellung der Vertraulichkeit/Gerüchte 198
V. Zwischenergebnis 200

F. Zusammenfassung in Thesen 201
I. Einführung 201
II. Der Prognosebegriff im Kapitalmarktrecht 201
III. Prognoseberichte im Rahmen der Regelpublizität 203
IV. Prognosen im Rahmen von Wertpapierprospekten 206
V. Prognosen und Ad-hoc-Mitteilungen 210

Literaturverzeichnis 213

Abkürzungsverzeichnis

4. gesellschaftsrechtliche EG-(Bilanz-)Richtlinie	Vierte Richtlinie 78/660/EWG des Rates vom 25. Juli 1978 aufgrund von Art. 54 Absatz 3 Buchstabe g) des Vertrages über den Jahresabschluß von Gesellschaften bestimmter Rechtsformen (ABl. L 222, 14.8.1978, S. 11), zuletzt geändert durch RICHTLINIE 2009/49/EG DES EUROPÄISCHEN PARLAMENTS UND DES RATES vom 18. Juni 2009 zur Änderung der Richtlinien 78/660/EWG und 83/349/EWG des Rates im Hinblick auf bestimmte Angabepflichten mittlerer Gesellschaften sowie die Pflicht zur Erstellung eines konsolidierten Abschlusses (ABl. L 164, 26.6.2009, S. 42)
a.A.	andere Ansicht
a.F.	alte Fassung
AktG	Aktiengesetz, vom 6. September 1965 (BGBl. I S. 1089), zuletzt geändert durch Art. 1 des Gesetzes vom 12. Dezember 2019 (BGBl. I S. 2637)
Aktionärsrechterichtlinie	Richtlinie 2007/36/EG des Europäischen Parlaments und des Rates vom 11. Juli 2007 über die Ausübung bestimmter Rechte von Aktionären in börsennotierten Gesellschaften (ABl. L 132, 20.5.2017, S. 1)
alte Prospektverordnung	Verordnung (EG) Nr. 809/2004
BaFin	Bundesanstalt für Finanzdienstleistungsaufsicht
BGB	Bürgerliches Gesetzbuch (BGB), in der Fassung der Bekanntmachung vom 2. Januar 2002 (BGBl. I S. 42, 2909; 2003 I S. 738), zuletzt geändert durch Art. 1 des Gesetzes vom 31. März 2020 (BGBl. I S. 541)
BGH	Bundesgerichtshof

Bilanzrichtlinie	Richtlinie 2013/34/EU des Europäischen Parlaments und des Rates vom 26. Juni 2013 über den Jahresabschluss, den konsolidierten Abschluss und damit verbundene Berichte von Unternehmen bestimmter Rechtsformen und zur Änderung der Richtlinie 2006/43/EG des Europäischen Parlaments und des Rates zur Aufhebung der Richtlinien 78/660/EWG und 83/349/EWG des Rates (ABl. L 182, 29.6.2013, S. 19)
BiRiLiG	Gesetz zur Durchführung der Vierten, Siebenten und Achten Richtlinie des Rates der Europäischen Gemeinschaften zur Koordinierung des Gesellschaftsrechts (Bilanzrichtlinien-Gesetz – BiRiLiG), vom 19. Dezember 1985 (BGBl. I S. 2355)
BörsO FWB	Börsenordnung für die Frankfurter Wertpapierbörse, Stand: 01.04.2020
bzw.	beziehungsweise
CESR	Committee of European Regulators
CESR/05-54b	CESR's recommendations for the consistent implementation of the European Commission's Regulation on Prospectuses No 809/2004, Paris, February 2005, CESR/05-54b
DCGK	Deutscher Corporate Governance Kodex, in der Fassung vom 16. Dezember 2019
Delegierte Verordnung (EU) 2019/979	DELEGIERTE VERORDNUNG (EU) 2019/979 DER KOMMISSION vom 14. März 2019 zur Ergänzung der Verordnung (EU) 2017/1129 des Europäischen Parlaments und des Rates durch technische Regulierungsstandards für wesentliche Finanzinformationen in der Zusammenfassung des Prospekts, die Veröffentlichung und Klassifizierung von Prospekten, die Werbung für Wertpapiere, Nachträge zum Prospekt und das Notifizierungsportal und zur Aufhebung der Delegierten Verordnung (EU) Nr. 382/2014 der Kommission und der Delegierten Verordnung (EU) 2016/301 der Kommission (ABl. L 166, 21.6.2019, S. 1)

Delegierte Verordnung (EU) 2019/980	DELEGIERTE VERORDNUNG (EU) 2019/980 DER KOMMISSION vom 14. März 2019 zur Ergänzung der Verordnung (EU) 2017/1129 des Europäischen Parlaments und des Rates hinsichtlich der Aufmachung, des Inhalts, der Prüfung und der Billigung des Prospekts, der beim öffentlichen Angebot von Wertpapieren oder bei deren Zulassung zum Handel an einem geregelten Markt zu veröffentlichen ist, und zur Aufhebung der Verordnung (EG) Nr. 809/2004 der Kommission (ABl. L 166, 21.6.2019, S. 26).
DPR	Deutsche Prüfstelle für Rechnungslegung
DRS 16	Deutscher Rechnungslegungsstandard Nr. 16, Halbjahresfinanzberichterstattung vom 2.11.2012 (BAnz A/4.12.2012 B2), zuletzt überarbeitet am 22.9.2017 (BAnz AT 4.12.2917 B1)
DRS 20	Deutscher Rechnungslegungsstandard Nr. 20, Konzernlagebericht vom 2.11.2012 (BAnz AT 4.12.2012 B1), zuletzt überarbeitet am 22.9.2017 (BAnz AT 4.12.2017 B1)
EBIT	Earnings before interest and taxes (Gewinn vor Zinsen und Steuern)
EBITDA	Earnings before interests, taxes, depreciation and armortisation (Gewinn vor Zinsen, Steuern und Abschreibungen)
ESMA/2011/81	ESMA, update of the CESR recommendations on the consistent implementation of Commission Regulation (EC) No 809/2004 implementing the Prospectus Directive, vom 23.3.2011, ESMA/2011/81
ESMA/2013/319	ESMA update of the CESR recommendations, 20 March 2013, ESMA/2013/319
ESMA/2013/319	ESMA update of the CESR recommendations The consistent implementation of Commission Regulation (EC) No 809/2004 implementing the Prospectus Directive, 20 March 2013

ESMA/2016/1130	Final Report, Guidelines on the Market Abuse Regulation – market soundings and delay of disclosure of inside information, vom 13.7.2016, ESMA/2016/1130
ESMA/2016/1478	MAR-Leitlinien, Aufschub der Offenlegung von Insiderinformationen, vom 20.10.2016, ESMA/2016/1478 DE
ESMA/2016/1478	MAR-Leitlinien, Aufschub der Veröffentlichung von Insiderinformationen, vom 20.10.2016, ESMA/2016/1478
ESMA/2016/162	Consultation Paper, Draft guidelines on the Market Abuse Regulation, vom 28.1.2017, ESMA2016/162
ESMA31-62-532	ESMA, Consultation Paper, Draft technical advice on format and content of the prospectus, ESMA31-62-532/6 July 2017
ESMA31-62-649	ESMA Consultation Paper, Draft technical advice on the content and format of the EU Growth prospectus, ESMA31-62-649/6 July 2017
ESMA31-62-650	ESMA Consultation Paper, Draft technical advice on scrutiny and approval of the prospectus/6 July 2017
ESMA31-62-780	ESMA Questions and Answers Prospectuses, 30th updated version, vom 8. April 2019, ESMA31-62-780
ESMA31-62-800/28	ESMA Final Report, Technical advice under the Prospectus Regulation, ESMA31-62-800/28 March 2018
etc.	et cetera
EuGH	Europäischer Gerichtshof
GuV	Gewinn-und-Verlustrechnung
HGB	Handelsgesetzbuch, in der im Bundesgesetzblatt Teil III, Gliederungsnummer 4100-1, veröffentlichten bereinigten Fassung, zuletzt geändert durch Art. 8 Abs. 4 des Gesetzes vom 8. Juli 2019 (BGBl. I S. 1002)
i.Ü.	im Übrigen
IAS 34	IAS 34 Zwischenberichterstattung (Interim Financial Reporting)

IAS-Verordnung	VERORDNUNG (EG) Nr. 1606/2002 DES EUROPÄISCHEN PARLAMENTS UND DES RATES vom 19. Juli 2002 betreffend die Anwendung internationaler Rechnungslegungsstandards (ABl. L 243, 11.9.2002, S. 1)
idR	in der Regel
IDW	Institut der Wirtschaftsprüfer in Deutschland
IDW PH 9.910.1	IDW Prüfungshinweis: Prüfung von Gewinnprognosen und -schätzungen i.S.v. IDW RH HFA 2.003 sowie Gewinnschätzungen auf Basis vorläufiger Zahlen (IDW PH 9.910.1; vorher: IDW PH 9.960.3), Aktualisierung vom 14.02.2020 veröffentlicht in IDW Life 4/2020 S. 150 ff.
IDW PS 350	IDW Prüfungsstandard 350 Prüfung des Lageberichts
IDW RH HFA 2.003	IDW Rechnungslegungshinweis: Erstellung von Gewinnprognosen und -schätzungen (IDW RH HFA 2.003), veröffentlicht in WPg Supplement 1/2008, S. 41 ff., Aktualisierung vom 02.12.2019 veröffentlicht in IDW Life 4/2020 S. 146 ff.
IFRS	International Financial Reporting Standards
iVm	in Verbindung mit
KMU	Kleine und mittelständische Unternehmen
Kommission	Europäische Kommission
KonTraG	Gesetz zur Kontrolle und Transparenz im Unternehmensbereich vom 27. April 1998 (BGBl. I S. 786)
LG	Landgericht
MAR	Verordnung (EU) Nr. 596/2014
Marktmissbrauchsrichtlinie	RICHTLINIE 2003/6/EG DES EUROPÄISCHEN PARLAMENTS UND DES RATES vom 28. Januar 2003 über Insider-Geschäfte und Marktmanipulation (Marktmissbrauch) (ABl. L 96, 12.4.2003, S. 16)
neue Prospektverordnung	Verordnung (EU) 2017/1129
o.Ä.	oder Ähnliches
o.g.	oben genannt

OLG	Oberlandesgericht
Prospektrichtlinie	Richtlinie 2003/71/EG
Prospektrichtlinie-Änderungsrichtlinie	RICHTLINIE 2010/73/EU DES EUROPÄISCHEN PARLAMENTS UND DES RATES vom 24. November 2010 zur Änderung der Richtlinie 2003/71/EG betreffend den Prospekt, der beim öffentlichen Angebot von Wertpapieren oder bei deren Zulassung zum Handel zu veröffentlichen ist, und der Richtlinie 2004/109/EG zur Harmonisierung der Transparenzanforderungen in Bezug auf Informationen über Emittenten, deren Wertpapiere zum Handel auf einem geregelten Markt zugelassen sind (ABl. L 327, 11.12.2010, S. 1)
Richtlinie 2003/71/EG	Richtlinie 2003/71/EG des Europäischen Parlaments und des Rates vom 4. November 2003 betreffend den Prospekt, der beim öffentlichen Angebot von Wertpapieren oder bei deren Zulassung zum Handel zu veröffentlichen ist, und zur Änderung der Richtlinie 2001/34/EG (ABl. L 345, 31.12.2003, S. 64)
SMSG	Securities and Markets Stakeholder Group
Transparenzrichtlinie	RICHTLINIE 2004/109/EG DES EUROPÄISCHEN PARLAMENTS UND DES RATES vom 15. Dezember 2004 zur Harmonisierung der Transparenzanforderungen in Bezug auf Informationen über Emittenten, deren Wertpapiere zum Handel auf einem geregelten Markt zugelassen sind, und zur Änderung der Richtlinie 2001/34/EG (ABl. L 390, 31.12.2004, S. 38)

Transparenzrichtlinie-Änderungsrichtlinie	RICHTLINIE 2013/50/EU DES EUROPÄISCHEN PARLAMENTS UND DES RATES vom 22. Oktober 2013 zur Änderung der Richtlinie 2004/109/EG des Europäischen Parlaments und des Rates zur Harmonisierung der Transparenzanforderungen in Bezug auf Informationen über Emittenten, deren Wertpapiere zum Handel auf einem geregelten Markt zugelassen sind, der Richtlinie 2003/71/EG des Europäischen Parlaments und des Rates betreffend den Prospekt, der beim öffentlichen Angebot von Wertpapieren oder bei deren Zulassung zum Handel zu veröffentlichen ist, sowie der Richtlinie 2007/14/EG der Kommission mit Durchführungsbestimmungen zu bestimmten Vorschriften der Richtlinie 2004/109/EG (ABl. L 294, 6.11.2013, S. 13)
Transparenzrichtlinie-Umsetzungsgesetz	Gesetz zur Umsetzung der Richtlinie 2004/109/EG des Europäischen Parlaments und des Rates vom 15. Dezember 2004 zur Harmonisierung der Transparenzanforderungen in Bezug auf Informationen über Emittenten, deren Wertpapiere zum Handel auf einem geregelten Markt zugelassen sind, und zur Änderung der Richtlinie 2001/34/EG vom 10.1.2007 (BGBl. I S. 10)
TranspRLDV	Transparenzrichtlinie-Durchführungsverordnung, vom 13. März 2008 (BGBl. I S. 408), zuletzt geändert durch Art. 24 Abs. 10 des Gesetzes vom 23. Juni 2017 (BGBl. I S. 1693)
u.a.	unter anderem
usw.	und so weiter
Verordnung (EG) Nr. 809/2004	VERORDNUNG (EG) Nr. 809/2004 DER KOMMISSION vom 29. April 2004 zur Umsetzung der Richtlinie 2003/71/EG des Europäischen Parlaments und des Rates betreffend die in Prospekten enthaltenen Angaben sowie die Aufmachung, die Aufnahme von Angaben in Form eines Verweises und die Veröffentlichung solcher Prospekte sowie die Verbreitung von Werbung (ABl. L 149, 30.4.2004, S. 3)

Verordnung (EU) 2017/1129	VERORDNUNG (EU) 2017/1129 DES EUROPÄISCHEN PARLAMENTS UND DES RATES vom 14. Juni 2017 über den Prospekt, der beim öffentlichen Angebot von Wertpapieren oder bei deren Zulassung zum Handel an einem geregelten Markt zu veröffentlichen ist und zur Aufhebung der Richtlinie 2003/71/EG (ABl. L 168, 30.6.2017, S. 12)
Verordnung (EU) Nr. 596/2014	VERORDNUNG (EU) Nr. 596/2014 DES EUROPÄISCHEN PARLAMENTS UND DES RATES vom 16. April 2014 über Marktmissbrauch (Marktmissbrauchsverordnung) und zur Aufhebung der Richtlinie 2003/6/EG des Europäischen Parlaments und des Rates und der Richtlinien 2003/124/EG, 2003/125/EG und 2004/72/EG der Kommission (ABl. L 173, 12.6.2014, S. 1)
VGH	Verwaltungsgerichtshof
WpAV	Verordnung zur Konkretisierung von Anzeige-, Mitteilungs- und Veröffentlichungspflichten nach dem Wertpapierhandelsgesetz (Wertpapierhandelsanzeigeverordnung -WpAV), vom 13. Dezember 2004 (BGBl. I S. 3376), zuletzt geändert durch Art. 1 der Verordnung vom 19. Oktober 2018 (BGBl. I S. 1758)
WpHG	Gesetz über den Wertpapierhandel (Wertpapierhandelsgesetz - WpHG), vom 9. September 1998 (BGBl. I S. 2708), zuletzt geändert durch Art. 4 des Gesetzes vom 27. März 2020 (BGBl. I S. 543, 554)
WpPG	Gesetz über die Erstellung, Billigung und Veröffentlichung des Prospekts, der beim öffentlichen Angebot von Wertpapieren oder bei der Zulassung von Wertpapieren zum Handel an einem organisierten Markt zu veröffentlichen ist (Wertpapierprospektgesetzt - WpPG), vom 22. Juni 2005 (BGBl. I S. 1698), zuletzt geändert durch Art. 155 des Gesetzes vom 20. November 2019 (BGBl. I S. 1626, 1662)
z.B.	zum Beispiel
zzgl.	zuzüglich

A. Einführung

„Prognosen sind gefährlich, besonders, wenn sie von der Zukunft handeln".[1] Dieses Zitat – wenn auch originär nicht aus der Rechtswissenschaft stammend – drückt die große Unsicherheit aus, die mit der Aufstellung und Veröffentlichung von Prognosen einhergeht. Dabei spielen (Gewinn-)Prognosen und andere zukunftsbezogene Aussagen im Unternehmensalltag von Emittenten eine große Rolle. Unternehmen erstellen und veröffentlichen, neben ihren Prognoseberichten im Rahmen der Regelpublizität, etwa regelmäßig Zielvorgaben, Planzahlen oder Projektionen, um einerseits (intern) Leistungsziele und -anreize zu setzen und andererseits (extern) bei Bilanzpressekonferenzen, Investorentreffen oder Analystenpräsentationen die Ziele des Managements zu kommunizieren.[2]

Im Bereich des Kapitalmarktrechts bestehen teils erhebliche Anwendungsschwierigkeiten bei der Prognoseberichterstattung. Während Investoren ein besonders hohes Interesse daran haben, die Zukunftsaussichten von Emittenten und der Entwicklung derer Wertpapiere zutreffend einschätzen zu können,[3] kann eine fehlerhafte Prognoseberichterstattung zu schwerwiegenden (haftungsrechtlichen) Folgen für Emittenten führen. Insbesondere vor dem Hintergrund der umfangreichen Veränderungen, die das Kapitalmarktrecht in den vergangenen Jahren erfahren hat,[4] stellen sich für Emittenten verschiedene Anwendungsfragen bei der Prognoseberichterstattung.

---

1 *Fleischer*, AG 2006, S. 2 unter Verweis auf die entsprechende Lebensweisheit, die Persönlichkeiten wie *Kurt Tucholsky*, *Mark Twain*, oder *Albert Einstein* zugewiesen wird.

2 Vgl. *Meyer* in FrankKomm WpPG u. EU-ProspektVO, Anh. I Ziff. 13 ProspektVO Rn. 20.

3 *Siebel/Gebauer*, WM 2001, S. 173, 174. *Fleischer*, Kapitalmarktrechtliches Teilgutachten F für den 64. Deutschen Juristentag 2002, S. F 48; *Baums/ Hutter* in FS Ulmer, 2003, S. 779, 786; *Schlitt/Schäfer*, AG 2008, S. 525, 533; *Veil*, AG 2006, S. 690; *Seibt/Huizinga*, CFL 2009, S. 1; *Rieckhoff*, BKR 2011, S. 221; *Schlitt* in Assmann/Schlitt/von Kopp-Colomb WpPG/VermAnlG, Mindestangaben für das Registrierungsformular für Aktien (Modul) Rn. 117; *Klöhn* in ders. MAR, Art. 7 Rn. 70-75; speziell für zukunftsgerichtete Informationen innerhalb von Wertpapierprospekten auch *Meyer* in Habersack/Mülbert/Schlitt Unternehmensfinanzierung, Rn. 36.57; *Schlitt/Mildner* in FS 25 Jahre WpHG, 2019, S. 355.

4 Für die Regelpublizität insbesondere durch den DRS 20, für die Prospekterstellung durch die Verordnung (EU) 2017/1129 und die flankierende Delegierte Verordnung (EU) 2019/980 sowie für die Ad-hoc-Publizitätspflicht schließlich das Inkrafttreten der MAR.

Ziel dieser Untersuchung ist es herauszuarbeiten, wie Emittenten eine gute Prognoseberichterstattung gewährleisten können und welche gesetzlichen und/ oder untergesetzlichen Anforderungen und Spielräume dabei bestehen. Maßgebend soll sein, dass Emittenten die Investoren mit den für diese relevanten zukunftsgerichteten Informationen versorgen und gleichzeitig Haftungsrisiken sowie ihren Zeit- und Kostenaufwand minimieren. Die hier untersuchten Anwendungsbereiche umfassen die Prognoseberichterstattung als Teil der Regelpublizität, die Veröffentlichung von (Gewinn-)Prognosen in Wertpapierprospekten sowie schließlich Prognosen im Rahmen der Ad-hoc-Publizitätspflicht.[5] Diese Anwendungsbereiche spielen im Unternehmensalltag eine große Rolle und können sich wechselseitig aufeinander auswirken; dies gilt insbesondere für die Beziehung zwischen Regelpublizität und Prospekterstellung.

Diese Arbeit folgt folgendem Aufbau:

Zunächst ist zu erläutern, was unter einer Prognose im kapitalmarktrechtlichen Sinn zu verstehen ist. Dabei sind Prognosen insbesondere von verwandten, teilweise ebenfalls zukunftsbezogenen, Informationen der kapitalmarktrechtlichen Berichterstattung abzugrenzen (Abschnitt B.).

Sodann wird der Hauptanwendungsfall der kapitalmarktrechtlichen Prognoseberichterstattung untersucht: die Regelpublizität. Mit Blick auf die unterschiedlichen Finanzberichte fragt sich, welche Pflichten und Vorgaben Emittenten bei der Prognoseberichterstattung insbesondere im (Zwischen-) Lagebericht zu beachten haben und wo diese Pflichten möglicherweise ihre Grenzen finden. Dabei gilt es stets eine „Best Practice" für Emittenten zu ermitteln, die insbesondere den Anforderungen des DRS 20 gerecht wird. Nachdem weiterhin die wesentlichen Aspekte der Prüfung der Prognoseberichterstattung durch Wirtschaftsprüfer herausgearbeitet werden, sind schließlich Sanktionen und Haftungsfragen bei fehlerhafter Prognoseberichterstattung im (Konzern-) Lagebericht zusammenzufassen (Abschnitt C.).

Ferner ist die Prognoseberichterstattung bei der Prospekterstellung und -veröffentlichung zu betrachten. Vor dem Hintergrund des Inkrafttretens des neuen Prospektregimes soll zunächst nachvollzogen und bewertet werden, wie sich die Gesetzeslage zur Aufnahme von (Gewinn-)prognosen (und sonstigen zukunftsgerichteten Informationen) in Wertpapierprospekten jüngst verändert hat. Ferner ist zu untersuchen, wie Emittenten ihre (Gewinn-)prognosen

5 Ein weiterer Anwendungsbereich ist die Angebotspublizität bei Übernahmen; übernahmerechtliche Aspekte sollen in dieser Arbeit jedoch nicht berücksichtigt werden, zur Thematik etwa *Fleischer*, AG 2006, S. 2, 6 f.; *Veil*, AG 2006, S. 690 f.

darstellen, methodisch ermitteln und gegebenenfalls prüfen lassen müssen bzw. können. Dabei ist stets zu berücksichtigen, welche prospektrechtlichen Anforderungen an die Ermittlung, die inhaltliche Darstellung sowie unter Umständen die Prüfung von in den Prospekt aufzunehmenden (Gewinn-)Prognosen bereits bei der (Konzern-)Lageberichterstattung berücksichtigt werden können, um eine spätere Prospekterstellung zu erleichtern. Daraufhin werden prognosebezogene Fragen der Prospekthaftung behandelt, bevor schließlich untersucht wird, ob Emittenten ihre Prognoseberichterstattung im (Konzern-)Lagebericht bei gleichzeitiger Beachtung der einschlägigen Rechnungslegungsvorschriften so ausgestalten können, dass keine im Prospekt zu veröffentlichende Gewinnprognose im prospektrechtlichen Sinne entsteht (Abschnitt D.).

Behandelt werden zudem die Besonderheiten der Prognoseberichterstattung im Hinblick auf die Ad-hoc-Publizitätspflicht. Im Fokus steht dabei die Frage, wann Prognosen zu einer Ad-hoc-Publizitätspflicht führen können sowie ob und, falls ja, unter welchen Voraussetzungen Emittenten eine gebotene Ad-hoc-Veröffentlichung aufschieben dürfen (Abschnitt E.).

Abschließend werden die wesentlichen Ergebnisse der vorigen Abschnitte in Thesen zusammengefasst (Abschnitt F.).

B. Der Prognosebegriff im Kapitalmarktrecht

Nach dem allgemeinen Sprachgebrauch ist eine Prognose die *„[wissenschaftlich begründete] Voraussage, einer künftigen Entwicklung, künftiger Zustände, eines künftigen Verlaufs“*[6]. Während eine feststehende und trennscharfe juristische Definition für den Prognosebegriff lange Zeit nicht existierte,[7] bestehen für die (Konzern-)Lageberichterstattung sowie die Prospekterstellung heute verbindliche (Legal-)Definitionen[8], die sogleich vorgestellt werden (unten, I.1. und I.2.). Daneben haben sich in der Rechtsliteratur für den Bereich des Kapitalmarktrechts verschiedene Ansätze zur näheren Begriffsbestimmung herausgebildet, die für die Zwecke dieser Untersuchung etwa für den Anwendungsbereich der Ad-hoc-Publizität herangezogen werden können. Dabei werden einerseits Vorschläge für eine positive Definition ausgearbeitet (unten, I.3.). Andererseits wird der Begriff negativ von verwandten Begriffen abgegrenzt (namentlich harten Informationen, Schätzungen, Trendinformationen und Gerüchten) (unten, II.). Die daraus gewonnenen Erkenntnisse werden als Zwischenergebnis zusammengefasst (unten, III.).

I. Positive Begriffsbestimmung

1. Der Prognosebegriff bei der (Konzern-)Lageberichterstattung

Während der Gesetzeswortlaut zur Prognoseberichterstattung im (Konzern-) Lagebericht lediglich verlangt, die *„voraussichtliche Entwicklung mit ihren wesentlichen Chancen und Risiken zu beurteilen und zu erläutern“* (§ 289 Abs. 1 Satz 4 HGB), konkretisiert der DRS 20[9] den Prognosebegriff detaillierter. Diesem zufolge ist eine Prognose eine *„Aussage über die voraussichtlichen Entwicklungen*

---

6 Definition nach Duden (Verlagsgruppe Bibliographisches Institut GmbH, Berlin), online abrufbar unter https://www.duden.de/rechtschreibung/Prognose (zuletzt abgerufen am 3. November 2019 um 9:58 Uhr).

7 So etwa noch *Fleischer*, AG 2006, S. 2.

8 Da die Definition sich für die (Konzern-)Lageberichterstattung aus dem DRS 20 ergibt, der keinen Gesetzesrang hat, handelt es sich hierbei streng genommen um keine Legaldefinition.

9 Zur Bedeutung des DRS 20 für die (Konzern-)Lageberichterstattung unten unter C.II.1.a).

und Ereignisse“ (DRS 20.11). Dieser Definitionsansatz enthält keinerlei Einschränkungen bzgl. des Prognosegegenstands (z.B. Geschäftsergebnisse, Entwicklung der Auftragssituation oder Ergebnisse der Forschung und Entwicklung) und ist zunächst unspezifisch. Jedoch wird weiter zwischen verschiedenen Prognosearten differenziert, die deutlich machen, wie Prognosen ausgestaltet sein können. So ist zwischen Intervallprognosen (Angabe einer Bandbreite zwischen zwei Zahlenwerten), komparativen Prognosen (Angabe einer Veränderung im Vergleich zum Istwert der Berichtsperiode unter Angabe der Richtung dieser Veränderung), Punktprognosen (Angabe eines genauen Zahlenwertes), qualifiziert komparativen Prognosen (wie komparative Prognosen, wobei zusätzlich die Intensität der Veränderung anzugeben ist) sowie qualitativen Prognosen (allein verbal-argumentative Aussage) zu unterscheiden (DRS 20.11.).

Rein qualitative Prognosen erfüllen die Anforderungen an die (Konzern-)Lageberichterstattung nicht (DRS 20.130).[10] Daraus ergibt sich, dass sich Prognosen bei der (Konzern-)Lageberichterstattung notwendig auf bestimmte Zahlenwerte oder -entwicklungen beziehen. Prognosen enthalten somit zwingend quantitative Aussagen; es wird eine hinreichende Spezifizität verlangt. Darüber hinaus impliziert der Wortlaut der „voraussichtlichen“ Entwicklung, dass eine gewisse Eintrittswahrscheinlichkeit notwendig ist.

2. Prospektrechtliche Legaldefinition

Die Delegierte Verordnung (EU) 980/2019 enthält für den prospektrechtlichen Begriff der Gewinnprognose folgende Legaldefinition: „*‚Gewinnprognose‘ bezeichnet eine Erklärung, in der ausdrücklich oder implizit eine Zahl oder eine Mindest- bzw. Höchstzahl für die wahrscheinliche Höhe der Gewinne und Verluste im laufenden Geschäftsjahr oder zukünftigen Geschäftsjahren genannt wird, oder der Daten enthält, aufgrund deren die Berechnung einer solchen Zahl für künftige Gewinne oder Verluste möglich ist, selbst wenn keine bestimmte Zahl genannt wird und das Wort ‚Gewinn‘ nicht erscheint*“ (Art. 1 lit. (d) Delegierte Verordnung (EU) 2019/980).[11]

Aus dieser Formulierung lässt sich ebenfalls ableiten, dass Gewinnprognosen zwingend quantitative Aussagen enthalten, also hinreichend spezifisch sein

10 Dazu ausführlich unten C.II.1.c)cc)(1)(b).

11 Eine beinahe wortlautgleiche Definition war vormals in der durch die Verordnung (EU) 2017/1129 abgelöste Verordnung (EG) 809/2004 enthalten (Art. 2 Abs. 10 Verordnung (EG) 809/2004).

müssen.[12] Weiterhin wird eine gewisse Wahrscheinlichkeit verlangt, wobei keine Aussage über den erforderlichen Wahrscheinlichkeitsgrad getroffen wird. Dennoch werden hierdurch reine Wunschvorstellungen oder aus der Luft gegriffene Prophezeiungen vom Anwendungsbereich ausgenommen. Schließlich ist bemerkenswert, dass nach der o.g. Vorschrift keine ausdrückliche Aussage über künftige Gewinne zu machen ist. Vielmehr genügt es, wenn diese implizit in der Erklärung enthalten ist.

3. Ausgewählte Definitionsansätze aus dem Schrifttum

Auch im Schrifttum finden sich verschiedentlich Definitionsansätze des kapitalmarktrechtlichen Prognosebegriffs. Die hier vorgestellten Vorschläge unterscheiden sich in der Formulierung lediglich geringfügig und stellen im Kern dieselben konstitutiven Merkmale von Prognoseinformationen heraus:

Ein erster Ansatz folgt dem allgemeinen Sprachgebrauch und versteht unter Prognosen Angaben *„im Sinne von methodisch gewonnenen bzw. fundierten Aussagen über den voraussichtlichen Verlauf einer zukünftigen Entwicklung bzw. das Eintreten eines zukünftigen Ereignisses“.*[13]

An anderer Stelle wird eine Definition des Arbeitskreises „Externe und interne Überwachung der Unternehmung“ der Schmalenbach-Gesellschaft für Betriebswirtschaft e.V. übernommen, die zusätzlich bereits Aspekte der Prognoseerstellung berücksichtigt. Danach ist eine Prognose eine *„Aussage über ein in der Zukunft liegendes Ereignis oder über eine in der Zukunft liegende Entwicklung, die – gegebenenfalls unter Zuhilfenahme von statistischen Modellen – auf der Basis von Erfahrungswissen und auf der Basis von konkreten aktuellen Umweltinformationen und Umweltsituationen getroffen wird“*[14].

Schließlich enthält folgende Definition über methodische Aspekte der Prognoseerstellung hinaus weitere konstituierende Merkmale von

---

12 Zwar ist es möglich, lediglich Mindest- oder Höchstzahlen anzugeben, womit eine endgültige Festlegung unterbleiben kann. Doch auch dies sind quantitative Angaben. Freilich subsummiert die ESMA auch Aussagen unter den prospektrechtlichen Begriff der Gewinnprognose, die lediglich eine Tendenz beinhalten, selbst wenn die Tendenz nicht im Vergleich zu den Vorjahreszahlen angegeben wird, vgl. ESMA31-62-780, S. 82.

13 *Veil*, AG 2006, S. 690, unter Verweis auf die Definition des Brockhaus, Siebzehnter Band, 20. Aufl. 1998, S. 517.

14 *Rieckhoff*, Prognoseberichterstattung im Kapitalmarktrecht, S. 24 unter Verweis auf Arbeitskreis „Externe und interne Überwachung der Unternehmung“ der Schmalenbach-Gesellschaft für Betriebswirtschaft e.V., DB 2003, S. 105 f.

Prognosen: *„Prognosen' sind mit einem bestimmten Grad der Verbindlichkeit (z.B. Vorstandsbeschluss) versehene, hinreichend spezifische und zumeist quantifizierte Aussagen über eher kurzfristig-zukünftige Entwicklungen und Einzelsachverhalte, die auf objektivierbaren oder methodisch gewonnenen Urteilen (im Gegensatz zu eher „prophetischen" Vorhersagen) beruhen"*[15].

Unter diesen Ansätzen den „richtigen" auswählen zu wollen, wäre nicht zielführend, zumal sie sich inhaltlich weitestgehend überschneiden. Sie gehen jedoch insofern über die eingangs erwähnte umgangssprachliche Definition hinaus, als dass eine gewisse Spezifizität und Eintrittswahrscheinlichkeit gefordert werden. Hiermit gleichen sie auch den aufgeführten Legaldefinitionen. Zudem nennen einige von ihnen bereits methodische Elemente zur Prognoseermittlung: Prognosen sollen auf der Basis von Erfahrungswerten bzw. objektivierbaren oder methodisch gewonnenen Urteilen sowie den aktuell verfügbaren Umweltinformationen erstellt werden.

II. Negative Begriffsbestimmung

Nachdem positiv festgestellt wurde, welche charakteristischen Merkmale Prognosen im kapitalmarktrechtlichen Kontext aufweisen, ist nachfolgend zu untersuchen, wovon Prognosen abzugrenzen sind. Dabei wird zunächst zwischen harten und weichen Informationen unterschieden. Anschließend werden Prognosen von Schätzungen, Trendinformationen und schließlich Gerüchten abgegrenzt.

1. Harte und weiche Informationen

Bedeutsam ist zunächst die Unterscheidung zwischen sogenannten harten und weichen Informationen.[16] Obgleich aus betriebswirtschaftlicher Sicht das Begriffspaar der harten und weichen Faktoren noch deutlich umfassender beschrieben werden könnte,[17] genügen für diese Untersuchung folgende

---

15 *Seibt/Huizinga*, CFL 2010, S. 289 f.

16 *Glöckle*, Die zukunftsbezogene Publizität von Kapitalgesellschaften in der Bundesrepublik Deutschland, S. 64 f.; *Merkt*, Unternehmenspublizität, 2001, S. 453; *Fleischer*, AG 2006, S. 2; diese Unterscheidung wird weiterhin insbesondere im Insiderrecht vorgenommen, um die Voraussetzungen der Qualifikation von Informationen als Insiderinformation zu bestimmen, dazu etwa *Klöhn* in ders. MAR, Art. 7 MAR Rn. 38 m.w.N.

17 Dazu mit entsprechenden Nachweisen etwa *Fleischer*, AG 2006, S. 2.

Abgrenzungsmerkmale: harte Informationen betreffen tatsächliche Umstände wie beispielsweise Grundangaben über den Emittenten oder Kennzahlen über dessen gegenwärtige Finanz-, Vermögens- und Ertragslage oder auch in der Vergangenheit liegende Zahlungsströme.[18] Damit werden vergangene und gegenwärtige Umstände erfasst, die entsprechend auf ihre Richtigkeit überprüft werden können. Anders verhält es sich bei weichen Informationen, die auch zukunftsgerichtet sein können. Hierunter fallen mitunter Vorhersagen des Managements über Gewinne, Umsätze oder sonstige betriebswirtschaftliche Kennzahlen, sowie Planungen zur Dividendenpolitik oder Kostenstruktur.[19] Ob derlei Vorhersagen sich letztendlich bewahrheiten werden, kann ex-ante nicht abschließend beurteilt werden. Da Prognosen ebenfalls Vorhersagen betreffen, deren Eintritt zunächst unsicher ist, sind sie nach dieser Unterscheidung den weichen Informationen zuzuordnen.

2. Prognosen und Schätzungen

Im Prospektrecht werden die verwandten Begriffe „Gewinnprognosen“ und „Gewinnschätzungen“ unterschiedlich definiert (Art. 1 lit. c) und d) Delegierte Verordnung (EU) 2019/980). Aus diesen Legaldefinitionen ergibt sich, wodurch Gewinnprognosen und Gewinnschätzungen sich unterscheiden. Eine Gewinnprognose ist ein Text, in dem wahrscheinliche Gewinne des laufenden Geschäftsjahres oder künftiger Geschäftsjahre genannt werden (Art. 1 lit. d) Delegierte Verordnung (EU) 2019/980).[20] Demgegenüber beziehen sich Gewinnschätzungen auf ein bereits abgeschlossenes Geschäftsjahr, für das die Ergebnisse noch nicht veröffentlicht worden sind (Art. 1 lit. c) Delegierte Verordnung (EU) 2019/980).

Während die Geschäftsergebnisse also im erstgenannten Fall noch nicht erzielt wurden, ist im letzteren Fall bereits ein tatsächlich feststehender Gewinn vorhanden, dessen exakte Höhe dem Schätzenden jedoch nicht bekannt ist.[21]

---

18 *Fleischer*, AG 2006, S. 2.

19 *Merkt*, Unternehmenspublizität, 2001, S. 453; *Fleischer*, AG 2006, S. 2; vgl. auch *Klöhn* in ders. MAR, Art. 7 MAR Rn. 38.

20 Siehe ausführlich bereits oben unter B.I.2.

21 Etwa weil sich die Geschäftsergebnisse aus technischen oder wirtschaftlichen Gründen einer unmittelbaren Beobachtung oder Messung entziehen, so *Fleischer*, AG 2006, S. 2 f.; insbesondere vorläufige Jahreszahlen zählen zu den Gewinnschätzungen, *Meyer* in FrankKomm WpPG u. EU-ProspektVO, Anhang I Ziff. 13 ProspektVO Rn. 8 ff.; zur Unterscheidung weiterhin *Schlitt* in Assmann/Schlitt/von Kopp-Colomb WpPG/

Eine Prognose liegt dementsprechend nicht vor, wenn die Unsicherheit der getroffenen Aussage lediglich aus der mangelnden Verfügbarkeit endgültiger Geschäftsergebnisse resultiert.

3. Trendinformationen

Besondere prospektrechtliche Bedeutung hat ferner die Abgrenzung von (Gewinn-) Prognosen zu den ebenfalls zukunftsbezogenen Trendinformationen.[22] Denn obgleich beide Informationsarten zukunftsbezogen sind, bestehen Unterschiede bei den Aufnahmepflichten,[23] bei den Voraussetzungen der Prospekthaftung sowie bei den Berichtsanforderungen.[24]

Bei den Trendinformationen sind die wichtigsten aktuellen Trends bei Produktion, Umsatz und Vorräten sowie bei Kosten und Verkaufspreisen zwischen dem Ende des letzten Geschäftsjahres und dem Datum des Registrierungsformulars anzugeben. Weiterhin ist jede wesentliche Änderung der Finanz- und Ertragslage der Gruppe seit dem Ende des letzten Berichtszeitraums, für den bis zum Datum des Registrierungsformulars Finanzinformationen veröffentlicht wurden, zu beschreiben (vgl. Abschnitt 10.1 Anhang I Delegierte Verordnung (EU) 2019/980). Überdies sind alle bekannten Trends, Unsicherheiten, Anfragen, Verpflichtungen oder Vorfälle, welche die Aussichten des Emittenten nach vernünftigem Ermessen zumindest im laufenden Geschäftsjahr wesentlich beeinflussen werden, anzugeben (vgl. Abschnitt 10.2 Anhang I Delegierte Verordnung (EU) 2019/980).

Mit Blick auf die unter I.2 genannte prospektrechtliche Legaldefinition der Gewinnprognose wird im Schrifttum teilweise kritisiert, es bestehe zwischen Gewinnprognosen und Trendinformationen keine für die Praxis ausreichende

---

VermAnlG, Mindestangaben für das Registrierungsformular für Aktien (Modul) Rn. 115; siehe auch ESMA/2013/319 Rn. 38 ff.

22 *Rieckhoff*, BKR 2011, S. 221 f.; *ders.*, Prognoseberichterstattung im Kapitalmarktrecht, S. 33 f.; *Fingerhut/Voß* in Just/Voß/Ritz/Zeising WpPG, Anhang I ProspektVO Rn. 190.

23 Während Trendinformationen in den einschlägigen Anhängen stets in den Wertpapierprospekt aufzunehmen sind (siehe exemplarisch Anhang I Abschnitt 10 Delegierte Verordnung (EU) 2019/980), ist dies bei Gewinnprognosen nicht immer der Fall. Zu den Änderungen bzgl. der Aufnahmepflichten von Gewinnprognosen und -schätzungen im Wertpapierprospekt seit Inkrafttreten der Verordnung (EU) 1129/2017 ausführlich unter D.III.1.b).

24 Zur Bedeutung der Unterscheidung noch vor Inkrafttreten der Verordnung (EU) 2017/1129 ausführlich *Rieckhoff*, BKR 2011, S. 221 f.

Trennschärfe.[25] Dies hat auch das CESR – dessen Nachfolger die heutige ESMA ist – erkannt: „*CESR recognises that often, in practice, there is a fine line between what constitutes a profit forecast and what constitutes trend information as detailed in item 12 of Annex I of the Regulation*“[26]. Das CESR im selben Absatz darauf hin, dass eine generelle Auseinandersetzung mit der Zukunft oder den Aussichten des Emittenten typischerweise noch keine Gewinnprognose oder -schätzung im prospektrechtlichen Sinne darstellt. Abschließend zu dieser Abgrenzung stellt das CESR fest, dass es für die einzelne Entscheidung, ob eine Trendinformation oder eine Gewinnprognose oder -schätzung vorliege, auf die Einzelfallumstände in Bezug auf das betroffene Unternehmen ankomme.[27] Diese Aussagen hat die ESMA auch in ihren Aktualisierungen der CESR-Recommendations unverändert übernommen.[28]

Im Ergebnis unterscheiden sich Gewinnprognosen und -schätzungen vor allem dadurch von Trendinformationen, dass es sich bei ersteren um quantitative Angaben handelt, die Rückschlüsse auf ein künftig erwartetes Ergebnis des Emittenten zulassen.[29] Trendinformationen sind hingegen vorranging qualitativer Natur.[30]

4. Gerüchte

Nach dem allgemeinen Sprachgebrauch ist ein Gerücht „*etwas, was allgemein gesagt, weitererzählt wird, ohne dass bekannt ist, ob es auch wirklich zutrifft*“[31]. Im Kapitalmarktrecht sind Gerüchte insbesondere mit Blick auf die Ad-hoc-Publizitätspflicht im Insiderrecht und der Möglichkeit des Aufschubs einer

---

25 *Apfelbacher/Metzner*, BKR 2006, S. 81, 89; *Heidelbach/Doleczik* in Schwark/Zimmer KMRK (Voraufl. 2010), § 7 WpPG Rn. 39; *Rieckhoff*, BKR 2011, S. 221, 223; *Fingerhut/Voß* in Just/Voß/Ritz/Zeising WpPG, Anhang I ProspektVO Rn. 192.

26 CESR/05-54b, Ziff. 49.

27 CESR/05-54b, Ziff. 49.

28 Siehe ESMA/2013/319, Rn. 49 sowie jüngst ESMA31-62-780 S. 84.

29 *Fleischer*, AG 2006, S. 2, 4; *Schlitt/Wilczek* in Habersack/Mülbert/Schlitt Kapitalmarktinformation, § 5 Rn. 89; *Schlitt* in Assmann/Schlitt/von Kopp-Colomb WpPG/VermAnlG, Mindestangaben für das Registrierungsformular für Aktien (Modul) Rn. 115.

30 *Alfes/Wieneke*, Holzborn WpPG, Mindestangaben für das Registrierungsformular für Aktien (Modul) Rn. 64; vgl. auch *Seibt/Huizinger*, CFL 2010, S. 289, 290, 299.

31 Definition nach Duden (Verlagsgruppe Bibliographisches Institut GmbH, Berlin), online abrufbar unter https://www.duden.de/rechtschreibung/Geruecht (zuletzt abgerufen am 3. November 2019 um 12:44 Uhr).

Ad-hoc-Mitteilung oder den Verbotstatbestand der Marktmanipulation relevant.[32]

Während das WpHG den Begriff des Gerüchts nach wie vor nicht verwendet,[33] wird er heute in der MAR ausdrücklich erwähnt.[34] So wird bereits in den Erwägungsgründen herausgestellt, dass die Verbreitung falscher oder irreführender Informationen sowie von Gerüchten und falschen und irreführenden Nachrichten einen Verstoß gegen das Verbot der Marktmanipulation darstellt (Erwägungsgrund 47 S. 8 MAR). Diese Form der Marktmanipulation wird als besonders gefährlich für Anleger anerkannt, da diese dazu veranlasst werden, ihre Anlageentscheidung auf falsche oder verzerrte Informationen zu stützen (Erwägungsgrund 47 S. 4 MAR).

Eine Legaldefinition existiert auch in der MAR nicht. Im Schrifttum finden sich jedoch verschiedentlich Definitionsansätze. Gerüchte werden etwa als unsichere Tatsacheninformationen mit einem gewissen Verbreitungsgrad beschrieben.[35] Gerüchte können sowohl verifizierbare als auch zukünftige Tatsachen zum Gegenstand haben.[36] Es handelt sich um hybride Tatsacheninformationen, die einerseits verifiziert und andererseits unwahr sein können.[37] Mit Blick auf die Ad-hoc-Publizitätspflicht wird etwa vertreten, dass es sich bei Gerüchten um unverbürgte Nachrichten von unsicherer Zuverlässigkeit handele,[38] oder um solche auf nicht gesicherter Grundlage.[39] Letzterer Definitionsansatz deckt sich im Wesentlichen auch mit den Gesetzesmaterialien zu § 20a WpHG a.F., in dem Gerüchte als „unverbürgte Nachrichten" beschrieben werden.[40]

---

32 Dazu eingehend *Fleischer/Schmolke*, AG 2007, S. 841 ff.

33 Hess. VGH, Beschl. v. 16.3.1998, AZ.: 8 TZ 98/98, AG 1998, S. 436 ff. Rn. 5 f.

34 Erwägungsgrund 47, Art. 12 Abs. 1 lit. c), Art. 17 Abs. 7 Unterabsatz 2 MAR.

35 *Hopt/Kumpan* in Schimansky/Bunte/Lwowski Bankrecht, § 107 Rn. 50; *Klöhn* in ders. MAR, Art. 7 MAR Rn. 57; ähnlich *Ekkenga*, ZGR 1999, S. 165, 192; *Fleischer/Schmolke*, AG 2007, S. 841 f.; *Klöhn* in KölnKomm-WpHG, § 13 WpHG Rn. 53.

36 *Fleischer/Schmolke*, AG 2007, S. 841, 846; *Krause* in Meyer/Veil/Rönnau Marktmissbrauchsrecht, § 6 Rn. 50; so auch *Klöhn* in ders. MAR, Art. 7 MAR Rn. 58.

37 *Krause* in Meyer/Veil/Rönnau Marktmissbrauchsrecht, § 6 Rn. 49; so auch *Klöhn* in ders. MAR, Art. 7 MAR Rn. 57.

38 Vgl. *Krause* in Meyer/Veil/Rönnau Marktmissbrauchsrecht § 6 Rn. 49; *Schwarze*, BFup 1994, S. 124, 134 f.; *v. Klitzing*, Die Ad-hoc-Publizität, 1999, S. 88; ähnlich auch *Assmann* in Assmann/Schneider/Mülbert Wertpapierhandelsrecht, Art. 7 MAR Rn. 35.

39 *Ekkenga*, ZGR 1999, S. 165, 192.

40 Begr. RegE 4. FMFG, BT-Drucks. 14/8017, S. 90.

Daraus ergeben sich folgende Unterschiede zur Prognose: ein Gerücht ist, anders als die Prognose, nicht notwendigerweise zukunftsbezogen, bezieht sich also auf – vermeintliche – Tatsachen, die in der Vergangenheit, Gegenwart oder Zukunft liegen. Zwar ist beiden die Unsicherheit von Umständen gemein. Bei der Prognose wird jedoch versucht, ein treffendes Bild von der Zukunft zu zeichnen. Gerüchten ist hingegen immanent, dass bereits Herkunft oder Grundlage der Nachricht fragwürdig sind, was entsprechend auch auf ihren Inhalt zutrifft. Weiteres Charakteristikum von Gerüchten ist deren Nachrichtenfunktion bzw. das allgemeine Weitererzählen. Dies ist für Prognosen nicht konstituierend, wobei Prognosen selbstverständlich auch weitererzählt oder zur Benachrichtigung eingesetzt werden können.

III. Zwischenergebnis

Prognosen sind Vorhersagen über einen künftigen Umstand, der hinreichend spezifisch (bzw. quantitativ) bestimmt wird und dessen Eintritt hinreichend wahrscheinlich ist. Diese spezifische Vorhersage kann auch implizit erfolgen. Prognoseinformationen erheben den Anspruch der Verlässlichkeit ihrer Herkunft und/oder Informationsgrundlage. Ein weiteres Merkmal von Prognosen, das sich bereits notwendig aus der Natur einer jeden zukunftsgerichteten Aussage ergibt, soll – auch wenn es den genannten Definitionsansätzen freilich innewohnt – besonders hervorgehoben werden: der Eintritt des vorherzusagenden künftigen Umstandes ist stets mit einer Unsicherheit behaftet.

C. Prognoseberichte im Rahmen der Regelpublizität

Ausgangspunkt dieser Arbeit ist die Prognoseberichterstattung im Rahmen der Regelpublizität, da sie sich auch auf die weiteren hier untersuchten Anwendungsbereiche von Prognosen auswirkt. Namentlich sind die in den verschiedenen Finanzberichten enthaltenen Informationen auch bedeutender Bestandteil von Prospekten[41] und können darüber hinaus Auslöser von Ad-hoc-Mitteilungspflichten[42] sein. Zur Finanzberichterstattung zählen insbesondere die zu veröffentlichenden Jahresfinanzberichte und Halbjahresfinanzberichte sowie Konzernabschlüsse, geregelt in den §§ 114, 115 und 117 WpHG.[43] Die Veröffentlichung von Quartalsmitteilungen, die ehemals gesetzlich vorgeschrieben war,[44] wird in Deutschland heute lediglich von der Frankfurter Wertpapierbörse für die Einbeziehung von Wertpapieren in das Marktsegment Prime Standard verlangt (§ 53 BörsO FWB).

Nach einer kurzen Einführung (unten, I.) werden vertieft die Anforderungen an die Prognoseberichterstattung im Rahmen der Regelpublizität behandelt. Dabei wird zwischen dem Jahres- und Halbjahresfinanzbericht, der Quartalsmitteilung sowie sonstiger unterjähriger Publizität unterschieden (unten, II.). Darüber hinaus werden Fallgruppen diskutiert, in denen zum Schutz der berichterstattenden Unternehmen eine Beschränkung der Pflicht zur Prognoseberichterstattung in Betracht kommt (unten, III.). Schließlich sollen die Prüfung von zukunftsgerichteten Informationen der Finanzberichte (unten, IV.) sowie drohende Haftungsrisiken und Sanktionen erläutert werden (unten, V.).

---

41 Dies gilt insbesondere für die in den Prospekt aufzunehmenden historischen Finanzinformationen sowie gegebenenfalls Gewinnprognosen und -schätzungen, vgl. stellvertretend Anhang I Abschnitte 11 und 18 Delegierte Verordnung (EU) 2019/980.

42 Dazu ausführlich unter E.

43 Siehe hierzu anschaulich die Übersicht bei *Hoensch*, Assmann/Schneider/Mülbert Wertpapierhandelsrecht, § 114 WpHG Rn. 1 ff.; ausführlich weiterhin *Schlitt* in Habersack/Mülbert/Schlitt Unternehmensfinanzierung, Rn. 38.153 ff.

44 § 37x WpHG i.d.F. bis zum 26.11.2015.

I. Einführung

1. Zwecke der Finanzberichterstattung

Neben der anlassbezogenen Ad-hoc-Publizität bildet die durch die Finanzberichterstattung vermittelte Regelpublizität einen zentralen Pfeiler eines funktionierenden Kapitalmarkts.[45] Hintergrund der gesetzlichen Regelpublizitätspflichten ist die Gefahr des Marktversagens aufgrund einer Informationsasymmetrie zwischen Emittenten und Anlegern.[46]

Im Rahmen der jeweiligen Jahres- oder Halbjahresabschlüsse wird zunächst retrospektiv ein detailliertes Bild der wirtschaftlichen Entwicklung eines Emittenten bilanziell dargestellt, wodurch Investoren eine Bestandsaufnahme sowie eine Bewertung der Entwicklung des Emittenten im Vergleich zu vorher veröffentlichten Finanzinformationen möglich wird. Für künftige Anlageentscheidungen sind jedoch insbesondere auch die Zukunftsaussichten des Emittenten von Interesse.[47] Daher ist verpflichtender Bestandteil der Finanzberichte auch ein (Zwischen-)Lagebericht, in dem die Geschäftsleitung des Emittenten u.a. auf die wesentlichen Risiken und Ungewissheiten, denen der Emittent ausgesetzt ist, einzugehen hat.[48]

2. Adressaten der einzelnen Berichtspflichten

Die Pflicht zur Aufstellung und Veröffentlichung von Jahres- und Halbjahresfinanzberichten trifft grundsätzlich alle Inlandsemittenten[49], die Aktien oder

---

45 *Mock in* KölnKomm-WpHG, § 37v Rn. 4.

46 *Mock* in KölnKomm-WpHG, § 37v Rn. 4; ausführlich zu Bedeutung von Informationsasymmetrien im Kapitalmarktrecht (insbesondere jedoch mit Blick auf das Insiderhandelsverbot) *Fleischer*, Informationsasymmetrie im Vertragsrecht, S. 548 ff.

47 Speziell zur Prognoseberichterstattung im Finanzbericht und dem erhöhten Stellenwert des Prognoseberichts durch das BilReG. etwa *Böcking/Dutzi/Gros* in Baetge/Kirsch/Thiele Bilanzrecht, § 289 HGB Rn. 113 ff.; weiterhin *Kajüter*, DB 2004, S. 197, 202.

48 Vgl. Art. 4 Abs. 2 lit. b) iVm lit. c), Art. 5 lit. b) iVm lit. c) Transparenzrichtlinie.

49 Definiert in § 2 Abs. 14 WpHG als Emittenten, für die die Bundesrepublik Deutschland der Herkunftsstaat ist, mit Ausnahme solcher Emittenten, deren Wertpapiere nicht im Inland, sondern lediglich in einem anderen Mitgliedstaat der Europäischen Union oder einem anderen Vertragsstaat des Abkommens über den Europäischen Wirtschaftsraum zugelassen sind, soweit sie in diesem anderen Staat Veröffentlichungs- und Mitteilungspflichten nach Maßgabe der Richtlinie 2004/109/EG des Europäischen Parlaments und des Rates vom 15. Dezember 2004 zur Harmonisierung der Transparenzanforderungen in Bezug auf Informationen über Emittenten, deren Wertpapiere zum Handel auf einem geregelten Markt zugelassen sind, und zur Änderung der Richtlinie 2001/34/

Schuldtitel im Sinne des § 2 Abs. 1 WpHG[50] begeben (§§ 114 Abs. 1 S. 1, 115 Abs. 1 S. 1 WpHG). Für Jahresabschlüsse gilt diese Pflicht jedoch lediglich, soweit ein Emittent nicht bereits einer entsprechenden handelsrechtlichen Offenlegungspflicht unterliegt (§ 114 Abs. 1 Satz 1 Hs. 2). Dadurch soll eine Doppelbelastung für die deutschen Inlandsemittenten vermieden werden, die nach dem HGB ohnehin zur Aufstellung und Offenlegung ihrer Jahresfinanzberichte verpflichtet sind (§§ 264 ff., 325 HGB).[51] Kapitalgesellschaften mit Sitz in der Bundesrepublik Deutschland erstellen ihren Jahresfinanzbericht daher nur nach den Vorschriften des HGB und nicht nach § 114 WpHG.[52] Ist ein Mutterunternehmen[53] zur Erstellung von Konzernabschlüssen und Konzernlageberichten verpflichtet (§§ 290 ff. HGB), gelten die §§ 114 f. WpHG entsprechend (§ 117 WpHG). Die Modalitäten der Veröffentlichung und Speicherung von Finanzberichten sind in der WpAV geregelt.[54]

Eine gesetzliche Pflicht, auch Quartalsfinanzberichte zu veröffentlichen, besteht heute nicht mehr,[55] wobei die Erstellung nach den Vorschriften über

---

EG (Abl. EU Nr. L 390 S. 38) unterliegen, und Emittenten, für die nicht die Bundesrepublik Deutschland, sondern ein anderer Mitgliedstaat der Europäischen Union oder ein anderer Vertragsstaat des Abkommens über den Europäischen Wirtschaftsraum der Herkunftsstaat ist, deren Wertpapiere aber nur im Inland zum Handel an einem organisierten Markt zugelassen sind.

50 Dazu zählen alle Gattungen übertragbarer Wertpapiere mit Ausnahme von Zahlungsinstrumenten, insbesondere Aktien, vergleichbare Anteile sowie Schuldtitel.

51 Begr. RegE TUG, BT-Drucks. 16/2498, S. 43; *Heidelbach/Doleczik* in Schwark/Zimmer KMRK (Vorauﬂ. 2010), § 37v WpHG Rn. 4, 10; *Mock* in KölnKomm WpHG, § 37v WpHG, Rn. 36; *Kumpan* in Hopt/Seibt Schuldverschreibungsrecht, Rn. 6.120; *Hönsch in* Assmann/Schneider/Mülbert Wertpapierhandelsrecht, § 114 WpHG Rn. 14 ff.; *Becker* in Heidel Aktienrecht und Kapitalmarktrecht, § 114 WpHG Rn. 4.

52 Begr. RegE TUG, BT-Drucks. 16/2498, S. 43; *Kumpan* in Hopt/Seibt Schuldverschreibungsrecht, Rn. 6.120; *Rabenhorst* in Marsch-Barner/Schäfer Hdb. börsennotierte AG, Rn. 59.23; *Hönsch* in Assmann/Schneider/Mülbert Wertpapierhandelsrecht, § 114 WpHG Rn. 14.

53 Dies sind nach der Gesetzesbegründung solche Unternehmen, die nach den §§ 290 bis 293 HGB einen Konzernabschluss und -lagebericht aufzustellen haben (Begr. RegE TUG, BT-Drucks. 16/2498, S. 46), siehe ausführlich *Hönsch* in Assmann/Schneider/Mülbert Wertpapierhandelsrecht, § 117 WpHG Rn. 1.

54 Die Verordnungsermächtigung findet sich in §§ 114 Abs. 3, 115 Abs. 6 WpHG.

55 Begr. RegE § 37x WpHG a.F., BT-Drucks. 18/5010, S. 51; aus dem Schrifttum vgl. statt aller *Schlitt* in Habersack/Mülbert/Schlitt Unternehmensfinanzierung, Rn. 38.170.

Halbjahresfinanzberichte freiwillig möglich bleibt.[56] Die Frankfurter Wertpapierbörse hat jedoch von der Option Gebrauch gemacht, für den Prime Standard eine zusätzliche Zulassungsfolgepflicht einzuführen, wonach Quartalsmitteilungen zu erstellen und zu veröffentlichen sind (§ 53 BörsO FWB).[57] Diese Quartalsmitteilungen bleiben allerdings inhaltlich hinter Quartalsfinanzberichten zurück und entsprechen im Wesentlichen den ehemaligen Zwischenmitteilungen (dazu ausführlich unten unter II.3.).[58]

II. Anforderungen an die Prognoseberichterstattung

1. Prognosen im (Konzern-)Lagebericht des Konzern- und Jahresabschlusses

Hauptanwendungsfall der Prognoseberichterstattung im Rahmen der Regelpublizität ist der Prognosebericht sowie der Chancen- und Risikobericht als Teil des (Konzern-)Lageberichts im Konzern- bzw. Jahresabschluss (§§ 289 Abs. 1 Satz 4, 315 Abs. 1 Satz 4 HGB).[59] Da Prognosebericht sowie Chancen- und Risikobericht zukunftsbezogen, inhaltlich verknüpft und auch räumlich gemeinsam darstellbar sind,[60] umfasst die Prognoseberichterstattung sämtliche dieser drei Komponenten. Folgend soll untersucht werden, welche Anforderungen an die Prognoseberichterstattung im (Konzern-)Lagebericht im Einzelnen gestellt werden. Dabei sollen zunächst überblicksartig die Rechtsgrundlagen der (Konzern) Lageberichterstattung aufgeführt werden (unten, a)), ehe die Pflicht zur Prognoseberichterstattung und ihre Funktionen erläutert werden (unten, b)). Anschließend werden ausführlich die inhaltlichen und methodischen Maßstäbe an die Prognoseberichterstattung untersucht (unten, c)).

56 Erstellt ein Emittent freiwillig zusätzliche unterjährige Finanzinformationen nach den Maßgaben des § 115 WpHG, gilt für die Prüfung bzw. prüferische Durchsicht dieser Finanzinformationen durch einen Abschlussprüfer § 115 Abs. 5 WpHG entsprechend (§ 115 Abs. 7 WpHG).

57 Diese Möglichkeit wurde durch Art. 1 Nr. 2 lit. b) Transparenzrichtlinie-Änderungsrichtlinie durch den neu geschaffenen Art. 3 Abs. (1a) Transparenzrichtlinie eingeführt; siehe darüber hinaus Erwägungsgrund 5 Transparenzrichtlinie-Änderungsrichtlinie.

58 *Simon/Kallweit*, BB 2016, S. 332 f.

59 Auch *Veil*, AG 2006, S. 690 f. verweist darauf, dass im Bereich der Bilanzpublizität bzgl. der Prognoseberichterstattung insbesondere der Lagebericht relevant ist.

60 Siehe zur räumlichen Darstellung ausführlich unten, C.II.1.c)bb).

a) Rechtsgrundlagen

Ausgangsvorschrift für den Lagebericht ist § 289 HGB, der dessen inhaltliche Anforderungen aufstellt und in seiner ursprünglichen Fassung des BiRiLiG Art. 46 der 4. gesellschaftsrechtlichen EG-(Bilanz-)Richtlinie umgesetzt hat.[61] Mit der Zeit ist die Vorschrift mehrfach geändert und ausgebaut worden,[62] um die Qualität und die Aussagekraft des Lageberichts weiter zu stärken.[63] Die einzelnen Bestandteile des Lageberichts sind heute in den §§ 289-289f HGB geregelt, wobei für den Konzernlagebericht entsprechende Vorschriften gelten (§§ 315-315d HGB).[64]

Durch den DRS 20 werden die Vorschriften zum Konzernlagebericht weiter konkretisiert.[65] Die DRS erfüllen die Aufgabe, Gesetzeslücken zu schließen, gesetzliche Vorschriften zu konkretisieren sowie die Grundsätze ordnungsgemäßer Buchführung weiterzuentwickeln.[66] Zugunsten von Unternehmen,

---

61 *Kleindiek* in MüKo-Bilanzrecht, § 289 HGB Rn. 1, 8.

62 Zur Entwicklung ausführlicher *Kleindiek* in MüKo-Bilanzrecht, § 289 HGB Rn. 8 ff. sowie *Böcking/Gros/Koch* in Ebenroth/Boujong/Joost/Strohn HGB, § 289 HGB Rn. 2, jeweils m.w.N.

63 *Böcking/Gros/Koch* in Ebenroth/Boujong/Joost/Strohn HGB, § 289 HGB Rn. 2; speziell zur Stärkung der Prognoseberichterstattung *Böcking/Dutzi/Gros* in Baetge/Kirsch/Thiele Bilanzrecht, § 289 HGB Rn. 113 ff.

64 Die Bestandteile der Lageberichterstattung ergeben sich aus den §§ 289-289f. Danach gliedert sich der Inhalt in den Wirtschaftsbericht (§ 289 Abs. 1 Sätze 1-3 HGB), den – für die folgenden Ausführungen einzig relevanten – Prognosebericht/Chancen- und Risikobericht (§ 289 Abs. 1 Satz 4 HGB), den Bilanzeid für Inlandsemittenten (§ 289 Abs. 1 Satz 5 HGB), den Bericht über Finanzinstrumente (§ 289 Abs. 2 Nr. 1 HGB), den Forschungs- und Entwicklungsbericht (§ 289 Abs. 2 Nr. 2 HGB), den Zweigniederlassungsbericht (§ 289 Abs. 2 Nr. 3 HGB), Zusatzangaben für große Kapitalgesellschaften über nichtfinanzielle Leistungsindikatoren (§ 289 Abs. 3 HGB), die Beschreibung der wesentlichen Merkmale des internen Kontroll- und Risikomanagement Systems (§ 289 Abs. 4 HGB), die übernahmerechtlichen Angaben für börsennotierte AGs/KGaAs (§ 289a Abs. 1 HGB), den Vergütungsbericht für die Organe börsennotierter AGs (§ 289 Abs. 2 HGB), die nichtfinanzielle Erklärung (§§ 289b-289e HGB) sowie die Erklärung zur Unternehmensführung (§ 289f HGB), vgl. dazu etwa *Grottel* in Beck'scher Bilanz-Kommentar, § 289 HGB Rn. 4; für den Konzernlagebericht regeln die §§ 315-315d Entsprechendes, vgl. insbesondere die tabellarische Übersicht bei *Grottel* in Beck'scher Bilanz-Kommentar, § 289 HGB Rn. 40, § 315 HGB Rn. 56; Mutterunternehmen iSv § 297 Abs. 2 Satz 4 HGB haben außerdem einen sog. Lageberichtseid abzugeben, dazu *Böcking/Gros* in Ebenroth/Boujong/Joost/Strohn HGB, § 315 HGB Rn. 4.

65 *Böcking/Gros/Koch* in Ebenroth/Boujong/Joost/Strohn HGB, § 289 HGB Rn. 3.

66 *Grottel* in Beck'scher Bilanz-Kommentar, § 315 HGB Rn. 15.

die den DRS 20 beachten, wird vermutet, dass diese auch die die Konzernrechnung betreffenden Grundsätze ordnungsgemäßer Buchführung beachten (§ 342 Abs. 2 HGB). Während der DRS 20 vorrangig für den Konzernlagebericht erstellt wurde, wird ausdrücklich eine entsprechende Anwendung auch auf den Lagebericht nach § 289 HGB empfohlen (DRS 20.2).[67] Jedenfalls ist anerkannt, dass der DRS 20, soweit er Auslegungen der allgemeinen gesetzlichen Grundsätze zur Lageberichterstattung enthält, ebenfalls von Bedeutung für den Lagebericht nach § 289 HGB ist.[68]

b) *Aufnahmepflicht und Funktion*

Obgleich der (Konzern-)Lagebericht zuvörderst der retrospektiven Berichterstattung dient,[69] umfasst schon der Begriff „Lage" nicht allein gegenwartsbezogene, sondern auch zukunftsbezogene Aspekte, insbesondere das Entwicklungs- und Erfolgspotential der Gesellschaft.[70] Zwar gelten die inhaltlichen Anforderungen des (Konzern-)Lageberichts unabhängig davon, ob die betreffende Gesellschaft kapitalmarktnah oder -fern ist; kraft seiner prospektiven Dimension lässt sich der Lagebericht jedoch insbesondere zur Unterstützung einer spezifisch kapitalmarktorientierten Berichterstattung einsetzen.[71] Vor diesem Hintergrund ist wichtiger Teil der (Konzern-)Lageberichterstattung ein Prognosebericht sowie ein Chancen- und Risikobericht (§§ 289 Abs. 1 Satz 4, 315 Abs. 1 Satz 4 HGB).

Das Gesetz verlangt in diesem Zusammenhang, *„die voraussichtliche Entwicklung mit ihren wesentlichen Chancen und Risiken zu beurteilen und zu erläutern"* sowie *„zugrunde liegende Annahmen* […] *anzugeben"* (§§ 289 Abs. 1 S. 4, 315 Abs. 1 S. 4 HGB). Es sind entsprechend ein Prognosebericht (die voraussichtliche Entwicklung) sowie ein Bericht über Chancen und Risiken aufzunehmen. Da ferner keine genaueren gesetzlichen Vorgaben bestehen, enthält der DRS 20 entsprechende Konkretisierungen.[72] Was unter Prognosen zu verstehen ist, wurde bereits unter B.I.1. erläutert. Risiken sind nach dem DRS 20 mögliche

67 Siehe hierzu auch *Grottel* in Beck'scher Bilanz-Kommentar, § 289 HGB Rn. 30.

68 Aus dem Schrifttum vgl. nur *Böcking/Gros/Koch* in Ebenroth/Boujong/Joost/Strohn HGB, § 289 HGB Rn. 3; außerdem ausführlich dazu *Kleindiek* in MüKo-Bilanzrecht, § 289 HGB Rn. 40 ff., der auch auf die vormals geltenden DRS sowie die entsprechenden IDW-Verlautbarungen verweist.

69 *Kleindiek* in MüKo-Bilanzrecht, § 289 HGB Rn. 13.

70 *Kleindiek* in MüKo-Bilanzrecht, § 289 HGB Rn. 14, 59.

71 *Kleindiek* in MüKo-Bilanzrecht, § 289 HGB Rn. 14.

72 DRS 20.116 ff.

künftige Entwicklungen oder Ereignisse, die zu einer für das Unternehmen negativen Prognose- bzw. Zielabweichung führen können (DRS 20.11). Davon werden nicht bloß eintretende Nachteile oder Schäden für das Unternehmen erfasst, sondern auch die Möglichkeit nicht eintretender positiver Entwicklungen.[73] Spiegelbildlich sind Chancen mögliche künftige Entwicklungen oder Ereignisse, die zu einer für das Unternehmen positiven Prognose- bzw. Zielabweichung führen können (DRS 20.11).[74]

Laut Gesetzgeber ist es Aufgabe der Prognoseberichterstattung, im Rahmen von (Konzern-)Lageberichten, *„den Gehalt des Lageberichts an entscheidungsrelevanten Informationen zu erhöhen und dem Investor Soll-Ist-Vergleiche zu ermöglichen“*.[75] Nicht gefordert sind Detailangaben; vielmehr genügt eine Darstellung der übergeordneten Unternehmensstrategie, die für die Adressaten des Lageberichts entscheidungsrelevant ist.[76] Außerdem wird durch die Prognoseberichterstattung Gesellschaftern die Beschlussfassung über die Gewinnverwendung und den Geschäftspartnern des Unternehmens die Entscheidung darüber erleichtert, ob die Geschäftsbeziehungen mit dem Unternehmen fortgesetzt werden sollen.[77]

c) Erstellung des Prognose-/Chancen- und Risikoberichts

aa) Grundsätze der Lageberichterstattung

Indem das Gesetz den Maßstab des den tatsächlichen Verhältnissen entsprechenden Bildes bzgl. Geschäftsverlauf und Lage der Gesellschaft setzt (§ 289 Abs. 1 Satz 1 HGB), überträgt es das für den Jahresabschluss geltende Prinzip des *true and fair view* auch auf den Lagebericht.[78] Damit verbunden ist stets die Beachtung der allgemeinen Grundsätze der Rechenschaftslegung: Vollständigkeit, Wahrheit, Klarheit, Übersichtlichkeit und Verständlichkeit[79] sowie

---

73 *Kleindiek* in MüKo-Bilanzrecht, § 289 HGB Rn. 64.

74 Entsprechend auch *Grottel* in Beck'scher Bilanzkommentar, § 315 HGB Rn. 130; *Kleindiek* in MüKo-Bilanzrecht, § 289 HGB Rn. 64.

75 Begr. RegE BilReG, BT-Drucks. 15/3419 S. 30; DRS 20.126; *Grottel*, Beck'scher Bilanzkommentar, § 315 HGB Rn. 120.

76 Begr. RegE BilReG, BT-Drucks. 15/3419 S. 30.

77 *Hommelhoff* in Staub HGB, § 289 HGB Rn. 111; *Kleindiek* in MüKo-Bilanzrecht, § 289 HGB Rn. 58.

78 *Böcking/Gros/Koch* in Ebenroth/Boujong/Joost/Strohn HGB, § 289 HGB Rn. 9; *Grottel* in Beck'scher Bilanz-Kommentar, § 289 HGB Rn. 9.

79 Vgl. statt aller *Böcking/Gros/Koch* in Ebenroth/Boujong/Joost/Strohn HGB, § 289 HGB Rn. 10; sehr ausführlich *Kleindiek* in MüKo-Bilanzrecht, § 289 HGB Rn. 30 ff.; der

Stetigkeit.[80] Diese Grundsätze werden durch den DRS 20 um die Vermittlung der Sicht der Unternehmensleitung sowie die Grundsätze der Wesentlichkeit und der Informationsabstufung ergänzt.[81] Nachfolgend werden die wesentlichen Ausprägungen dieser Grundsätze vorgestellt und auf die Prognoseberichterstattung angewendet.

(1) Vollständigkeit

Um eine Gesamtbeurteilung durch den Berichtsadressatenkreis (Gesellschafter, Aufsichtsrat, Anleger, aktuelle und/oder potentielle Marktpartner wie (Kredit-) Gläubiger, Lieferanten, Abnehmer, Arbeitnehmer(-repräsentanten)[82] zu ermöglichen, hat der Lagebericht unter Ausschöpfung der zugänglichen Informationsquellen[83] alle wesentlichen Aspekte zu beinhalten, die für diese Beurteilung typischerweise von Bedeutung sind.[84] Dass viele Informationen inzwischen vielleicht bereits anderweitig, zum Beispiel durch Berichte oder Mitteilungen nach dem WpHG oder der MAR, publik gemacht worden sind, ist insoweit unerheblich.[85]

Bzgl. des Vollständigkeitsgebots wird teilweise ausgeführt, was bereits dem Konzern- bzw. Jahresabschluss zu entnehmen sei, müsse im (Konzern-)Lagebericht nicht noch einmal dargelegt werden.[86] Dem kann nur eingeschränkt zugestimmt werden. Denn zwar kann sich beispielsweise aus im Jahresabschluss ausgewiesenen erheblichen Rückstellungen eines Unternehmens durchaus ableiten lassen, dass das Unternehmen sich in entsprechendem Umfang Risiken ausgesetzt sieht. Doch würde es die eigenständige Informationsfunktion

---

DRS nennt – lediglich in der Formulierung abweichend – als die sechs Grundsätze der Konzernlageberichterstattung: die Vollständigkeit, Verlässlichkeit und Ausgewogenheit, Klarheit und Übersichtlichkeit, Vermittlung der Sicht der Konzernleitung sowie die Wesentlichkeit und Informationsabstufung (DRS Zusammenfassung).

80 Vgl. statt aller Kleindiek in MüKo-Bilanzrecht, § 289 HGB Rn. 39.

81 *Kleindiek* in MüKo-Bilanzrecht, § 289 HGB Rn. 39; *Böcking/Gros/Koch* in Ebenroth/Boujong/Joost/Strohn HGB, § 289 HGB Rn. 10.

82 *Kleindiek* in MüKo-Bilanzrecht, § 289 HGB Rn. 32.

83 *Kleindiek* in MüKo-Bilanzrecht, § 289 HGB Rn. 32; *Lange* in MüKo-HGB, § 289 HGB Rn. 30.

84 *Kleindiek* in MüKo-Bilanzrecht, § 289 HGB Rn. 32; vgl. auch *Hommelhoff* in Staub HGB, § 289 HGB Rn. 81 sowie DRS 20.12.

85 *Kleindiek* in MüKo-Bilanzrecht, § 289 HGB Rn. 32; *Lange* in MüKo-HGB, § 289 HGB Rn. 31.

86 Vgl. etwa *Lange* in MüKo-HGB, § 289 HGB Rn. 30, 36.

des Lageberichts vereiteln, würde man diese Risiken nicht gleichzeitig auch im Risikobericht des (Konzern)Lageberichts darstellen.[87] Nachteilige Prognosen oder Risiken sind im (Konzern-)Lagebericht auch dann anzusprechen, wenn Berichtsadressaten diese Informationen negativ bewerten könnten.[88] Denn gerade in wirtschaftlich angespannten Zeiten, ist die umfassende Berichterstattung über die tatsächliche Lage eines Unternehmens für die übrigen Marktteilnehmer besonders relevant. Tendenziell wird in solchen Fällen sogar eher noch eine ausführlichere Berichterstattung geboten sein (zu möglichen Einschränkungen in Krisensituationen ausführlich unten unter III.).[89]

(2) Wahrheit

Angaben im (Konzern-)Lagebericht haben wahr im Sinne von „richtig" zu sein. Dieser Grundsatz gilt sowohl für dargelegte Tatsachen als auch für die enthaltenen Bewertungen und Prognosen.[90] Für Tatsachen bedeutet dies, dass sie zutreffend, nachprüfbar und unverfälscht sein müssen und – sofern sie wesentlich sind – nicht weggelassen werden dürfen.[91] Bewertungen, Prämissen und Prognosen sind schlüssig und willkürfrei vorzunehmen. Negative und positive Aspekte sind ausgewogen einzubeziehen und separat darzustellen.[92] Der subjektiven Einschätzung zugrundeliegende Annahmen sind anzugeben.[93]

Prognosen sind ferner an realistischen Erwartungen auszurichten.[94] Wunschvorstellungen der Geschäftsleitung haben dabei außen vor zu bleiben.[95] Gleiches gilt für Zielvorstellungen aus internen Planungsvorhaben.[96] Außerdem darf die Prognose nicht dazu missbraucht werden, das Image des Unternehmens durch eine besonders positive Prognoseberichterstattung zu verbessern.[97]

---

87 *Kleindiek* in MüKo-Bilanzrecht, § 289 HGB Rn. 33.

88 *Kleindiek* in MüKo-Bilanzrecht, § 289 HGB Rn. 34.

89 *Kleindiek* in MüKo-Bilanzrecht, § 289 HGB Rn. 34; *Lange* in MüKo-HGB, § 289 HGB Rn. 36.

90 *Kleindiek* in MüKo-Bilanzrecht, § 289 HGB Rn. 36.

91 *Hommelhoff* in Staub HGB, § 289 Rn. 83; *Lange* in MüKo-HGB, § 289 HGB Rn. 34.

92 Vgl. DRS 20.16-19; *Kleindiek* in MüKo-Bilanzrecht, § 289 HGB Rn. 37; *Lange* in MüKo-HGB, § 289 HGB Rn. 35.

93 *Kleindiek* in MüKo-Bilanzrecht, § 289 HGB Rn. 37; *Lange* in MüKo-HGB, § 289 HGB Rn. 35; zu den Anforderungen an Prognosen im Einzelnen unten, C.II.1.c)cc).

94 *Grottel* in Beck'scher Bilanzkommentar, § 315 HGB Rn. 128.

95 *Kleindiek* in MüKo-Bilanzrecht, § 289 HGB Rn. 62.

96 *Grottel* in Beck'scher Bilanzkommentar, § 315 HGB Rn. 128.

97 *Kleindiek* in MüKo-Bilanzrecht, § 289 HGB Rn. 62.

(3) Klarheit

Ebenso wie der Konzern- bzw. Jahresabschluss muss auch der (Konzern)Lagebericht klar, übersichtlich und verständlich abgefasst werden.[98] Das Schrifttum hat einige Kriterien entwickelt, die von Unternehmen beachtet werden sollten, um diese Anforderung zu erfüllen. Aufbau und Darstellung des (Konzern-) Lageberichts sollen nachvollziehbar und in sich widerspruchsfrei sein.[99] Auch ist grundsätzlich eine verbale Darstellung geboten; zwar können zur Unterstützung auch Zahlenwerke aufgenommen werden, aber eben lediglich zur Unterstützung und nur, soweit die Verständlichkeit nicht darunter leidet.[100] Bei der Formulierung ist darauf zu achten, dass die Angaben eindeutig sind. Wo Ermessensspielräume genutzt werden, ist dies entsprechend darzulegen. Auch Tatsachen sowie subjektive Wertungen der Geschäftsleitung – und daher auch Prognosen – sind als solche kenntlich zu machen.[101]

(4) Stetigkeit

Für den (Konzern-)Lagebericht gilt weiterhin das Stetigkeitsgebot (§ 265 Abs. 1 Satz 1 HGB), wonach grundsätzlich Form und Gliederung auch bei nachfolgender Berichterstattung beizubehalten sind.[102] Dadurch soll vor allem die Vergleichbarkeit chronologisch aufeinanderfolgender Berichte desselben Unternehmens erreicht werden. Bei Abweichungen von der bisherigen Darstellung soll dies unter Angabe eines sachlichen Grundes dargestellt werden.[103] Mit Blick auf die Prognoseberichterstattung erlangt der Stetigkeitsgrundsatz insbesondere beim Aufbau des Prognose- sowie Risiko- und Chancenberichts Bedeutung, sodass Unternehmen an der gewählten Aufbauform grundsätzlich auch künftig festzuhalten haben (dazu sogleich unter bb)).[104]

98 *Kleindiek* in MüKo-Bilanzrecht, § 289 HGB Rn. 38; *v. Kanitz/Hoffmann-Theinert* in BeckOK HGB, § 289 HGB Rn. 8.

99 *Kleindiek* in MüKo-Bilanzrecht, § 289 HGB Rn. 38.

100 *Kleindiek* in MüKo-Bilanzrecht, § 289 HGB Rn. 38.

101 *Kleindiek* in MüKo-Bilanzrecht, § 289 HGB Rn. 38.

102 *Böcking/Gros/Koch* in Ebenroth/Boujong/Joost/Strohn HGB, § 289 HGB Rn. 12; *Lange* in MüKo-HGB, § 289 HGB Rn. 23, 37.

103 *Kleindiek* in MüKo-Bilanzrecht, § 289 HGB Rn. 39; vgl. auch DRS 20.26.

104 *Böcking/Dutzi/Gros* in Baetge/Kirsch/Thiele Bilanzrecht, § 289 HGB Rn. 121.

bb) Aufbau

Beim Aufbau der Prognoseberichterstattung in (Konzern-)Lageberichten kommen zwei Aufbauvarianten in Betracht: eine getrennte oder eine integrierte Darstellung von Prognose- sowie Chancen- und Risikobericht (DRS 20.117).[105] Obgleich im Gesetzeswortlaut von der voraussichtlichen Entwicklung „mit ihren" (also denen der voraussichtlichen Entwicklung) wesentlichen Chancen und Risiken die Rede ist, was für einen integrierten Aufbau sprechen könnte,[106] lässt der DRS 20 ausdrücklich beide Aufbauvarianten zu (DRS 20.117). Die Wahl liegt entsprechend beim Emittenten. Somit fragt sich, für welchen Aufbau sich Emittenten bei der Prognoseberichterstattung entscheiden sollten.

(1) Vorgaben des DRS 20

Zunächst beschreibt der DRS, welche Varianten bei einem getrennten Aufbau möglich sind. Dabei kann der Risikobericht einerseits getrennt vom Chancenbericht aufgenommen werden, sodass diese jeweils einzeln neben dem Prognosebericht stehen (somit bestehen drei getrennte Berichte). Andererseits ist beim getrennten Aufbau möglich, einen einheitlichen Chancen- und Risikobericht zu erstellen und diesen getrennt vom Prognosebericht aufzunehmen (demnach zwei getrennte Berichte). Ferner ist eine integrierte Aufbauweise, bei der Prognose-, Risiko- und Chancenbericht in einen einzigen Bericht aufgenommen werden, möglich.

Werden die Berichte getrennt erstellt, hat der Prognosebericht inhaltlich ebenfalls auf Chancen und Risiken Bezug zu nehmen, sofern die Zusammenhänge für den verständigen Adressaten nicht offensichtlich sind (DRS 20.117). Eine

---

105 Eine noch vor Inkrafttreten des DRS 20 vertretene Literaturansicht tendierte dazu, eine räumliche Trennung zwischen Chancen- und Risikobericht einerseits und dem Prognosebericht andererseits vorzuziehen, womit beide jeweils selbstständige Teile des Lageberichts darstellen würden (so etwa noch *Kajüter*, BB 2004, S. 427, 430 f., allerdings noch unter Verweis auf den DRS 5.30 sowie des damaligen Entwurfs zu DRS 20.92); die wohl herrschende Gegenansicht betont hingegen, es ginge viel mehr um jene Chancen und Risiken, die gerade mit der voraussichtlichen Entwicklung verknüpft seien, womit eine integrierte Darstellungsform vorzugswürdig sein könne (*Kaiser* WPg 2005, S. 405, 410; *Kirsch/Scheele*, WPg 2005, S. 1149, 1152 f.; *Krawitz/Hartmann*, WPg 2006, S. 1262, 1264 f.; *Wolf*, DStR 2005, S. 438 f.; *Kleindiek* in MüKo-Bilanzrecht, § 289 HGB Rn. 60; *Böcking/Dutzi/Gros* in Baetge/Kirsch/Thiele Bilanzrecht, § 289 HGB Rn. 121).

106 Ähnlich *Kleindiek* in MüKo-Bilanzrecht, § 289 HGB Rn. 60.

inhaltliche Verknüpfung dieser Bestandteile ist also auch bei einem getrennten Aufbau erforderlich.[107]

(2) Abwägung zwischen den Aufbauformen

Welche Aufbauform für das jeweilige Unternehmen vorzugswürdig ist, muss einzelfallabhängig entschieden werden.[108] Emittenten sollten dabei die Aufbauform wählen, die aus Sicht der Konzern- bzw. Unternehmensleitung dem verständigen Adressaten die voraussichtliche Entwicklung sowie ihre Chancen und Risiken im konkreten Einzelfall klarer vermittelt.

Für einen integrierten Aufbau von Prognosebericht sowie Chancen und Risikobericht ließe sich anführen, dass es für den Investor insgesamt aussagekräftiger sein könnte, die Zusammenhänge zwischen Prognose, Chancen und Risiken in einem einzigen Abschnitt vorzufinden, der stringent und unter gegenseitiger Bezugnahme der drei Bestandteile erläutert, wie die Geschäftsleitung die weitere Entwicklung des Unternehmens einschätzt. Durch eine solche Gesamtdarstellung könnte ein vollständiger Eindruck der Zukunftsaussichten des Unternehmens am ehesten zu erreichen sein. Zudem könnte die Geschäftsleitung in besonderem Maße gezwungen sein, Zusammenhänge zwischen Prognosen auf der einen und Chancen und Risiken auf der anderen Seite zu durchdenken und genauer zu beleuchten.

Andererseits wird durch einen integrierten Aufbau das zügige Auffinden bestimmter Risikofaktoren erschwert. Ein Aufbau, der in einem durch eine individuelle Überschrift abgegrenzten Abschnitt Chancen und Risiken aufführt, erleichtert es Adressaten, gezielt bestimmte Informationen aufzufinden. Wie erwähnt, betont der DRS 20 außerdem, im Prognosebericht habe ohnehin eine Bezugnahme auf die entsprechenden Chancen und Risiken zu erfolgen. Durch getrennten Aufbau könnte demnach ein zusätzliches Maß an Übersichtlichkeit geschaffen werden.

Während der integrierte Aufbau möglicherweise eine stärkere inhaltliche Verknüpfung der Berichtsteile ermöglicht, kann ein getrennter Aufbau übersichtlicher und klarer sein. Bestehen etwa lediglich wenige Risikofaktoren, die sich überdies insbesondere auf die Informationen des Prognoseberichts beziehen, spricht viel dafür, einen integrierten Aufbau zu wählen. In diesem Fall stehen einem erhöhten Informationsgehalt lediglich geringfügige Einbußen bei der

---

107 So auch *Böcking/Gros/Koch* in Ebenroth/Boujong/Joost/Strohn HGB, § 315 HGB Rn. 22; *Grottel* in Beck'scher Bilanzkommentar, § 315 HGB Rn. 115.

108 *Grottel* in Beck'scher Bilanzkommentar, § 315 HGB Rn. 115.

Übersichtlichkeit gegenüber. Bei einer Vielzahl von bedeutenden Chancen und Risiken kann hingegen ein getrennter Aufbau geboten sein, um es Investoren zu ermöglichen, einzelne Chancen und Risiken schneller zu identifizieren.

cc) Anforderungen an Inhalt und Methodik

Nachdem erläutert wurde, wo die Bestandteile der Prognoseberichterstattung zu verorten sind, soll nun beleuchtet werden, welche inhaltlichen Anforderungen bei der Prognoseberichterstattung bestehen und wie Prognosebericht sowie Chancen- und Risikobericht zu ermitteln und darzustellen sind (Methodik). Wie erwähnt, ist im Rahmen der Prognoseberichterstattung die voraussichtliche Entwicklung mit ihren wesentlichen Chancen und Risiken zu beurteilen und zu erläutern (§ 289 Abs. 1 Satz 4 HGB). Die Beurteilung und Erläuterung der voraussichtlichen Entwicklung hat sich auf den weiteren Geschäftsverlauf, einschließlich des Geschäftsergebnisses zu beziehen.[109] Dazu zählt die voraussichtliche Entwicklung der Vermögens-, Finanz- und Ertragslage sowie der wesentlichen Eckdaten (etwa die Beschäftigung, Investitionen und deren Finanzierung, Belegschaft, Umsatz Kosten, Erträge).[110] Ferner sind die zugrunde liegenden Annahmen anzugeben (§ 289 Abs. 1 Satz 4 HGB).

Nachfolgend werden zunächst die unterschiedlichen Anforderungen an die Angaben des Prognoseberichts und denen des Chancen- und Risikoberichts untersucht (unten, (1) und (2)). Anschließend werden die gemeinsamen Anforderungen näher betrachtet, namentlich das bereits erwähnte „Beurteilen und Erläutern“ sowie die „Angabe der zugrundeliegenden Annahmen“ (unten, (3)).

(1) Prognosebericht

(a) Inhalt

Prognosen sind zu den bedeutsamsten finanziellen und nichtfinanziellen Leistungsindikatoren zu erstellen (DRS 20.126). Zu den finanziellen Leistungsindikatoren zählen bspw. die Ergebnisentwicklung und Ergebniskomponenten (wie Zins-, Beteiligungs- oder Wechselkursergebnis)[111] sowie die Liquidität und Kapitalausstattung.[112] Um Doppelungen im Lagebericht zu vermeiden, kann auf

---

109 *Kleindiek* in MüKo-Bilanzrecht, § 289 HGB Rn. 61; *Grottel* in Beck'scher Bilanzkommentar, § 315 HGB Rn. 122.

110 *Grottel* in Beck'scher Bilanzkommentar, § 315 HGB Rn. 122.

111 *Grottel* in Beck'scher Bilanzkommentar, § 315 HGB Rn. 91.

112 BR-Drucks. 326/04, S. 63.

den Abschluss bezuggenommen werden.[113] Nichtfinanzielle Leistungsindikatoren sind etwa Kundenbelange, Umweltbelange, Arbeitnehmerbelange, Indikatoren zur Forschung und Entwicklung sowie die gesellschaftliche Reputation (DRS 20.107).

Es sind zunächst die Erwartungen der Geschäftsleitung (in negativer als auch positiver Hinsicht) sowie unternehmensinterne Aspekte zu schildern. Daneben ist auch auf die erwartete allgemeine und branchenspezifische Entwicklung einzugehen.[114] Insgesamt bietet der Prognosebericht somit nicht nur einen Überblick über die Entwicklung der für das Unternehmen wichtigsten Faktoren, sondern ordnet diese auch in die erwartete gesamtwirtschaftliche Entwicklung ein. Diese Ausführungen sind schließlich zu einer Gesamtaussage zu verdichten (DRS 20.118).

(b) Ermittlung und Darstellung

Prognosen enthalten Aussagen zur erwarteten Veränderung der prognostizierten Leistungsindikatoren gegenüber dem entsprechenden Istwert des Berichtsjahres und verdeutlichen die Richtung und Intensität dieser Veränderung (DRS 20.128). Ein solcher Jahresvergleich wertet den Aussagegehalt des Prognoseberichts nach hier vertretener Ansicht stark auf; er ermöglicht es Berichtsadressaten, die finanzielle Situation des Berichtspflichtigen nicht nur mit anderen Unternehmen, sondern auch mit der eigenen Leistung über einen längeren Zeitraum zu vergleichen.[115] Es ist somit folgerichtig, dass Prognosen so zu ermitteln sind, dass Prognose- und Istwerte für denselben Berichtszeitraum vergleichbar sind (DRS 20.126). Aussagen zur Richtung einer Veränderung lassen dabei einen positiven oder negativen Trend erkennen (z.B. „steigen“ oder „fallen“), während die Intensität die Stärke eines Trends beschreibt (z.B. „stark“, „erheblich“, „geringfügig“ oder „leicht“) (DRS 20.128, 129).

Um berichtspflichtigen Unternehmen die Umsetzung zu erleichtern, wird zwischen Prognosearten unterschieden, die üblicherweise die Anforderungen des DRS 20.128 erfüllen sowie solchen, die es nicht tun (DRS 20.130 iVm DRS 20.11). Folgend werden die üblicherweise ausreichenden (Tabelle 1) sowie die unzureichenden Prognosearten (Tabelle 2) vorgestellt und anhand von Formulierungsbeispielen veranschaulicht (übernommen aus DRS 20.11):

---

113 BR-Drucks. 326/04, S. 63.

114 *Kleindiek* in MüKo-Bilanzrecht, § 289 HGB Rn. 61; *Grottel* in Beck'scher Bilanzkommentar, § 315 HGB Rn. 122.

115 *Fülbier/Pellens* in MüKo-HGB, § 315 HGB Rn. 35.

Tabelle 1

Ausreichende Prognosearten	Formulierungsbeispiel
Punktprognosen (= Prognose mit Angabe eines Zahlenwertes)	*„Wir erwarten für das Geschäftsjahr 20XX einen Umsatz von 100 Mio. Euro."*
Intervallprognosen (= Prognose mit Angabe einer Bandbreite zwischen zwei Zahlenwerten)	*„Wir rechnen für das Geschäftsjahr 20XX mit einem Umsatz zwischen 90 und 110 Mio. Euro."*
Qualifiziert-komparative Prognosen (= Prognose mit Angabe einer Veränderung im Vergleich zum Istwert der Berichtsperiode unter Angabe der Richtung und der Intensität dieser Veränderung)	*„Wir erwarten für das Geschäftsjahr 20XX einen leicht steigenden Umsatz."*

Tabelle 2

Unzureichende Prognosearten	Formulierungsbeispiel
Komparative Prognosen (= Prognose mit Angabe einer Veränderung im Vergleich zum Istwert der Berichtsperiode unter Angabe der Richtung dieser Veränderung)	*„Wir erwarten für das Geschäftsjahr 20XX einen steigenden Umsatz."*
Qualitative Prognosen (= Prognose, die allein verbal-argumentativ vorgenommen wird)	*„Wir erwarten für das Geschäftsjahr 20XX einen zufriedenstellenden Umsatz.")*

Diese Grundsätze gelten solange, wie nicht aufgrund gesamtwirtschaftlicher Rahmenbedingungen eine derart außergewöhnlich hohe Unsicherheit bzgl. der zukünftigen Entwicklung besteht, dass die Prognosefähigkeit der Unternehmen wesentlich beeinträchtigt ist (z.B. durch eine Wirtschaftskrise, dazu ausführlich unten III.1.). In diesem Fall ist es richtigerweise zulässig, komparative Prognosen zu verwenden oder verschiedene Zukunftsszenarien unter Nennung der jeweils zugrundeliegenden Annahmen anzugeben.[116] In diesen Ausnahmefällen ist zusätzlich auf die zur Unsicherheit führenden Umstände sowie deren

116 Dazu auch *v. Kanitz/Hoffmann-Theinert* in BeckOK HGB, § 289 HGB Rn. 28; *Senger/Brune* in MüKo-Bilanzrecht, § 315 HGB Rn. 25.

Auswirkungen auf die Prognosefähigkeit, den Geschäftsverlauf und die Lage des Konzerns/Unternehmens einzugehen. Werden verschiedene Zukunftsszenarien dargestellt, muss auch hier jeweils die Richtung der erwarteten Veränderung von Leistungsindikatoren gegenüber dem entsprechenden Istwert deutlich werden (DRS 20.133, 134).[117] Zwar entsteht Emittenten so zunächst unmittelbar ein Mehraufwand, da sie diese Anforderungen für mehrere Szenarien erfüllen müssen. Demgegenüber sind sie jedoch nicht gezwungen, sich auf ein unsicheres Szenario festzulegen, dass (wahrscheinlich) nicht eintreten wird. Berichtsadressaten wird überdies eine transparentere Einschätzung der Geschäftsleitung geboten, die bestehende Unsicherheiten offen kommuniziert und deren Informationsgehalt entsprechend erhöht wird.

(2) Chancen- und Risikobericht

(a) Inhalt

Im Rahmen des Chancen- und Risikoberichts sind nach dem Gesetzeswortlaut sämtliche wesentlichen Chancen und Risiken aufzuzeigen (§ 289 Abs. 1 S. 4 HGB). Im Fall des Konzernlageberichts haben sich aufgrund der dem Konzernlagebericht zugrundeliegenden Einheitstheorie[118] insbesondere die Risiken auf den Konzern in seiner Gesamtheit zu beziehen.[119] Risiken einzelner Unternehmen sind demnach lediglich dann relevant, wenn sie sich ebenfalls auf den Konzern niederschlagen.[120] Chancen und Risiken haben gleichwertig nebeneinander zu stehen;[121] es ist entsprechend eine ausgewogene Berichterstattung erforderlich (DRS 20.166).

Wesentlich sind Chancen und Risiken dann, wenn sie zu einer spürbaren – also nicht lediglich unerheblichen – Veränderung der voraussichtlichen Entwicklung des Unternehmens führen können.[122] In Bezug auf Risiken bedeutet dies nicht, dass nur solche Risiken wesentlich wären, die den Bestand des Unternehmens gefährden würden.[123] Derart bedeutende Risiken sind jedoch dadurch hervorzuheben, dass sie als solche gekennzeichnet werden.[124] Hierbei geht es nicht bloß

117 Zur entsprechenden Ausnahme auch nach DRS 15 *Fülbier/Pellens* in MüKo-HGB, § 315 HGB Rn. 47.

118 Dazu statt aller *v. Kanitz/Hoffmann-Theinert* in BeckOK HGB, § 315 HGB Rn. 1.

119 *Fülbier/Pellens* in MüKo-HGB, § 315 HGB Rn. 43.

120 *Fülbier/Pellens* in MüKo-HGB, § 315 HGB Rn. 14.

121 *Grottel* in Beck'scher Bilanzkommentar, § 315 HGB Rn. 133.

122 *Kleindiek* in MüKo-Bilanzrecht, § 289 HGB Rn. 65.

123 *Kleindiek* in MüKo-Bilanzrecht, § 289 HGB Rn. 65.

124 DRS 20.148; dazu auch *Grottel* in Beck'scher Bilanzkommentar, § 315 HGB Rn. 149.

um sehr wahrscheinliche Risiken, sondern um alle Risiken, deren Eintritt nicht gerade unwahrscheinlich ist.[125] Das allgemeine unternehmerische Risiko ist für den Chancen- und Risikobericht jedoch unbeachtlich; es ist jeder unternehmerischen Tätigkeit immanent und muss daher nicht näher behandelt werden.[126]

(b) Ermittlung und Darstellung

Sowohl externe als auch innerbetriebliche Faktoren und Umstände kommen in Betracht, wenn die Risiken ermittelt und dargestellt werden. Beispielhaft werden Konjunktur-, Markt-, Branchen-, Zins-, Wechselkurs-, Gesetzes-, Steuer-, Umwelt- oder Lohnentwicklungen sowie konzernspezifische Chancen- und Risikopotentiale im Produktions-, Absatz-, Beschaffungs-, Personal-, Finanzierungs- und Investitionsbereich genannt.[127] Auch ist bei der Erstellung des Berichts darauf zu achten, dass die voraussichtliche Entwicklung bereits in der Prognose darzustellen ist. Ein ermitteltes Risiko mit einer Eintrittswahrscheinlichkeit von > 50% muss daher bereits in der Prognose reflektiert und nicht erst im Risikobericht dargestellt werden.[128]

Neben der bloßen Darstellung der Chancen und Risiken ist insbesondere ihre Bedeutung transparent zu machen (DRS 20.150). Diese ermittelt sich aus der Eintrittswahrscheinlichkeit und der möglichen Auswirkung auf die Erreichung der Prognosen bzw. der angestrebten Ziele. Dabei können die wesentlichen Risiken insgesamt in eine Rangfolge geordnet oder in Klassen entsprechend ihrer Bedeutung zusammengefasst werden (DRS 20.163). Eine differenzierende qualitative Beschreibung wie „mittleres Risiko“ oder „hohes Risiko“ ist dabei grundsätzlich ausreichend.[129] Eine präzise Bezifferung wird von Unternehmen richtigerweise nicht verlangt, da eine genaue Vorhersage nicht immer möglich sein wird und auch eine qualitative Einordnung bereits verdeutlicht, wie relevant das jeweilige Risiko ist.

Darüber hinausgehende quantitative Angaben sind nur dann erforderlich, wenn sie überdies zur internen Steuerung im jeweiligen Unternehmen gemacht werden und die quantitativen Angaben für den verständigen Adressaten wesentlich sind (DRS 20.152).[130] Dem ist zuzustimmen, da Unternehmen, die ohnehin

---

125 *Kleindiek* in MüKo-Bilanzrecht, § 289 HGB Rn. 67.

126 *Kleindiek* in MüKo-Bilanzrecht, § 289 HGB Rn. 65; so auch schon *Gelhausen*, AG 1997 (Sonderheft), S. 73 f.

127 *Grottel* in Beck'scher Bilanzkommentar, § 315 HGB Rn. 148.

128 *Grottel* in Beck'scher Bilanzkommentar, § 315 HGB Rn. 130.

129 *Grottel* in Beck'scher Bilanz-Kommentar, § 315 HGB Rn. 137.

130 Bereits vor Inkrafttreten des DRS 20 wurde im Schrifttum vertreten, dass Chancen und Risiken nach Möglichkeit darüber hinaus auch quantitativ bewertet werden sollten; so

bereits intern über entsprechende Daten verfügen, diese so auch den Berichtsadressaten zur Verfügung stellen müssen. Konkrete betragsmäßige Angaben sind jedoch nicht erforderlich. Vielmehr genügt es, etwa eine Bandbreite anzugeben oder die Tragweite bzw. Risikotragfähigkeit in anderer Form darzustellen.[131] In der Praxis werden zur Quantifizierung häufig sogenannte Risikomatrizen verwendet.[132] Diese setzen die Eintrittswahrscheinlichkeit eines Risikos ins Verhältnis zu möglichen Auswirkungen und stufen ein Risiko etwa in die Risikoklassen „gering", „mittel" und „hoch" ein.[133] Dabei ist die Zuordnung eines Risikos zu einer Zelle nicht zwingend erforderlich; die Risikoklasse zu nennen soll genügen.[134] Zur möglichen grafischen Darstellung einer Risikomatrix dient folgendes Beispiel (Tabelle 3 nach *Grottel*[135]):

Tabelle 3

Auswirkung	**Risikomatrix**			
> EUR 20 Mio.	mittel	hoch	hoch	hoch
EUR 10 <= 20 Mio.	mittel	mittel	hoch	hoch
EUR 5 <= 10 Mio.	gering	mittel	mittel	hoch
EUR 1 <= 5 Mio.	gering	gering	gering	gering
Eintrittswahrscheinlichkeit	0 <= 20%	20 <= 50%	50 <= 80%	80 <= 100%

Unter besonderen Umständen kann von einer Quantifizierung von Risiken abgesehen werden. Wenn damit gerechnet werden muss, dass die Veröffentlichung entsprechender Informationen die Position des Unternehmens ernsthaft beeinträchtigen würde, kann das Unternehmen unter Angabe der Gründe eine Quantifizierung unterlassen (DRS 20.165, 154). Diese Regelung ist zu begrüßen,

---

sollten beispielsweise Bandbreiten, Sensitivitäten oder Kennzahlen wie *Value at Risk* angegeben werden können. Dies sollte freilich nur dann gelten, wenn die getätigten Aussagen dazu verlässlich ermittelbar waren, *Kajüter*, BB 2004, S. 427, 430.

131 *Grottel* in Beck'scher Bilanz-Kommentar, § 315 HGB Rn. 34; zur Rechtslage nach DRS 15 noch *Fülbier/Pellens* in MüKo-HGB, § 315 HGB Rn. 45.

132 *Grottel* in Beck'scher Bilanz-Kommentar, § 315 HGB Rn. 139.

133 Vgl. *Barth/Rahe/Rabenhorst*, KoR 2014, S. 47, 54 f.; *Grottel* in Beck'scher Bilanz-Kommentar, § 315 HGB Rn. 139 f.

134 *Grottel* in Beck'scher Bilanz-Kommentar, § 315 HGB Rn. 140.

135 *Grottel* in Beck'scher Bilanz-Kommentar, § 315 HGB Rn. 139.

da Unternehmen insoweit nicht gezwungen werden, sich selbst zu schaden. Nach hier vertretener Auffassung muss die Ausnahme jedoch restriktiv gehandhabt werden. Andernfalls könnten Unternehmen geneigt sein, eine grundsätzlich erforderliche Quantifizierung stets zu unterlassen, wenn sie dadurch Nachteile für möglich hielten. Da hiervon wohl insbesondere Risiken betroffen wären, die entweder besonders wahrscheinlich oder negativ in ihren Auswirkungen auf das Unternehmen sind, würde eine zu großzügige Handhabung den Zweck der Risikoberichterstattung konterkarieren, Anlegern ein treffendes Bild über die Zukunftsaussichten zu vermitteln (zu weiteren möglichen Ausnahmen im Hinblick auf die Risikoberichterstattung unten unter III.2.).

(c) Saldierungsverbot

Bei der Darstellung der Chancen und Risiken sind beide gleichwertig und in einem angemessenen Verhältnis zu berücksichtigen. Keinesfalls dürfen Chancen und Risiken im Rahmen einer Saldierung gegeneinander aufgerechnet werden.[136]

Darüber hinaus darf auch eine mögliche Risikokompensation nicht dazu führen, dass Risiken im Risikobericht unerwähnt bleiben. Dies gilt jedenfalls solange, wie das Risiko nicht etwa durch einen Versicherungsvertrag oder im Rahmen eines Termingeschäfts von Dritten getragen wird.[137] Es ist jedoch gestattet, auf getroffene risikominimierende Maßnahmen hinzuweisen. Einerseits ist es dabei möglich, Risiken sowie die entsprechenden Gegenmaßnahmen darzustellen und zu beurteilen („Bruttobetrachtung"); andererseits können alternativ lediglich die nach der Umsetzung von Risikobegrenzungsmaßnahmen verbleibenden Restrisiken dargestellt und beurteilt werden („Nettolösung"). Auch hier sind die Risikobegrenzungsmaßnahmen darzustellen (DRS 20.157).[138] Gleiches gilt für die Darstellung der Chancen (DRS 20.165). Berichtspflichtige Unternehmen haben entsprechend einen gewissen Spielraum im Hinblick auf die Darstellung der Risiken bzw. Risikominimierungsmaßnahmen, dürfen jedoch richtigerweise keine (minimierten) Risiken vollständig verschweigen.

---

136 DRS 20.167; *Kleindiek* in MüKo-Bilanzrecht, § 289 HGB Rn. 66; *Lange* in MüKo-HGB, § 289 HGB Rn. 82.

137 *Kleindiek* in MüKo-Bilanzrecht, § 289 HGB Rn. 66.

138 Vgl. auch *Grottel* in Beck'scher Bilanzkommentar, § 315 HGB Rn. 135.

(3) Beurteilen und Erläutern sowie die Angabe zugrundeliegender Annahmen

Anders als bei der retrospektiven Darstellung und Analyse des Geschäftsverlaufs und der Lage der Gesellschaft (§ 289 Abs. 1 S. 1-3 HGB), ist die voraussichtliche Entwicklung der Gesellschaft mit ihren wesentlichen Chancen und Risiken zu beurteilen und zu erläutern; dabei sind die zugrunde liegenden Annahmen anzugeben (§ 289 Abs. 1 S. 4 HGB). Das bedeutet, dass die Geschäftsleitung nicht lediglich eine Prognose aufstellen und Chancen sowie Risiken aufzählen darf, sondern zusätzlich die Grundlagen ihrer Einschätzung offenlegen und erläutern muss.[139] Dadurch soll die Prognose für den Adressaten nachvollziehbar werden.[140]

„Beurteilen" hat in diesem Zusammenhang die Bedeutung „bewerten". Davon umfasst sind Angaben darüber, mit welcher Wahrscheinlichkeit Chancen und Risiken eintreten werden und welche Auswirkungen sich bei Eintritt ergeben würden.[141] Im Rahmen der „Erläuterung" der Chancen und Risiken sind die berichtspflichtigen Sachverhalte zu erklären und zu kommentieren.[142] So können dort etwa Ursachen, Wirkungen und Interpendenzen einzelner Chancen und Risiken dargestellt sowie ergriffene oder geplante Maßnahmen zu deren Beeinflussung beschrieben werden.[143]

Die Pflicht, die bei der Prognoseerstellung zugrundeliegenden Annahmen anzugeben, verstärkt die Transparenz der Prognoseberichterstattung.[144] Es sind die wesentlichen Prämissen anzugeben, auf denen die Zukunftsaussagen beruhen. Diese Prämissen müssen mit den Prämissen, die dem (Konzern-)Abschluss zugrunde liegen, in Einklang stehen (DRS 20.120). Möglich sind etwa „wenn [...] dann"-Aussagen, wobei diese die Erwartungen der Geschäftsleitung und das von ihr am als wahrscheinlichsten angesehene Szenario widerspiegeln müssen. Um die Aussagen richtig einordnen zu können, sollte ebenfalls deutlich gemacht werden, ob es sich um gesamtwirtschaftliche, branchenbezogene oder unternehmensbezogene Prämissen handelt.[145] Mit Blick auf die Annahmen können

139 *Kleindiek* in MüKo-Bilanzrecht, § 289 HGB Rn. 67; vgl. auch *Grottel* in Beck'scher Bilanzkommentar, § 315 HGB Rn. 126.

140 *Kleindiek* in MüKo-Bilanzrecht, § 289 HGB Rn. 67.

141 *Kleindiek* in MüKo-Bilanzrecht, § 289 HGB Rn. 67; *Kajüter*, BB 2004, S. 427, 430.

142 *Kajüter*, BB 2004, S. 427, 430.

143 *Kajüter*, BB 2004, S. 427, 430 unter Verweis auf den inzwischen außer Kraft getretenen DRS 5.18.

144 *Grottel* in Beck'scher Bilanzkommentar, § 315 HGB Rn. 127.

145 *Grottel* in Beck'scher Bilanzkommentar, § 315 HGB Rn. 127.

Unternehmen sich an folgenden Gegenständen orientieren: Wirtschafts- und Branchenentwicklungen, Wechselkurse, Inflation, regulatorische Maßnahmen, technischer Fortschritt, erwartete Sondereinflüsse (für den Konzern), Realisierung von Synergiepotentialen, Abschluss von Entwicklungsprojekten sowie Inbetriebnahme neuer Anlagen (DRS 20.122). Freilich können und sollten Unternehmen darüber hinaus prüfen, ob für sie konkret noch weitere Faktoren relevant sind und diese entsprechend berücksichtigen.

dd) Prognosezeitraum

Für den Prognosezeitraum ist mindestens ein Jahr vorgesehen, gerechnet vom letzten (Konzern-)Abschlussstichtag (DRS 20.127). Ein kürzerer Zeitraum wäre nach richtiger Ansicht wenig sinnvoll; allein der Umstand, dass Lageberichte erst mehrere Monate nach dem Abschlussstichtag veröffentlicht werden, spricht grundsätzlich dagegen.[146] Bereits die Verkürzung des Prognosezeitraums von ehemals mindestens zwei Jahren[147] auf ein Jahr wird in der Literatur kritisch betrachtet.[148] Wird ein längerer Zeitraum gewählt, sind dennoch Aussagen für das erste Prognosejahr gesondert gefordert.[149] Gleichzeitig ist bei einem längeren Berichtszeitraum auch über die dazugehörigen Chancen und Risiken zu berichten.[150]

Welchen Umfang der Prognosezeitraum im Einzelfall haben sollte, hängt etwa von der Branche, der Geschäftstätigkeit sowie der Größe des Unternehmens ab,[151] wobei zwei Jahre ab dem Abschlussstichtag in der Regel als angemessen angesehen werden.[152] Insbesondere bei Unternehmen mit längeren

---

146 *Kleindiek* in MüKo-Bilanzrecht, § 289 HGB Rn. 63.

147 Damals noch DRS 15.86, der inzwischen vom DRS 20 abgelöst wurde.

148 So etwa *v. Kanitz/Hoffmann-Theinert* in BeckOK HGB, § 289 HGB Rn. 28, die vertreten, dass selbst die angestiegenen Anforderungen an die Prognosegenauigkeit die Verkürzung des Prognosezeitraums nicht aufwiegen könnten; kritisch auch *Senger/Brune* in MüKo-Bilanzrecht, § 315 HGB Rn. 22 f.

149 *Grottel* in Beck'scher Bilanzkommentar, § 315 HGB Rn. 121.

150 *Grottel* in Beck'scher Bilanzkommentar, § 315 HGB Rn. 121, 144.

151 *Kajüter*, BB 2004, S. 427, 430; *Kleindiek* in MüKo-Bilanzrecht, § 289 HGB Rn. 63; *Böcking/Gros/Koch* in Ebenroth/Boujong/Joost/Strohn HGB, § 315 HGB Rn. 26; *Böcking/Dutzi/Gros* in Baetge/Kirsch/Thiele Bilanzrecht, § 289 HGB Rn. 124.

152 *Fülbier/Pellens* in MüKo-HGB, § 315 HGB Rn. 46; *Kleindiek* in MüKo-Bilanzrecht, § 289 HGB Rn. 63; von mindestens einem Jahr sprechend *Senger/Brune* in MüKo-Bilanzrecht, § 315 HGB Rn. 22; *Böcking/Gros/Koch* in Ebenroth/Boujong/Joost/Strohn HGB, § 315 HGB Rn. 26; *Böcking/Dutzi/Gros* in Baetge/Kirsch/Thiele Bilanzrecht, § 289 HGB Rn. 124.

Marktzyklen oder bei komplexen Großprojekten empfiehlt sich ein insgesamt längerer Betrachtungszeitraum.[153] Ausnahmsweise können auch kürzere Zeiträume geboten sein, wenn etwa die Fortführung des Unternehmens unsicher und der Bestand des Unternehmens selbst gefährdet ist.[154] In diesem Fall sind jedoch erhöhte Anforderungen an die Prognosegenauigkeit zu stellen.[155] Sind bereits Sondereinflüsse auf die wirtschaftliche Lage absehbar, die erst nach dem Prognosezeitraum relevant werden, sind auch diese darzustellen und zu analysieren (DRS 20.127). Derartige Sondereinflüsse können etwa bevorstehende Olympische Spiele im Fall eines Sportartikelherstellers oder die Umstellung von analogem auf digitales Fernsehen bei einem TV-Hersteller sein.[156]

Der Prognosezeitraum ist bei der Prognoseberichterstattung stets anzugeben,[157] da der Adressat nur so einschätzen kann, wie verlässlich die Angaben sind. Mit zunehmender Prognosedauer sinkt die Verlässlichkeit einer Prognose entsprechend.[158]

2. Prognosen im Zwischenlagebericht von Halbjahresfinanzberichten

Aufbauend auf die Ausführungen zur Prognoseberichterstattung bei der jährlichen Regelpublizität, soll nun die Prognoseberichterstattung in Halbjahresfinanzberichten untersucht werden.[159] Erneut fragt sich, welche Anforderungen

153 *Senger/Brune* in MüKo-Bilanzrecht, § 315 HGB Rn. 22.

154 *Kleindiek* in MüKo-Bilanzrecht, § 289 HGB Rn. 63.

155 *Grottel* in Beck'scher Bilanzkommentar, § 315 HGB Rn. 121.

156 *Grottel* in Beck'scher Bilanzkommentar, § 315 HGB Rn. 121.

157 DRS 20.127.

158 *Kleindiek* in MüKo-Bilanzrecht, § 289 HGB Rn. 63.

159 Inhaltlich unterscheiden sich die Bestandteile des Halbjahresfinanzberichts im Wesentlichen in zwei Punkten von denen der jährlichen Finanzberichterstattung. Einerseits ist lediglich ein verkürzter Abschluss, andererseits keine Bescheinigung oder Bestätigung der Wirtschaftsprüferkammer erforderlich. Neben dem verkürzten Abschluss sind außerdem ein Zwischenlagebericht sowie der Bilanzeid im Halbjahresfinanzbericht enthalten, § 115 Abs. 2 WpHG. Da die Pflicht zur Erstellung und Veröffentlichung von Halbjahresfinanzberichten europäischen Rechts entspringt und der Inhalt – anders als beim Konzern- bzw. Jahresfinanzbericht – nicht schon vom HGB geregelt ist, stellt das WpHG Mindestinhalte für den verkürzten Abschluss und den Zwischenlagebericht auf, § 115 Abs. 3 und 4 WpHG auf. Danach sind für den verkürzten Abschluss eine verkürzte Bilanz, eine verkürzte Gewinn- und Verlustrechnung und ein Anhang erforderlich, § 115 Abs. 3 WpHG. Nach welchen Vorschriften diese Unterlagen zu erstellen sind, richtet sich maßgeblich danach, ob der Emittent einen

Emittenten bei der Prognoseberichterstattung zu beachten haben und wie eine gute Prognoseberichterstattung gewährleistet werden kann.

Im Anschluss an die Erläuterung einiger Grundlagen zur Halbjahresfinanz- und Zwischenlageberichterstattung (unten, a)), sollen die einzelnen Maßgaben zum Prognosebericht sowie Chancen- und Risikobericht untersucht werden (unten, b)). Schließlich sind die Anforderungen mit denen an die Jahresfinanzberichte zu vergleichen (unten, c)).

a) Grundlagen der Halbjahresfinanzberichterstattung

aa) Rechtsgrundlagen

Ausgangsvorschrift für die Aufstellung von Halbjahresfinanzberichten ist § 115 WpHG, wonach neben dem verkürzten Abschluss und dem Bilanzeid auch ein Zwischenlagebericht aufzunehmen ist (§ 115 Abs. 2 WpHG). Während der DRS 20 die HGB-Vorschriften über den Konzernlagebericht ergänzt, besteht mit dem DRS 16 für die Zwischenberichterstattung ein entsprechendes Regelwerk. Dabei sind Unternehmen zur Anwendung des DRS 16 verpflichtet, die gemäß WpHG zur Halbjahresfinanzberichterstattung oder zur Zwischenmitteilung der Geschäftsführung verpflichtet und Mutterunternehmen sind, die gesetzlich zur Aufstellung eines Konzernabschlusses und eines Konzernlageberichts verpflichtet sind (DRS 16.4).

Jahresabschluss nach HGB aufzustellen hat; dann sind die §§ 264 ff., 266 ff., 275 ff. und 284 ff. HGB sowie die Grundsätze ordnungsgemäßer Buchführung maßgeblich (*Mock* in KölnKomm-WpHG (Voraufl. 2007), § 37w WpHG Rn. 21; *Zimmermann* in Fuchs WpHG, § 37w Rn. 15; *Götze/Wunderlich* in Habersack/Mülbert/Schlitt Kapitalmarktinformation, § 9 Rn. 25), die durch § 10 TranspRLDV präzisiert werden. Ist stattdessen ein Einzelabschluss im Sinne des § 325 Abs. 2a HGB abzugeben, sind auf den verkürzten Abschluss die in die IAS-Verordnung übernommenen IFRS/IAS anzuwenden, vgl. dazu *Götze/Wunderlich* in Habersack/Mülbert/Schlitt Kapitalmarktinformation, § 9 Rn. 25a; *Rabenhorst* in Marsch-Barner/Schäfer Hdb. börsennotierte AG, Rn. 57.18. Ist der Emittent konzernrechnungslegungspflichtig, beschränkt sich seine Pflicht – anders als beim Jahresfinanzbericht – auf die Erstellung eines auf den Konzern bezogenen Halbjahresfinanzberichts, § 117 Nr. 2 WpHG. Einzelangaben sind entsprechend nicht zwingend erforderlich, wobei zusätzliche freiwillige Einzelangaben natürlich möglich sind. Da nahezu sämtliche deutsche Emittenten mit Aktiennotierung konzernrechnungspflichtig sein dürften, stellt dies eine praktische Erleichterung dar (dazu *Götze/Wunderlich* in Habersack/Mülbert/Schlitt Kapitalmarktinformation, § 9 Rn. 27 m.w.N.).

Da Unternehmen, die zu einer Halbjahresfinanzberichterstattung auf konsolidierter Basis verpflichtet sind, unmittelbar IAS 34 anzuwenden haben, ist der Anwendungsbereich des DRS 16 zu den Mindestbestandteilen eines Zwischenabschlusses, zum Konsolidierungskreis, zur Bilanzierung und Bewertung sowie zum verkürzten Anhang im Zwischenabschluss insoweit begrenzt.[160] Mit dem Erfordernis eines Zwischenlageberichts geht das WpHG jedoch inhaltlich über die Anforderungen des IAS 34 hinaus,[161] sodass die Regelungen des DRS 16 zum Zwischenlagebericht inklusive der Prognoseberichterstattung anwendbar bleiben (DRS 16.34-16.55). Darüber hinaus wird die entsprechende Anwendung des DRS 16 auch Unternehmen empfohlen, die nicht zur Erstellung eines Konzernabschlusses oder Konzernlageberichts verpflichtet sind oder den Halbjahresfinanzbericht freiwillig erstellen (DRS 16.9). Der DRS 16 legt bzgl. des Zwischenlageberichts weiterhin fest, dass die allgemeinen Grundsätze der Konzernlageberichterstattung nach DRS 20 vor dem Hintergrund der Zielsetzungen der Zwischenberichterstattung anzuwenden sind (DRS 16.37).[162]

bb) Inhalt des Zwischenlageberichts

Bzgl. des erforderlichen Zwischenlageberichts entspricht der in § 115 WpHG enthaltene Wortlaut in weiten Teilen dem der §§ 289, 315 HGB; im Zwischenlagebericht sind mindestens die wichtigen Ereignisse des Berichtszeitraums im Unternehmen des Emittenten und ihre Auswirkungen auf den verkürzten Abschluss anzugeben sowie die wesentlichen Chancen und Risiken für die dem Berichtszeitraum folgenden sechs Monate des Geschäftsjahres zu beschreiben. Ferner sind bei einem Unternehmen, das als Inlandsemittent Aktien begibt, die wesentlichen Geschäfte des Emittenten mit nahestehenden Personen anzugeben. Alternativ können diese Angaben auch im Anhang des Halbjahresfinanzberichts gemacht werden (§ 115 Abs. 4 WpHG). Der DRS 16 konkretisiert die inhaltlichen Anforderungen weiter und ergänzt den gesetzlichen Pflichtenkatalog um das Erfordernis, über wesentliche Veränderungen der Prognosen und sonstigen Aussagen zur voraussichtlichen Entwicklung aus dem letzten (Konzern-)Lagebericht zu berichten (DRS 16.35).[163]

---

160 *Rabenhorst* in Marsch-Barner/Schäfer, Hdb. börsennotierte AG, Rn. 57.34; vgl. auch *Heidelbach/Doleczik* in Schwark/Zimmer KMRK, § 115 WpHG Rn. 37.

161 *Zimmermann* in Fuchs WpHG, § 37w WpHG Rn. 21.

162 Zu den Bestimmungen des DRS 20 ausführlich unter 1.

163 Auch *Hebestreit* in Beck'sches IFRS-Handbuch, § 43 Rn. 43; *Hönsch* in Assmann/Schneider/Mülbert Wertpapierhandelsrecht, § 115 WpHG Rn. 24; *Heidelbach/Doleczik* in Schwark/Zimmer KMRK, § 115 WpHG Rn. 33.

Der Zwischenlagebericht hat sämtliche aus Sicht der Geschäftsleitung zur Beurteilung der Geschäftslage und voraussichtlichen Entwicklung benötigten Informationen zu enthalten (DRS 16.38). Eine vollständige Aktualisierung des vorhergehenden (Konzern-)Lageberichts ist jedoch nicht erforderlich.[164] Hinsichtlich des Aufbaus des Zwischenlageberichts kommt erneut das Stetigkeitsgebot zum Tragen, sodass Unternehmen sich an der Gliederung des letzten (Konzern-)Lageberichts zu orientieren haben (DRS 16.39).

b) Prognosebericht/Chancen- und Risikobericht im Zwischenlagebericht

Wie erwähnt, sind im Zwischenlagebericht die wesentlichen Chancen und Risiken des Berichtszeitraums anzugeben (§ 115 Abs. 4 Satz 1 WpHG) und es ist über Veränderungen zukunftsgerichteter Angaben aus dem letzten (Konzern-)Lagebericht zu berichten (DRS 16.35 und 16.43). Eine solche Veränderung liegt insbesondere vor, wenn sich die Eintrittswahrscheinlichkeit erhöht oder verringert und/oder wenn die erwarteten Auswirkungen sich erhöhen oder verringern.[165] Somit enthält der Zwischenlagebericht auch einen Zwischen-Chancen- und Risikobericht sowie zukunftsgerichtete Aussagen.[166]

Bzgl. des Aufbaus von Prognosebericht sowie Chancen- und Risikobericht gelten die zum (Konzern-)Lagebericht gemachten Aussagen entsprechend.[167] Erneut kann die Berichterstattung getrennt oder gemeinsam erfolgen (DRS 16.39a), wobei stets der Aufbau gewählt werden sollte, der den Adressaten die Zukunftsaussichten am klarsten vermittelt.

aa) Prognosebericht

Beim Bericht über die Veränderung von zukunftsgerichteten Angaben aus dem letzten (Konzern-)Lagebericht ist es ausreichend, sich auf die aus Sicht der Geschäftsführung wesentlichen Prognosen zu beschränken (DRS 16.44). Dabei geht es zudem lediglich um wesentliche Veränderungen zu veröffentlichten Prognosen und sonstigen Aussagen zur voraussichtlichen Entwicklung. Jedoch

---

164 *Zimmermann* in Fuchs WpHG, § 37w WpHG Rn. 21; *Heidelbach/Doleczik* in Schwark/Zimmer KMRK, § 115 WpHG Rn. 33.

165 *Becker* in Heidel Aktienrecht und Kapitalmarktrecht, § 115 WpHG Rn. 24.

166 *Hönsch* in Assmann/Schneider/Mülbert Wertpapierhandelsrecht, § 115 WpHG Rn. 24; *Heidelbach/Doleczik* in Schwark/Zimmer KMRK § 115 WpHG Rn. 33; *Becker* in Heidel Aktienrecht und Kapitalmarktrecht, § 115 WpHG Rn. 24.

167 Dazu bereits oben unter C.II.1.c)bb).

entfällt die Pflicht zur Aktualisierung der zukunftsgerichteten Informationen nicht etwa dadurch, dass die jeweiligen Veränderungen bereits anderweitig, etwa durch eine Ad-hoc-Meldung, an die Öffentlichkeit kommuniziert wurden.[168] Im Schrifttum wird es zum Teil richtigerweise als inhaltlich nicht ausreichend angesehen, bloß auf die nicht mehr gegebene Aktualität der jeweiligen Prognose hinzuweisen. Vielmehr wird mindestens die Angabe der Richtung der einzelnen Veränderungen für erforderlich erachtet.[169] Betreffen die Veränderungen Prognosen, die über das Geschäftsjahr hinausgehen, genügt es inhaltlich, auf das die Veränderung herbeiführende Ereignis hinzuweisen und die Richtung der Veränderung anzugeben (DRS 16.36). Liegen dem Emittenten darüber hinaus Erkenntnisse vor, die eine solche Veränderung auch quantifizieren lassen, bietet es sich freilich dennoch an, Anleger ebenfalls mit diesen spezifischeren Informationen zu versorgen.

Bei der Prognoseberichterstattung kann es ferner vorkommen, dass der Geschäftsführung keine neuen Erkenntnisse vorliegen, die von bisherigen Prognosen abweichen. In diesem Fall genügt die Angabe, dass keine neuen Erkenntnisse bestehen (DRS 16.45).

bb) Chancen- und Risikobericht

Beim Chancen- und Risikobericht ist es inhaltlich zulässig, auf die entsprechenden Angaben aus dem letzten (Konzern-)Lagebericht oder Zwischenlagebericht zu verweisen. Wesentliche Änderungen (z.B. der Eintrittswahrscheinlichkeit oder der zu erwartenden Auswirkungen), die sich erst während des Berichtszeitraums ergeben haben, sind jedoch auch in diesem Falle darzustellen. Hiervon werden auch das erstmalige Entstehen neuer oder der Wegfall bekannter Chancen und Risiken erfasst (DRS 16.46 und 16.47). Ein Verweis auf den vorhergehenden Bericht ist nicht möglich, wenn es sich um bestandsgefährdende Risiken für das berichterstattende Unternehmen oder ein wesentliches Konzernunternehmen handelt. Auf solche Risiken ist ausdrücklich als bestandsgefährdendes Risiko hinzuweisen (DRS 16.49). Diese Einschränkung der Verweismöglichkeit bei bestandsgefährdenden Risiken ist zu begrüßen, da Investoren so sicher sein können, besonders gravierende Risiken nicht zu übersehen und nicht darauf angewiesen sind, stets auch den letzten (Konzern-)Lagebericht auf solche

---

168 *Heidelbach/Doleczik* in Schwark/Zimmer KMRK § 115 WpHG Rn. 17.

169 *Heidelbach/Doleczik* in Schwark/Zimmer KMRK (Voraufl. 2010), § 37w WpHG Rn. 43; *Seibt*, CFL 2010, S. 294.

Risiken zu überprüfen. Richtigerweise gilt auch für den Zwischenlagebericht das Saldierungsverbot (DRS 16.48).

cc) Prognosezeitraum

Der Berichtszeitraum des Halbjahresfinanzberichts betrifft die ersten sechs Monate eines jeden Geschäftsjahres (§ 115 Abs. 1 Satz 1 WpHG), wobei der Zwischenlagebericht sich auf die folgenden sechs Monate des Geschäftsjahres bezieht (§ 115 Abs. 4 Satz 1 WpHG). Zukunftsgerichtete Aussagen betreffen dabei lediglich die im Geschäftsjahr verbleibenden Monate, wobei empfohlen wird, auch solche Prognosen aus dem letzten Berichtszeitraum anzupassen, die über das laufende Geschäftsjahr hinausgehen (DRS 16.36). Teilweise wird im Schrifttum darüber hinaus empfohlen, auch auf solche Prognosen einzugehen, die während des Zwischenberichtszeitraums außerhalb der vorangehenden Lageberichterstattung veröffentlicht wurden.[170]

Beiden dieser Empfehlungen ist nach hier vertretener Auffassung zuzustimmen. Denn die gesetzliche Beschränkung des Berichtszeitraums auf sechs Monate darf nicht dazu führen, dass Emittenten, die bereits bei der Zwischenfinanzberichterstattung über weitergehende Erkenntnisse bzgl. ihrer Prognosen verfügen, keine entsprechenden Hinweise aufnehmen. Darüber hinaus können Emittenten ihre Zwischenlageberichte unproblematisch dazu nutzen, auch auf außerhalb des vorherigen Lageberichts aber während des Berichtszeitraums veröffentlichte Prognosen einzugehen; dem entgegenstehende Bestimmungen existieren nicht. Zwischenlageberichte ermöglichen es Emittenten demnach, eigene Aussagen über die künftigen Aussichten regelmäßig zu aktualisieren und die Anleger auch unterjährig „auf den neusten Stand" zu bringen.

c) Vergleich mit dem Jahresfinanzbericht

Durch die Beschränkung auf die aus Sicht der Geschäftsführung wesentlichen Prognosen sowie die Möglichkeit des Verweises auf frühere Berichte im Rahmen des Chancen- und Risikoberichts, sind die Anforderungen insgesamt geringer als im (Konzern-)Lagebericht. Daher kann der Zwischenlagebericht bzgl. zukunftsgerichteter Angaben deutlich kompakter ausfallen als der (Konzern-) Lagebericht.

---

170 *Heidelbach/Doleczik* in Schwark/Zimmer KMRK (Voraufl. 2010), § 37w WpHG Rn. 43.

Für die Kapitalmarktteilnehmer nimmt innerhalb der Zwischenberichterstattung die Erläuterung der Vermögens-, Finanz und Ertragslage den höchsten Stellenwert ein, gefolgt vom Chancen- und Risikobericht sowie Prognosebericht.[171] Dies zeigt sich in der Praxis auch daran, dass sich Informationen mit prognostischem Charakter im Rahmen des Halbjahresfinanzberichts im Wesentlichen auf die Ertragslage beschränken und speziell für die übrige Finanzlage eher selten sind.[172] Demgegenüber fällt die retrospektive Berichterstattung über wesentliche wirtschaftliche Vorgänge und Entwicklungen vergleichsweise ausführlich aus.[173]

3. Die Bedeutung von Prognosen für Quartalsmitteilungen und Quartalsfinanzberichte

Auch bei der Erstellung von Quartalsmitteilungen sowie freiwilligen Quartalsfinanzberichten spielen zukunftsgerichtete Informationen eine Rolle. Entsprechend soll auch für diese Anwendungsbereiche untersucht werden, welche Vorgaben Emittenten zu beachten haben. Dabei ist zwischen beiden Varianten der quartalsmäßigen Berichterstattung zu unterscheiden.

a) Einführung und Rechtsgrundlagen

Erstellt ein im Prime Standard gelistetes Unternehmen seine Quartalsmitteilung nach § 53 BörsO FWB, sind dafür die Vorgaben des § 53 BörsO FWB maßgeblich. Quartalsmitteilungen haben die wesentlichen Ereignisse und Geschäftsvorfälle des Mitteilungszeitraums im Unternehmen des Emittenten und ihre Auswirkungen auf die Finanzlage des Emittenten zu erläutern sowie die Finanzlage und das Geschäftsergebnis des Emittenten zu beschreiben (§ 53 Abs. 2 Satz 3 BörsO FWB). Die Informationen sollen dabei so beschaffen sein, dass sie die Beurteilung ermöglichen, wie sich die Geschäftstätigkeit des Emittenten im jeweiligen Mitteilungszeitraum entwickelt hat (§ 53 Abs. 2 Satz 2 BörsO FWB). Weiterhin sind zuvor abgegebene Prognosen zu überprüfen (dazu ausführlich unter b)). Bedeutend ist zudem, dass, anders als beim Quartalsfinanzbericht, für

---

171 *Baetge/Haenelt* DB 2009, S. 2501, 2504; *Heidelbach/Doleczik* in Schwark/Zimmer KMRK (Voraufl. 2010), § 37w WpHG Rn. 45.

172 *Ernstberger/Pfauntsch*, IRZ 2008, S. 195, 205, die auf den vergleichsweise unterdurchschnittlichen Teilqualitätswert des Prognoseberichts hinweisen.

173 *Heidelbach/Doleczik* in Schwark/Zimmer KMRK (Voraufl. 2010), § 37w WpHG Rn. 45.

die Quartalsmitteilung eine rein beschreibende Darstellung ausreicht und kein Zahlenwerk (weder Bilanz noch GuV) enthalten sein muss.[174]

Erstellt der Emittent freiwillig einen Quartalsfinanzbericht entsprechend den strengeren inhaltlichen Vorgaben der Halbjahresfinanzberichte[175], entfällt die Pflicht zur Quartalsmitteilung vollständig (§ 53 Abs. 6 BörsO FWB). Für solche Berichte gelten daher vorrangig die unter 2. stehenden Ausführungen entsprechend, wobei die Absätze 1, 4 und 5 des § 53 BörsO FWB[176] entsprechende Anwendung finden. Darüber hinaus enthält auch der DRS 16 Empfehlungen für freiwillig erstellte Quartalsfinanzberichte (DRS 16.57-16.69.). Er erklärt dabei die Ausführungen zur Halbjahresfinanzberichterstattung (mit zwei Ausnahmen) für entsprechend anwendbar und weist klarstellend darauf hin, dass weder das WpHG noch der DRS 16 zur Quartalsfinanzberichterstattung verpflichten (DRS 16.57).

b) Inhaltliche Anforderungen an die Prognoseberichterstattung

Die inhaltlichen Anforderungen an die zukunftsgerichteten Informationen innerhalb der Quartalsmitteilung, wie sie sich aus der BörsO FWB ergeben, sind überschaubar. Einerseits ist lediglich auf wesentliche Veränderungen bzgl. der im vorhergehenden (Zwischen)-Lagebericht abgegebenen Prognosen und sonstigen Aussagen zur voraussichtlichen Entwicklung des Emittenten einzugehen (§ 53 Abs. 3 Satz 1 BörsO FWB). Zudem ist es ausreichend, über die für die Beurteilung der voraussichtlichen Entwicklung aus Sicht des Emittenten wesentlichen Prognosen und sonstigen Aussagen zu berichten (§ 53 Abs. 3 Satz 2 BörsO FWB). Mit Blick auf den Prognosebericht entsprechen die Anforderungen demnach denen an den Zwischenlagebericht. Demgegenüber fehlt jegliche Bezugnahme auf einen Chancen- und Risikobericht. Dennoch sprechen gute Gründe dafür, in der Quartalsmitteilung jedenfalls auch auf bestehende Risiken einzugehen. Denn der Risikoberichterstattung kommt aus Anlegersicht auch bei Zwischenberichten eine besondere Bedeutung zu, wie sich auch aus den ausführlichen Regelungen des DRS 16 zur Zwischenlageberichterstattung ergibt. Außerdem empfiehlt der DCGK selbst für Unternehmen, die nicht zur Abgabe

174 *Böckem/Rabenhorst*, IRZ 2016, S. 89 f.; dies stellt i.Ü. einen wesentlichen Unterschied zur vorherigen Rechtslage dar.

175 §§ 115 Abs. 2 Nr. 1 und 2, Abs. 3 und 4, 117 Nr. 2 WpHG.

176 Abs. 1 betrifft die Pflicht, quartalsmäßig zu berichten; Abs. 4 enthält die Sprachenregelung (deutsch und englisch); Abs. 5 bestimmt den Übermittlungszeitraum an die Geschäftsführung der FWB (zwei Monate).

von Quartalsmitteilungen verpflichtet sind, auf Risiken gesondert einzugehen (siehe dazu ausführlich unten unter 4.).

Speziell für die Prognoseberichterstattung innerhalb der freiwilligen Quartalsfinanzberichterstattung enthalten die DRS 16.57-16.69 praktisch keine weiterführenden Hinweise. Somit gelten die Aussagen zur Halbjahresfinanzberichterstattung unter 2.b) entsprechend. Hervorzuheben ist jedoch, dass auch bei freiwilligen Quartalsfinanzberichten auf bestandsgefährdende Risiken einzugehen ist (DRS 16.69). Diese sind als solche zu bezeichnen und darzustellen, sofern gegenüber dem letzten Konzernlagebericht oder Zwischenlagebericht ein in diesen nicht genanntes bestandsgefährdendes Risiko erkennbar ist, eine veränderte Einschätzung eines in diesen genannten bestandsgefährdenden bestehenden Risikos vorgenommen wurde oder ein in diesen genanntes bestandsgefährdendes Risiko weggefallen ist (DRS 16.69).

c) Berichtszeitraum

Quartalsmitteilungen haben Informationen über den jeweiligen Mitteilungszeitraum zu enthalten, wobei sich Informationen in der Quartalsmitteilung zum Stichtag des dritten Quartals wahlweise auf den Zeitraum vom Beginn des Halbjahres bis zum Stichtag oder vom Beginn des Geschäftsjahres bis zum Stichtag beziehen können (§ 53 Abs. 2 Satz 1 BörsO FWB). Für Quartalsfinanzberichte gelten die Aussagen unter 2.b)cc) entsprechend, wobei der Berichtszeitraum freilich nicht sechs, sondern lediglich drei Monate beträgt.

4. Unterjährige Publizität bei Unternehmen, die nicht zur Veröffentlichung von Quartalsmitteilungen verpflichtet sind

Auch wenn Unternehmen, die nicht im Prime Standard gelistet sind, keine Quartalsmitteilungen zu veröffentlichen haben, enthält der DCGK auch für diese Unternehmen eine Empfehlung zur unterjährigen Berichterstattung. Diese sollen ihre Aktionäre unterjährig neben dem Halbjahresfinanzbericht in geeigneter Form über die Geschäftsentwicklung, insbesondere über wesentliche Veränderungen der Geschäftsaussichten sowie der Risikosituation informieren (DCGK Ziff. F.3). Da diese Empfehlung als „Soll-Vorschrift" ausgestaltet ist, gilt für sie das *comply or explain* Prinzip; wird die Empfehlung nicht beachtet, ist dazu in der Erklärung der Gesellschaft zum Corporate Governance Kodex Bericht Stellung zu beziehen (§ 161 Abs. 1 AktG). Die Regierungskommission hat so ihre Wertung zum Ausdruck gebracht, dass Informationen auch während des laufenden Halbjahres für die Aktionäre einen Mehrwert bieten. Auch im General Standard erscheine eine – wenn auch bewusst deutlich reduzierte und vereinfachte – Erklärung sinnvoll.[177] Dem ist wegen des dadurch erhöhten Aussagegehalts zugunsten der Anleger zuzustimmen.

Dass „insbesondere" auch auf die zukunftsgerichteten Informationen einzugehen ist, unterstreicht die Bedeutung dieser Informationen für die Anleger. Zwar besteht keine Verpflichtung zu einer dem Zwischenlagebericht entsprechenden Veröffentlichung gegenüber der gesamten Öffentlichkeit. Doch geht diese Anforderung insoweit inhaltlich sogar über die Pflichten nach der BörsO FWB hinaus, indem – anders als nach § 53 Abs. 4 BörsO FWB – zusätzlich auf die Risikosituation bezuggenommen wird.

III. Mögliche Grenzen der Pflicht zur Prognoseberichterstattung

Es schließt sich die Frage an, ob und, wenn ja, welche Grenzen bei der Prognoseberichtspflicht bestehen. Denn das Informationsinteresse des Kapitalmarkts steht unter bestimmten Umständen in einem besonderen Spannungsverhältnis zu den Interessen des berichtspflichtigen Unternehmens.

In Rechtsprechung und Literatur werden verschiedentlich Ansätze diskutiert, unter besonderen Umständen zugunsten der berichtspflichtigen Unternehmen Ausnahmen von oder Einschränkungen der Prognoseberichtspflicht zuzulassen. Zwei Fallgruppen sollen hier näher beleuchtet werden: Fälle, in denen aufgrund besonders schwerwiegender äußerer Umstände und Unsicherheiten aus Sicht des Unternehmens keine aussagekräftige Prognose erstellt werden kann (unten, 1.) und Fälle, in denen dem berichtenden Unternehmen bei Veröffentlichung der entsprechenden Informationen Nachteile drohen (unten, 2).

1. Besonders schwerwiegende äußere Umstände und Unsicherheiten

Die Fallgruppe besonders schwerwiegender äußerer Umstände wurde insbesondere im Rahmen eines Gerichtsverfahrens vor dem OLG Frankfurt a.M.[178] während der Finanzkrise virulent. In seinem Beschluss stellte das OLG Frankfurt a.M. die wesentliche Bedeutung des Prognoseberichts heraus.[179] Da nicht

177 Erläuterungen der Änderungsvorschläge der Regierungskommission Deutscher Corporate Governance Kodex aus der Plenarsitzung vom 13.10.2016 zur Vorauflage des DCGK, S. 11; *Nikoleyczik/Graßl*, NZG 2017, S. 161, 167 f.

178 OLG Frankfurt a.M., Beschl. v. 24.11.2009, AZ.: WpÜG 11/09; WpÜG 12/09.

179 OLG Frankfurt a.M., Beschl. v. 24.11.2009, AZ.: WpÜG 11/09; WpÜG 12/09;

nur die Erwägungen des Gerichts, sondern auch die Argumentationslinien von Emittent und DPR, das Spannungsverhältnis von Emittenteninteresse und dem Informationsinteresse des Kapitalmarkts besonders veranschaulichen, soll die Entscheidung hier ausführlich beleuchtet werden.

a) Zum Sachverhalt

Die Antragstellerin, ein DAX 30 Unternehmen, wehrte sich gegen zwei Anordnungen der DPR: die Anordnung, einen Fehler bei der Prognoseberichterstattung im Lagebericht der Antragstellerin im Wege des Enforcementverfahrens[180] zu veröffentlichen sowie die Fehlerfeststellung durch die DPR als solche.[181] Grund für die Beanstandungen der DPR war, dass der Prognosebericht der Antragstellerin aus dem Jahresfinanzbericht für das Geschäftsjahr 2008 nicht den gesetzlichen Anforderungen des § 315 Abs. 1 Satz 5 HGB entsprochen habe. Im Konzernlagebericht der Antragstellerin wurde im Abschnitt „Prognosebericht" sinngemäß ausgeführt, aufgrund der durch die damals virulente Wirtschaftskrise herrschenden Unsicherheiten und Unwägbarkeiten seien derzeit weder quantitative Prognosen noch qualitative Trendaussagen möglich. Dies sei nicht mit dem durch die Lageberichterstattung vorgesehenen Planungshorizont zu vereinbaren gewesen.[182]

Vor dem OLG Frankfurt argumentierte die Antragstellerin im Wesentlichen, eine Prognoseberichterstattung habe angesichts der andauernden Wirtschaftskrise den Anforderungen des Wahrheits- und Klarheitsgrundsatzes nicht gerecht werden können. Die noch im Zwischenlagebericht aufgestellten Prognosen bzgl. Absatz- und Ergebnisentwicklung seien damals durch die Wirtschaftskrise nach wenigen Wochen verfehlt worden. Man habe dem Kapitalmarkt gegenüber daher keine ehrliche und belastbare zahlenmäßige Prognose präsentieren können. Es seien mehrere Szenarien denkbar gewesen, die von immenser Schwankungsbreite gewesen wären.[183] Weiterhin habe kein öffentliches Interesse an einer

---

180 Geregelt in den §§ 342b-e HGB und §§ 106 ff. WpHG (§§ 37n-u WpHG a.F.); dazu ausführlich unter C.V.4.

181 Zuvor hatte die Antragstellerin bereits gegen den entsprechenden Bescheid der DPR Widerspruch erhoben und beantragte weiterhin die Feststellung der aufschiebenden Wirkung dieser Widersprüche (OLG Frankfurt a.M., Beschl. v. 24.11.2009, AZ.: WpÜG 11/09; WpÜG 12/09, Tenor).

182 Für den Wortlaut der Passagen vgl. OLG Frankfurt a.M., Beschl. v. 24.11.2009, AZ.: WpÜG 11/09; WpÜG 12/09, Rn. 4 f.

183 OLG Frankfurt a.M., Beschl. v. 24.11.2009, AZ.: WpÜG 11/09; WpÜG 12/09, Rn. 12.

Fehlerveröffentlichung bestanden, zumal der Fehler bei der Prognoseberichterstattung bestenfalls als unwesentlich einzustufen sei. Denn der Aussagewert einer Prognose unter Pauschalvorbehalt wäre laut Antragstellerin äußerst gering gewesen.[184] Im Übrigen sei das öffentliche Interesse an der Fehlerveröffentlichung spätestens entfallen, als die Antragstellerin im folgenden Zwischenlagebericht wieder – wie gewohnt – eine den gesetzlichen Vorschriften entsprechende Prognoseberichterstattung veröffentlicht habe.[185] Schließlich spreche das Unternehmensinteresse gegen eine Fehlerveröffentlichung, da Reputationsschäden und Angriffe von räuberischen Minderheitsaktionären zu befürchten seien.[186]

Die Antragsgegnerin hingegen betonte die elementare Bedeutung der Prognoseberichterstattung für den Kapitalmarkt sowie den zwingenden Charakter der Prognosepflicht. Auch würden schwierige wirtschaftliche Umstände zwar zu einem erweiterten Ermessensspielraum bei der Prognoseberichterstattung, nicht jedoch zu einem vollständigen Wegfall der Prognosepflicht führen können.[187] Durch die immense Bedeutung der Prognoseberichterstattung für den Kapitalmarkt handele es sich keineswegs um einen Bagatellfall, bei dem das öffentliche Interesse an einer Fehlerveröffentlichung fehlen würde.[188] Daran ändere auch die zwischenzeitlich veröffentlichten Quartals- und Halbjahresfinanzberichte, die eine Prognoseberichterstattung enthielten, nichts. Denn die besondere generalpräventive Wirkung der Fehlerveröffentlichung erfülle eine Warnfunktion für andere Unternehmen, zumal sich die zukünftige wirtschaftliche Entwicklung wegen der andauernden Wirtschaftskrise nicht absehen ließe.[189] Im Übrigen würden einer Fehlerveröffentlichung auch keine überwiegenden Unternehmensinteressen entgegenstehen, da eine Existenzbedrohung nicht absehbar und die befürchtete Prangerwirkung vom Gesetzgeber gerade intendiert sei.[190]

---

184 OLG Frankfurt a.M., Beschl. v. 24.11.2009, AZ.: WpÜG 11/09; WpÜG 12/09, Rn. 14.

185 OLG Frankfurt a.M., Beschl. v. 24.11.2009, AZ.: WpÜG 11/09; WpÜG 12/09, Rn. 15; weiterhin führte die Antragstellerin aus, eine Fehlerveröffentlichung hätte keinen generalpräventiven Nutzen mehr entfalten können. Es sei bereits festgestellt worden, dass eine Prognoseberichterstattung nicht vollständig unterlassen werden dürfe, sodass eine Fehlerveröffentlichung lediglich Prangerwirkung entfalten könnte (OLG Frankfurt a.M., Beschl. v. 24.11.2009, AZ.: WpÜG 11/09; WpÜG 12/09, Rn. 16 f.).

186 OLG Frankfurt a.M., Beschl. v. 24.11.2009, AZ.: WpÜG 11/09; WpÜG 12/09, Rn. 16 f.

187 OLG Frankfurt a.M., Beschl. v. 24.11.2009, AZ.: WpÜG 11/09; WpÜG 12/09, Rn. 22 f.

188 OLG Frankfurt a.M., Beschl. v. 24.11.2009, AZ.: WpÜG 11/09; WpÜG 12/09, Rn. 24.

189 OLG Frankfurt a.M., Beschl. v. 24.11.2009, AZ.: WpÜG 11/09; WpÜG 12/09, Rn. 25.

190 OLG Frankfurt a.M., Beschl. v. 24.11.2009, AZ.: WpÜG 11/09; WpÜG 12/09, Rn. 27.

b) Wesentliche Beschlussgegenstände

Das Gericht lehnte die Anträge der Antragstellerin ab. Im Anschluss an eine Frage zur aufschiebenden Wirkung der Beschwerde der Antragstellerin,[191] befasste sich das Gericht mit den materiellrechtlichen Anforderungen an den Prognosebericht. Dieser gehöre zwingend zu den vorgeschriebenen Mindestbestandteilen des Lageberichts, auf den nicht verzichtet werden dürfe.[192] Da der Lagebericht und Konzernlagebericht der Antragstellerin weder quantitative noch qualitative Angaben zur voraussichtlichen Entwicklung des Unternehmens bzw. Konzerns enthalten habe, sei er den gesetzlichen Mindestanforderungen nicht gerecht geworden.[193] Selbst schwerwiegende äußere Umstände wie eine Wirtschaftskrise würden es nicht rechtfertigen können, gänzlich auf eine Prognoseberichterstattung zu verzichten. Der Einwand, man habe dem Grundsatz der Wahrheit und Klarheit nicht genügen können, genügte dem Gericht nicht, da bei Prognosen ohnehin kein genereller Maßstab von „richtig" und „falsch" bestehe.[194] Vielmehr sei erforderlich, die voraussichtliche Entwicklung durch eine Einschätzung der Unternehmensleitung zu beurteilen und zu kommentieren. Aussagen müssen dabei lediglich nachvollziehbar, folgerichtig und widerspruchsfrei hergeleitet sein.[195]

Zwar erkannte das Gericht an, dass die Abgabe einer Prognose während einer gesamtwirtschaftlichen globalen Krise erheblich erschwert und bzgl. konkreter punktgenauer Angaben sogar unmöglich sein könnte. Doch könne sich die Geschäftsleitung auch in solchen Fällen nicht vollständig der Prognoseberichtspflicht entziehen, zumal Kapitalmarktteilnehmer hier sogar mehr noch als in ruhigen wirtschaftlichen Phasen auf eine Einschätzung der Geschäfts- und Konzernführung angewiesen seien. Das Gericht stimmte der DPR insoweit zu,

---

191 Zunächst befasste sich das Gericht mit der vorgelagerten prozessrechtlichen Frage nach der aufschiebenden Wirkung der Beschwerde der Antragstellerin. Dazu betonte es den Grundsatz der sofortigen Vollziehbarkeit des Enforcementverfahrens, in dessen Rahmen Rechtsbehelfen keine aufschiebende Wirkung zukäme (§§ 112 Abs. 2 und 113 Abs. 1 Satz 2 WpHG, §§ 37t Abs. 2 und 37u Abs. 1 Satz 2 WpHG a.F.), OLG Frankfurt a.M., Beschl. v. 24.11.2009, AZ.: WpÜG 11/09; WpÜG 12/09, Rn. 33; zu den Einzelheiten der Sanktionen bei fehlerhafter Prognoseberichterstattung, auch unter Berücksichtigung des hier behandelten Beschlusses, siehe unten C.V.4

192 OLG Frankfurt a.M., Beschl. v. 24.11.2009, AZ.: WpÜG 11/09; WpÜG 12/09, Rn 41.

193 OLG Frankfurt a.M., Beschl. v. 24.11.2009, AZ.: WpÜG 11/09; WpÜG 12/09, Rn. 42.

194 OLG Frankfurt a.M., Beschl. v. 24.11.2009, AZ.: WpÜG 11/09; WpÜG 12/09, Rn. 44.

195 OLG Frankfurt a.M., Beschl. v. 24.11.2009, AZ.: WpÜG 11/09; WpÜG 12/09, Rn. 44.

als dass es der Geschäftsleitung unter solch unsicheren Umständen einen erweiterten Ermessensspielraum einräumte. Dafür seien bei der Berichtserstellung die aus Sicht der Unternehmensleitung relevanten Einzel- und Gesamtumstände anzugeben. Könnten keine konkreten quantitativen Aussagen getroffen werden, sei als Minus jedenfalls die Beschreibung eines positiven oder negativen Trends erforderlich. Dabei sei auch die Darstellung verschiedener Szenarien zulässig.[196] Im Ergebnis sei es der Antragstellerin daher auch zur Zeit der Weltwirtschaftskrise durchaus möglich gewesen, ihren gesetzlichen Prognoseberichtspflichten ordnungsgemäß nachzukommen.[197] Aus diesem Grund habe ein schwerwiegender Fehler der Rechnungslegung vorgelegen.[198]

Ferner lehnte das Gericht sämtliche Gründe ab, die von der Antragstellerin gegen die Fehlerveröffentlichung vorgebracht worden waren.[199] Das öffentliche Interesse sei im zu entscheidenden Fall nicht durch die zwischenzeitlich erfolgte Veröffentlichung von Prognosen im Rahmen der Zwischenberichterstattung entfallen. Denn dem Gesetzesziel des Enforcementverfahrens – der Verbesserung der Verlässlichkeit der Rechnungslegung – entspreche es, dieses auch konsequent bis zur Fehlerveröffentlichung durchzuführen.[200] Außerdem diene die Information anderer Unternehmen dazu, Wiederholungen derartiger Fehler entgegenzuwirken; ohne die generalpräventive Fehlerveröffentlichung könnten auch andere Unternehmen versuchen, sich ihrer Prognoseberichtspflicht zu entziehen.[201] Sofern sich die Antragstellerin auf drohende Nachteile durch die

---

196 OLG Frankfurt a.M., Beschl. v. 24.11.2009, AZ.: WpÜG 11/09; WpÜG 12/09, Rn. 46.

197 OLG Frankfurt a.M., Beschl. v. 24.11.2009, AZ.: WpÜG 11/09; WpÜG 12/09, Rn. 47.

198 OLG Frankfurt a.M., Beschl. v. 24.11.2009, AZ.: WpÜG 11/09; WpÜG 12/09, Rn. 49.

199 Es entspreche der Grundkonzeption der Fehlerbekanntmachung als dem zentralen Durchsetzungselement des Enforcementverfahrens, dass die Interessen des Kapitalmarkts an einer Information in der Regel höher einzuschätzen seien, als nachvollziehbare Geheimhaltungsinteressen der Unternehmen. Von einer Veröffentlichung könne nur dann abgesehen werden, wenn kein öffentliches Interesse an der Veröffentlichung bestünde (§ 109 Abs. 2 Satz 2 WpHG, § 37q Abs. 2 Satz 2 WpHG a.F.). Dazu habe der Senat bereits in der Vergangenheit ausgeführt, nur offensichtlich unwesentliche Verstöße im Sinne eines Bagatellfalls oder Verstöße mit aus Kapitalmarktsicht belanglosen Auswirkungen ließen das öffentliche Interesse entfallen.(OLG Frankfurt a.M., Beschl. v. 24.11.2009, AZ.: WpÜG 11/09; WpÜG 12/09, Rn. 53 unter Verweis auf Senatsbeschluss vom 14. Juni 2007 - WpÜG 1/07 - DB 2007, S. 1913).

200 Das öffentliche Interesse an der Fehlerveröffentlichung bestehe unter dem Gesichtspunkt der Prävention unabhängig davon, wie lange der Fehler zurückliege (OLG Frankfurt a.M., Beschl. v. 24.11.2009, AZ.: WpÜG 11/09; WpÜG 12/09, Rn. 55).

201 OLG Frankfurt a.M., Beschl. v. 24.11.2009, AZ.: WpÜG 11/09; WpÜG 12/09, Rn. 56.

Fehlerveröffentlichung berief, untersuchte das Gericht die Voraussetzungen des § 37q Abs. 2 Satz 3 WpHG a.F. (nun § 109 Abs. 2 Satz 3 WpHG), wonach von der Veröffentlichung abgesehen werden kann, wenn sie geeignet ist, den berechtigten Unternehmensinteressen zu schaden. In dem Zusammenhang stellte es fest, dass Nachteile durch Reputationsschäden und auch die Gefahr der Ausnutzung durch räuberische Minderheitsaktionäre zu den typischen Folgen der Fehlerveröffentlichung gehörten. Der Gesetzgeber habe diese Gefahren erkannt und bewusst zur Umsetzung der Ziele des Enforcementverfahrens eingesetzt.[202]

c) *Würdigung der Entscheidung*

Vor dem Hintergrund der Unternehmensinteressen auf der einen und der zwingenden gesetzlichen Prognoseberichtspflicht zugunsten der Kapitalmarktteilnehmer auf der anderen Seite, wird die Entscheidung im Schrifttum als „alternativlos und konsequent" bezeichnet.[203] Dem ist zuzustimmen.

Dem Gericht gelingt es in seinem Beschluss, einen vertretbaren Ausgleich zwischen dem Informationsinteresse der Berichtsadressaten und den berechtigten Interessen der berichtspflichtigen Unternehmen zu schaffen. Dabei erkennt das Gericht durchaus, dass sich in wirtschaftlich unsicheren Zeiten für die Prognosefähigkeit vieler Unternehmen Probleme ergeben.[204] Eine Suspendierung betroffener Unternehmen von ihren gesetzlichen Pflichten lässt das Gericht jedoch nicht zu. Dadurch bestätigt es zudem den ebenfalls während der Finanzkrise veröffentlichten Hinweis des DRS zum Prognosebericht, in dem der DRS den vollständigen Verzicht auf den Prognosebericht und auf qualitative Trendaussagen für nicht vertretbar erklärt.[205] Diese Entscheidung ist zu begrüßen, da ein völliger Verzicht das Ziel konterkarieren würde, den Kapitalmarkt an den Einschätzungen der Unternehmensleitung teilhaben zu lassen.[206]

Indem es die Anforderungen an die Prognoseberichterstattung konkretisiert, baut das Gericht betroffenen Unternehmen eine Brücke und macht die Prognoseberichterstattung in Zeiten großer wirtschaftlicher Unsicherheit handhabbar. Besonders bedeutsam ist dabei, dass das Gericht einen erweiterten

---

202 OLG Frankfurt a.M., Beschl. v. 24.11.2009, AZ.: WpÜG 11/09; WpÜG 12/09, Rn. 58 f.
203 *Merkner/Schmidt-Versteyl*, NZG 2010, S. 175 f.
204 *Merkner/Schmidt-Versteyl*, NZG 2010, S. 175 f.
205 DRS: Hinweis zur Prognoseberichterstattung, BB 2009, S. 765; *Dzulko*, BB 2010 S. 111, 114; *v. Nussbaum*, GWR 2010, S. 16.
206 *Merkner/Schmidt-Versteyl*, NZG 2010, S. 175 f.

Ermessensspielraum einräumt und keinen Maßstab von „richtig“ und „falsch“ anlegt.[207] Auch die vom Gericht aufgezeigte Möglichkeit, verschiedene Alternativszenarien darzustellen, ist zu begrüßen. Denn auch wenn dadurch bei Unternehmen möglicherweise zunächst ein erhöhter Aufwand bei der Berichtserstellung zu erwarten ist, werden Marktteilnehmer so realistischer über Zukunftsaussichten informiert, als wenn bloß ein einziges Szenario (möglicherweise unter zahlreichen Vorbehalten) genannt werden würde. Indem das Gericht weiter davon spricht, es könne durchaus zulässig sein, anstelle punktgenauer Angaben eher qualitative Trends zu beschreiben, bietet es Unternehmen an, bei Bedarf anstelle von Prognosen im engeren Sinne detailliertere Trendinformationen zu veröffentlichen. Damit weicht es die vom DRS 20 vorgenommene Abgrenzung von Prognose und Trendinformationen zwar etwas auf; denn Prognosen zeichnen sich gerade dadurch aus, dass sie quantitative Informationen enthalten.[208] Doch wird Unternehmen durch dieses *obiter dictum* im Rahmen ihres erweiterten Ermessensspielraums ermöglicht, die Lage nur so detailliert darzustellen, wie es die Geschäftsleitung für vertretbar hält, ohne Gefahr zu laufen, gegen die Vorgaben des DRS 20 zu verstoßen.

2. Drohende Nachteile für die Gesellschaft

Problematisch sind zudem Fälle, in denen dem berichtspflichtigen Unternehmen bei der Veröffentlichung bestimmter Informationen im Rahmen der Risikoberichterstattung Nachteile drohen. Befindet sich ein Unternehmen in der Krise, könnte es aus Sicht dieses Unternehmens vorteilhaft sein, bestimmte Informationen nicht oder bloß unvollständig preiszugeben. Es fragt sich also, ob ein Unternehmen bei drohenden erheblichen Nachteilen bei der Prognoseberichterstattung im Lagebericht bestimmte Informationen verschweigen darf.

Im Schrifttum wird eine entsprechende Einschränkung der Prognoseberichtspflicht sehr unterschiedlich beurteilt (unten, a) und b)). Einleitend ist festzuhalten, dass für den Lagebericht, anders als beim Anhang, keine „allgemeine Schutzklausel“ existiert, wonach Unternehmen grundsätzlich berichtspflichtige Angaben von der Berichterstattung ausnehmen könnten, wenn dem Unternehmen andernfalls Nachteile drohen.[209]

---

207 *Merkner/Schmidt-Versteyl*, NZG 2010, S. 175 f.

208 Vgl. DRS 20.11.

209 Ausführlich auch mit Bezug auf die Vorgaben der Bilanzrichtlinie *Kleindiek* in MüKo-Bilanzrecht, § 289 HGB Rn. 35; vgl. auch *Böcking/Gros/Koch* in Ebenroth/Boujong/Joost/Strohn HGB, § 289 HGB Rn. 13; bereits zur alten Rechtslage *Küting/*

a) Befürworter einer Befreiung

Auf Seiten der Befürworter einer möglichen Befreiung von der Prognoseberichtspflicht werden unterschiedliche Lösungsansätze vertreten, die sich in der Begründung entsprechen, in der Rechtsfolge jedoch teilweise unterscheiden. Das Spektrum des für zulässig erachteten Verhaltens der berichtspflichtigen Unternehmen reicht dabei von Einschränkungen hinsichtlich des Konkretisierungsgrads der Berichterstattung bis hin zu einer vollständigen Befreiung.

Bei der Risikoberichterstattung im Lagebericht wird insbesondere die Gefahr gesehen, dass mit der Veröffentlichung bestimmter Risiken eine „sich selbst erfüllende Prophezeiung" geschaffen werden könnte.[210] Denn je konkreter Risiken im Lagebericht benannt und in ihrer Auswirkung eingeschätzt werden, desto größer sei die Gefahr, dass das Unternehmen Nachteile in Kauf nehmen müsse.[211] Mögliche negative Folgen seien etwa, dass Kreditinstitute entscheiden könnten, Finanzierungen zugunsten des Unternehmens nicht weiter zu verlängern oder auszuweiten oder dass Konkurrenten sich die Information um drohende Risiken zunutze machen könnten.[212] Daraus leiten einige Autoren die Notwendigkeit ab, mit Blick auf eine mögliche Befreiung eine sorgfältige Abwägung zwischen dem Informationsinteresse der Adressaten und den dem berichtenden Unternehmen drohenden Nachteilen vorzunehmen.[213]

Überwiege im Einzelfall wegen eindeutig zu erwartender Nachteile das Unternehmensinteresse, sei nach Auffassung einiger Vertreter, die sich für eine Befreiung des berichtspflichtigen Unternehmens aussprechen, jedenfalls eine weniger konkrete Darstellung der Risiken und ihrer Auswirkungen zulässig.[214] Dieser Lösungsansatz fußt auf dem systematischen Zusammenhang mit den Vorschriften über den Anhang, der in bestimmten Situationen Ausnahmen von der Berichtspflicht vorsieht (§ 286 Abs. 3 Satz 1 Nr. 2).[215] Er ermöglicht

---

Hütten, AG 1997, S. 250, 255, die jedoch auf eine vormals vielfach im Schrifttum vertretene a.A. verweisen.

210 *Schindler/Rabenhorst*, BB 1998, S. 1886, 1891; *Ebke* in MüKo-HGB, § 317 HGB Rn. 78; *Böcking/Gros/Koch* in Ebenroth/Boujong/Joost/Strohn HGB, § 289 HGB Rn. 13.

211 *Gelhausen*, AG 1997 (Sonderheft), S. 73 f.; *Schindler/Rabenhorst*, BB 1998, S. 1886, 1891.

212 *Gelhausen*, AG 1997 (Sonderheft), S. 73 f.

213 *Ebke* in MüKo-HGB, § 317 HGB Rn. 78; *Böcking/Gros/Koch* in Ebenroth/Boujong/Joost/Strohn HGB, § 289 HGB Rn. 13.

214 *Gelhausen*, AG 1997 (Sonderheft), S. 73 f.; *Kajüter*, BB 2004, S. 427, 430 f.

215 *Gelhausen*, AG 1997 (Sonderheft), S. 73 f.; nach der genannten Vorschrift dürfen Angaben im Anhang des Jahresabschlusses unter bestimmten Umständen unterlassen werden, u.a. dann, wenn diese Angaben nach vernünftiger kaufmännischer

es jedoch nicht, Angaben zu bestimmten Risiken vollständig zu unterlassen, sondern beschränkt sich darauf, eine allgemeinere Beschreibung dieser Risiken zuzulassen.[216]

b) Ablehnung einer Befreiung

Die Gegenauffassung lehnt einen solchen Befreiungstatbestand grundsätzlich ab. Bereits bei Einführung des KonTraG wurde mit Blick auf die vermeintliche Gefahr einer sich selbst erfüllenden Prophezeiung argumentiert, ein solches Risiko bestehe immer bei Veröffentlichung von Aussagen über Risiken der künftigen Entwicklung eines Unternehmens.[217] Darüber hinaus wird die Gesetzessystematik gegen einen Befreiungstatbestand analog § 286 HGB angeführt.[218] Dadurch, dass der Gesetzgeber im Lagebericht ausdrücklich die Erläuterung und Beurteilung der voraussichtlichen Entwicklung mit ihren wesentlichen Chancen und Risiken verlange, habe er deutlich gemacht, dass er ein ungeschminktes Bild der Realität fordere.[219]

In der jüngeren Literatur wird weiterhin argumentiert, ein entsprechender Befreiungstatbestand sei nicht mit den Vorgaben der Bilanzrichtlinie vereinbar, auch nicht bezogen auf die „Soll"-Angaben nach § 289 Abs. 2 HGB, die ebenso verbindlich seien wie die sonstigen Berichtspflichten der Vorschrift.[220] Es bestehe keine Grenze des Vollständigkeitsgrundsatzes, wo die Berichterstattung zu nachvollziehbaren Nachteilen für die berichtende Gesellschaft führen würde.[221] Eine Analogie zu § 286 HGB, der zudem bloß für einzelne Anhangangaben gelte, sei daher bereits wegen der entgegenstehenden Bilanzrichtlinie unzulässig.[222] Auch ein Zurückgreifen auf das Auskunftsrecht der Aktionäre

Beurteilung geeignet wären, der Kapitalgesellschaft einen erheblichen Nachteil zuzufügen.

216 *Kajüter*, BB 2004, S. 427, 430; *Fülbier/Pellens* in MüKo-HGB, § 315 HGB Rn. 14.

217 *Küting/Hütten*, AG 1997, S. 250, 255.

218 *Lange* in MüKo-HGB, § 289 HGB Rn. 52.

219 *Lange* in MüKo-HGB, § 289 HGB Rn. 52.

220 *Kleindiek* in MüKo-Bilanzrecht, § 289 HGB Rn. 35.

221 *Kleindiek* in MüKo-Bilanzrecht, § 289 HGB Rn. 35.

222 *Kleindiek* in MüKo-Bilanzrecht, § 289 HGB Rn. 35 unter Verweis auf Art. 46 und 46a der Bilanzrichtlinie, damals in der Fassung der Änderungsrichtlinie 2006/46/EG des Europäischen Parlaments und des Rates vom 14. Juni 2006 zur Änderung der Richtlinien des Rates 78/660/EWG über den Jahresabschluss von Gesellschaften bestimmter Rechtsformen, 83/349/EWG über den konsolidierten Abschluss, 86/635/EWG über den Jahresabschluss und den konsolidierten Abschluss von Banken und anderen Finanzinstituten und 91/674/EWG über den Jahresabschluss und den konsolidierten

wird mit der Begründung abgelehnt, dieses betreffe ausschließlich das Fragerecht des Aktionärs in der Hauptversammlung (§ 131 Abs. 3 AktG).[223] Eine Art. 9 Abs. 2 Aktionärsrechte-Richtlinie entsprechende Vorschrift, wonach Mitgliedstaaten Maßnahmen zum Schutz der Geschäftsinteressen erlassen können, kenne die Bilanzrichtlinie überdies nicht.[224]

Einige Kritiker eines Befreiungstatbestandes gestehen jedoch ein, dass in besonders schwerwiegenden Fällen eine Interessenabwägung zulässig sein müsse. Zwar seien bei der Abwägung des Schutzinteresses gegen die Informationsinteressen der Lageberichtsadressaten fast ausnahmslos Letztere zu bevorzugen. Doch sei in dem Fall, in dem die Veröffentlichung eines detaillierten Risikoberichts nach objektiver Beurteilung sehr wahrscheinlich gravierende Nachteile für das berichtende Unternehmen nach sich ziehen würde, eine Verallgemeinerung der Angaben zulässig.[225] Ein vollständiger Verzicht auf die Darstellung eines Risikos sei hingegen ausnahmslos unzulässig.[226]

c) Stellungnahme

Bei der Bewertung der entgegenstehenden Auffassungen ist zunächst festzuhalten, dass Vertreter beider Lager die Möglichkeit einer Interessenabwägung und gegebenenfalls Einschränkung der Berichtspflichten grundsätzlich befürworten. Dem ist zum Schutz der berichtspflichtigen Unternehmen zuzustimmen, wobei sich fragt, welche Maßstäbe bei einer solchen Interessenabwägung gelten müssen und welche Rechtsfolge sich ergibt, wenn das Schutzinteresse des Berichtspflichtigen überwiegt. Richtigerweise werden die folgenden Erwägungen auch bei der Darstellung von Chancen relevant. Denn auch dabei besteht grundsätzlich die Gefahr, dass Konkurrenten diese Informationen zu ihren Gunsten nutzen und so dem berichterstattenden Unternehmen schaden könnten.[227]

aa) Maßstäbe bei der Interessenabwägung

Mit Blick auf die Interessenlage ist einerseits das berechtigte Interesse von Unternehmen anzuerkennen, sich durch die Prognoseberichterstattung nicht selbst

---

Abschluss von Versicherungsunternehmen; ähnlich *Lange* in MüKo-HGB, § 289 HGB Rn. 53.

223 *Kleindiek* in MüKo-Bilanzrecht, § 289 HGB Rn. 35.

224 *Kleindiek* in MüKo-Bilanzrecht, § 289 HGB Rn. 35.

225 *Küting/Hütten*, AG 1997, S. 250, 255.

226 *Küting/Hütten*, AG 1997, S. 250, 255.

227 *Kajüter*, BB 2004, S. 427, 431.

schaden zu wollen. Andererseits besteht ein besonders hohes Interesse des Kapitalmarkts an Informationen zur zukünftigen Risikolage eines Unternehmens. Da bei einer Einschränkung der Risikoberichterstattungspflicht sowohl die Grundsätze der Wahrheit und der Vollständigkeit tangiert werden,[228] ist dem Informationsinteresse des Kapitalmarkts richtigerweise grundsätzlich ein höheres Gewicht beizumessen. Dabei genügt es nach hier vertretener Ansicht nicht, dem Informationsinteresse lediglich tendenziell den Vorrang einzuräumen.[229] Vielmehr ist der Auffassung zuzustimmen, die das Schutzinteresse berichtspflichtiger Unternehmen fast ausnahmslos niedriger einstuft. Nur wenn kumulativ (i) besonders schwerwiegende Nachteile drohen, deren Eintritt (ii) besonders wahrscheinlich ist, dürfen die Anforderungen an die Risikoberichterstattung gelockert werden.

bb) Rechtsfolge bei Überwiegen des Schutzinteresses

Im Hinblick auf die Rechtsfolge eines überwiegenden Schutzinteresses fragt sich, ob es zulässig sein sollte, die betreffenden Risiken vollständig zu verschweigen oder diese lediglich weniger ausführlich zu beschreiben.

(1) Vollständiger Verzicht

Zunächst könnte man jedenfalls dann, wenn die Preisgabe von konkreten einzelfallbezogenen Informationen zu nachvollziehbaren erheblichen Nachteilen für das berichtende Unternehmen oder zu einer Sorgfalts- oder Verschwiegenheitspflichtverletzung der gesetzlichen Vertreter führen würde, die Grenze der Berichterstattungspflicht als erreicht ansehen.[230] Würde man jedoch einen Befreiungstatbestand entsprechend § 286 HGB anerkennen, wäre es Unternehmen fast durchgängig möglich, Risikodarstellungen mit dem Hinweis auf mögliche Nachteile zu unterlassen.[231] Auch würde es dem Zweck der Lageberichterstattung und insbesondere des Risikoberichts widersprechen, wenn Unternehmen den Informationsgehalt des Risikoberichts durch Beschränkung auf allgemeine Angaben absenken könnten, um die Gefahr einer sich selbst

228 Zu den Grundsätzen der Lageberichterstattung bereits oben unter C.II.1.c)aa).

229 So jedoch *Küting/Hütten*, AG 1997, S. 250, 255; *Schindler/Rabenhorst*, BB 1998, S. 1886, 1891; *Merkt* in Baumbach/Hopt HGB, § 317 HGB Rn. 7.

230 *Böcking/Gros/Koch* in Ebenroth/Boujong/Joost/Strohn HGB, § 289 HGB Rn. 13; *Böcking/Dutzi/Gros* in Baetge/Kirsch/Thiele Bilanzrecht, § 289 HGB Rn. 62.

231 *Küting/Hütten*, AG 1997, S. 250, 255.

erfüllenden Prophezeiung zu vermeiden.[232] Dieser Widerspruch wird dabei selbst von Befürwortern einer Befreiung anerkannt.[233] Denn das nach dem Willen des Gesetzgebers zu schützende Informationsinteresse der Adressaten ist gerade dann besonders ausgeprägt, wenn es um die Darstellung von Risiken gehe, die das betreffende Unternehmen besonders belasten oder gar deren Existenz gefährden könnten.[234] Gerade hier bestünde die Gefahr einer gravierenden Fehlinformation. Denn solange ein Risikobericht insgesamt erstellt, einzelne Risiken jedoch vollständig ausgeklammert würden, würde der Eindruck der Vollständigkeit erweckt, während tatsächlich die möglicherweise gravierendsten Risiken nicht aufgeführt wären.

Darüber hinaus erscheint es methodisch nur schwer vertretbar, einen Befreiungstatbestand analog § 286 Abs. 3 Satz 1 Nr. 2 HGB anzuerkennen. Bereits die detaillierte Formulierung der einzelnen Tatbestände mit ihrer ausdrücklichen Beschränkung auf bestimmte Angaben[235], die überdies keinerlei Bezug zur Lageberichterstattung aufweisen, spricht stark gegen das Vorliegen einer planwidrigen Regelungslücke. Dies gilt insbesondere vor dem Hintergrund der Bilanzrichtlinie, die keine entsprechenden Ausnahmen vorsieht (vgl. Art. 19 ff. Bilanzrichtlinie). Vor diesem Hintergrund sowie dem eindeutigen Wortlaut der Bilanzrichtlinie sprechen mit dem Schutzbedürfnis der Marktteilnehmer die besseren Gründe dafür, einen vollständigen Verzicht der Aufnahme bestimmter Risiken nicht zuzulassen.

(2) Abmilderung der Anforderungen

Die gleichen Gründe sprechen dagegen, stets eine verallgemeinernde Darstellung zuzulassen, wenn andernfalls Schäden auf Seiten des Emittenten drohten. Es scheint jedoch gangbar und auch interessengerecht, die Anforderungen an die Risikoberichterstattung in seltenen Ausnahmefällen und unter strengsten Voraussetzungen abzumildern.[236] Zurecht wird in diesem Zusammenhang eine Art Verhältnismäßigkeitsprüfung vorgeschlagen, die dem berichtspflichtigen Unternehmen eine verallgemeinernde Darstellungsweise lediglich soweit gestatten

232 *Küting/Hütten*, AG 1997, S. 250, 255; zusätzlich mit Verweis auf den Wortlaut *v. Kanitz/Hoffmann-Theinert* in BeckOK HGB (Voraufl.), § 315 HGB Rn. 27.

233 *Gelhausen*, AG 1997 (Sonderheft), S. 73 f.

234 Vgl. *Küting/Hütten*, AG 1997, S. 250, 255; ebenfalls auf das besondere Bedürfnis der Information in Krisenzeiten hinweisend *Lange* in MüKo-HGB, § 289 HGB Rn. 52.

235 Geregelt in § 285 Nr. 11 und 11b HGB.

236 *Küting/Hütten*, AG 1997, S. 250, 255.

soll, wie es zur Gefahrenabwehr notwendig ist.[237] Auf diese Weise wird dem grundsätzlich vorrangigen Informationsinteresse der Marktteilnehmer insoweit Rechnung getragen, als ihnen keinerlei Risiken vollständig vorenthalten werden. Lediglich der Konkretisierungsgrad der Informationen fällt unspezifischer aus, soweit es zwingend zum Schutz des Berichtspflichtigen erforderlich ist.

cc) Ergebnis

Bei entsprechend strenger Interessenabwägung und Verhältnismäßigkeitsprüfung kann die Risikoberichtspflicht insoweit abgemildert werden, als dass bzgl. des betreffenden Risikos eine allgemeinere Darstellung erfolgen kann. Dabei dürfen Risiken jedoch niemals vollständig verschwiegen werden. Emittenten haben ihre Entscheidung sowie die Erwägungen im Rahmen der Verhältnismäßigkeitsprüfung und der Ermittlung der gravierenden und mit hoher Wahrscheinlichkeit eintretenden Gefahr dabei sorgfältig zu dokumentieren. Denn wird die Fehlerfreiheit der Prognoseberichterstattung zu einem späteren Zeitpunkt angezweifelt, wird es andernfalls nur schwer gelingen, eine ordnungsgemäße Entscheidung *ex-ante* zum Zeitpunkt der Berichtserstellung unter Einhaltung der genannten Voraussetzungen nachzuweisen.

IV. Die Prüfung zukunftsgerichteter Informationen

In diesem Abschnitt wird untersucht, wann zukunftsgerichtete Informationen aus (Konzern-)Lage- oder Zwischenlageberichten Gegenstand einer Abschlussprüfung bzw. prüferischen Durchsicht sind oder sein können und welchen Umfang die entsprechenden Prüfungen haben. Durch diese Erkenntnisse kann später ein Vergleich zwischen der Abschlussprüfung bzw. prüferischen Durchsicht zukunftsgerichteter Informationen im Rahmen der Finanzberichterstattung auf der einen sowie der (nun freiwilligen) Bescheinigung eines Wirtschaftsprüfers bzgl. aufgenommener Prognosen bei der Prospekterstellung auf der anderen Seite vorgenommen werden (unten, D.IV.4.). An dieser Stelle werden lediglich die Prüfungspflichten gegenüber den betroffenen Unternehmen behandelt; zur Prüfung durch die BaFin im Rahmen des Enforcementverfahrens siehe unten unter V.4.

237 *Küting/Hütten*, AG 1997, S. 250, 255.

1. Prüfung der (Konzern-)Lageberichte in Konzernabschlüssen und Jahresfinanzberichten

a) *Pflicht zur Prüfung*

(Konzern-)Jahresabschluss und (Konzern-)Lagebericht deutscher Emittenten sind gleichermaßen gemäß nationalem Recht zu prüfen (§ 114 Abs. 2 Nr. 1 lit. a) und Nr. 2 lit. a), für Konzerne iVm § 117 WpHG). Somit gelten für die Prüfung die §§ 316 ff. HGB, die eine Prüfung durch einen Abschlussprüfer vorschreiben, sofern es sich nicht um eine kleine Kapitalgesellschaft im Sinne von § 267 Abs. 1 HGB handelt (§ 316 Abs. 1 HGB). Gleiches gilt für Gesellschaften, die einen Konzernabschluss erstellen (§ 316 Abs. 2 HGB).

b) *Gegenstand der Prüfung*

Gegenstand und Umfang der Prüfung des Lageberichts ergeben sich aus § 317 Abs. 2 HGB. Danach ist der (Konzern-)Lagebericht zunächst darauf zu prüfen, ob der (Konzern-)Lagebericht mit dem Jahresabschluss bzw. Konzernabschluss sowie mit den bei der Prüfung gewonnenen Erkenntnissen des Abschlussprüfers in Einklang stehen und ob der (Konzern-)Lagebericht insgesamt ein zutreffendes Bild von der Lage des Unternehmens bzw. Konzerns vermittelt (§ 317 Abs. 2 Satz 1 HGB).

Speziell zu den zukunftsgerichteten Informationen wird zurecht darauf hingewiesen, es sei auch zu prüfen, ob die Chancen und Risiken der künftigen Entwicklung zutreffend dargestellt seien. Durch diese explizite Nennung unterstreicht der Gesetzgeber, welch hohen Stellenwert er diesen Informationen beimisst.[238] Darüber hinaus hat sich die Prüfung darauf zu erstrecken, ob die gesetzlichen Vorschriften zur Aufstellung des Lage- oder Konzernlageberichts beachtet worden sind (§ 317 Abs. 2 Satz 4 HGB).

c) *Umfang der Prüfung*

Mit Blick auf den Prüfungsumfang bzgl. der zukunftsgerichteten Informationen wird vorwiegend vertreten, im Lagebericht habe lediglich eine Vollständigkeits- und Plausibilitätsprüfung zu erfolgen.[239] Teilweise wird ergänzend verlangt,

---

238 *Böcking/Gros/Rabenhorst* in Ebenroth/Boujong/Joost/Strohn HGB, § 317 HGB Rn. 23.

239 *Schindler/Rabenhorst*, BB 1998, S. 1886, 1891; *Zimmer*, NJW 1998, S. 3521, 3533; *Marten/Köhler/Neubeck* in Baetge/Kirsch/Thiele Bilanzrecht, § 317 HGB Rn. 112; *Ebke* in MüKo-HGB, § 317 HGB Rn. 73; *Merkt* in Baumbach/Hopt HGB, § 317 HGB

auch die Merkmale der Widerspruchsfreiheit und Realitätsnähe seien dabei zu berücksichtigen.[240] Eine weitergehende Pflicht des Abschlussprüfers übersteige dessen Funktion, da er ansonsten zum „Über-Vorstand“ würde.[241] Demgegenüber wird heute vermehrt gefordert, der Abschlussprüfer habe zusätzlich eine eigene Beurteilung der Chancen und Risiken der künftigen Entwicklung vorzunehmen.[242] Nach dieser Auffassung sollte diese eigene Beurteilung nach dem IDW PS 350 auch dann vorgenommen und es sollten „eigene Akzente“ gesetzt werden, wenn die Darstellungen im (Konzern-)Lagebericht allen rechtlichen Anforderungen genügten.[243]

Da sich die von den Vertretern dieser unterschiedlichen Auffassungen aufgestellten Kriterien zur Prüfung zukunftsgerichteter Informationen inhaltlich weitestgehend decken, ist an dieser Stelle kein Streitentscheid erforderlich. Um beurteilen zu können, ob die zukunftsgerichteten Angaben plausibel sind und mit den Erkenntnissen der Abschlussprüfung übereinstimmen, hat eine entsprechend zukunftsorientierte Prüfung zu erfolgen.[244] Dabei sind insbesondere das unternehmensinterne Planungssystem, die verwendeten Informationen und zugrunde liegende Annahmen sowie das im Einzelfall verwendete Prognosemodell bzw. Prognoseverfahren zu berücksichtigen.[245] Im Rahmen der Prüfung der verwendeten Informationen hat sich der Abschlussprüfer insbesondere zu vergewissern, dass sämtliche verfügbaren Informationen verwendet wurden.[246]

Rn. 7; *Böcking/Gros/Rabenhorst* in Ebenroth/Boujong/Joost/Strohn HGB, § 317 HGB Rn. 24; *Morck/Bach* in Koller/Kindler/Roth/Drüen HGB, § 317 HGB Rn. 3.

240 *Marten/Köhler/Neubeck* in Baetge/Kirsch/Thiele Bilanzrecht, § 317 HGB Rn. 112.

241 *Schindler/Rabenhorst*, BB 1998, S. 1886, 1891.

242 *Schmidt/Almeling* in Beck'scher Bilanzkommentar, § 317 HGB Rn. 61; bezogen auf die Prüfung des gesamten Lageberichts auch *Schorse/Morfeld* in BeckOK HGB, § 317 HGB Rn. 44; ähnlich bereits *Hommelhoff*, BB 1998, S. 2567, 2571 sowie *Bormann* in MüKo-Bilanzrecht, § 317 HGB Rn. 47.

243 *Schmidt/Almeling* in Beck'scher Bilanzkommentar, § 317 HGB Rn. 61 mit Verweis auf die geltende Bestimmung des IDW PS 350 Rn. 33.

244 *Schorse/Morfeld* in BeckOK HGB, § 317 HGB Rn. 45 f.

245 *Marten/Köhler/Neubeck* in Baetge/Kirsch/Thiele Bilanzrecht, § 317 HGB Rn. 112; *Schorse/Morfeld* in BeckOK HGB, § 317 HGB Rn. 46 mit Verweis auf die entsprechenden Richtlinien des IDW PS 350, des WP-HdB sowie des ADS; *Schmidt/Almeling* in Be'scher Bilanz-Kommentar, § 317 HGB Rn. 60; *Marten/Köhler/Neubeck* in Baetge/Kirsch/Thiele Bilanzrecht, § 317 HGB Rn. 95; vgl. auch *Bormann* in MüKo-Bilanzrecht, § 317 HGB Rn. 49; *Ebke* in MüKo-HGB, § 317 HGB Rn. 75.

246 *Bormann* in MüKo-Bilanzrecht, § 317 HGB Rn. 59; *Ebke* in MüKo-HGB, § 317 HGB Rn. 75.

Zugrunde liegende Annahmen müssen realistisch und widerspruchsfrei sein.[247] Darüber hinaus ist auch zu beurteilen, ob die Chancen und Risiken nach den Erkenntnissen der Abschlussprüfung vollständig dargestellt sind.[248] Nach der Ermittlung des Prognoseverfahrens ist anschließend die logisch einwandfreie Ableitung des Prognoseergebnisses aus den zugrundegelegten Annahmen zu überprüfen.[249] Die Prüfung hat besonders kritisch zu erfolgen, wenn das betreffende Unternehmen in wirtschaftlichen Schwierigkeiten steckt. In dem Fall sollten die Aussagen zur voraussichtlichen Entwicklung mit den Chancen und Risiken durch plausible Planungen unterlegt sein.[250]

Bzgl. dieses Prüfungsumfangs ist bemerkenswert, dass keine inhaltliche Überprüfung der zugrundeliegenden Annahmen verlangt wird. Diese müssen lediglich realistisch und widerspruchsfrei sein. Darüber hinausgehende Nachforschungen durch den Abschlussprüfer werden nicht verlangt.

d) Prüfungsbericht und Bestätigungsvermerk

Bei der Erstellung des Prüfungsberichts hat der Wirtschaftsprüfer im Rahmen des Vorabberichts zunächst eine Stellungnahme zur Lage des Unternehmens abzugeben, wobei insbesondere auf die Beurteilung des Fortbestandes und der künftigen Entwicklung des Unternehmens einzugehen ist (§ 321 Abs. 1 Satz 2 HGB). Im Hauptteil, in dem insbesondere die Einhaltung der gesetzlichen Vorschriften geprüft wird (§ 321 Abs. 2 Satz 1 HGB), ist der (Konzern-)Lagebericht danach nicht erneut detailliert zu behandeln, womit es bei der allgemeinen Prüfung der Einhaltung der gesetzlichen Vorschriften bleibt.[251] Es ist jedoch festzustellen, ob nach dem Ergebnis seiner Prüfung die wesentlichen Chancen und Risiken der künftigen Entwicklung zutreffend dargestellt wurden.[252]

Die Ergebnisse der Prüfung des Abschlussprüfers sind zudem in einem Bestätigungsvermerk zusammenzufassen, der gemeinsam mit dem Konzernabschluss bzw. Jahresabschluss zu veröffentlichen ist (§§ 322 Abs. 1, 325 Abs. 1 Nr. 1 HGB).

---

247 *Bormann* in MüKo-Bilanzrecht, § 317 HGB Rn. 59; *Ebke* in MüKo-HGB, § 317 HGB Rn. 75; *Morck/Bach* in Koller/Kindler/Roth/Drüen HGB, § 317 HGB Rn. 3.

248 *Schmidt/Almeling* in Be'scher Bilanz-Kommentar, § 317 HGB Rn. 60; *Morck/Bach* in Koller/Kindler/Roth/Drüen HGB, § 317 HGB Rn. 3; zu den Voraussetzungen auch *Ebke* in MüKo-HGB, § 317 HGB Rn. 73.

249 *Marten/Köhler/Neubeck* in Baetge/Kirsch/Thiele Bilanzrecht, § 317 HGB Rn. 112.

250 *Marten/Köhler/Neubeck* in Baetge/Kirsch/Thiele Bilanzrecht, § 317 HGB Rn. 112.1.

251 *Schorse/Morfeld* in BeckOK HGB, § 321 HGB Rn. 46.

252 *Schorse/Morfeld* in BeckOK HGB, § 321 HGB Rn. 46.

Der Bestätigungsvermerk hat dabei Gegenstand, Art und Umfang der Prüfung zu beschreiben und die angewandten Rechnungslegungs- und Prüfungsgrundsätze anzugeben, wobei das Prüfungsergebnis zu beurteilen ist (§ 322 Abs. Satz 1 HGB). Mit Blick auf zukunftsgerichtete Informationen ist insbesondere relevant, dass bei der Beurteilung des Prüfungsergebnisses auch zu prüfen ist, ob die Chancen und Risiken der zukünftigen Entwicklung des Unternehmens zutreffend dargestellt sind (§ 322 Abs. 6 Satz 2 HGB). Hierbei muss auf bestandsgefährdende Risiken jedoch nicht gesondert eingegangen werden.[253] Sind die Angaben über Zukunftsaussichten, Chancen und Risiken allerdings unzutreffend, unvollständig oder fehlerhaft, ist der Bestätigungsvermerk lediglich eingeschränkt zu erteilen.[254]

Neben Verstößen gegen gesetzliche Vorschriften ist auch die Nichtbeachtung der Vorgaben des DRS 20 sowohl für den Prüfungsbericht als auch den Bestätigungsvermerk relevant. Die Auswirkungen einer Nichtbeachtung einer Vorschrift des DRS 20 auf das Prüfungsergebnis hängen davon ab, ob die betreffende Vorschrift der Auslegung der gesetzlichen Anforderungen dient oder ob sie über diese hinausgeht und davon abweicht.[255] Im ersten Fall kann sich die Nichtbeachtung auf den Bestätigungsvermerk auswirken, sofern eine wesentliche Beanstandung vorliegt. Zudem wird im Prüfungsbericht über „Unrichtigkeiten und Verstöße in der Konzernrechnungslegung und Verstöße gegen sonstige Vorschriften" berichtet.[256] Gehen die DRS 20 Vorschriften über das Gesetz hinaus, wirkt sich ein Verstoß grundsätzlich nicht auf den Bestätigungsvermerk aus; ein anderes gilt nur dann, wenn wegen der fehlenden Angaben im Konzernlagebericht einschließlich der nach § 315 HGB zwingend erforderlichen Berichtsteile insgesamt kein zutreffendes Bild von der Lage des Konzerns vermittelt wird oder die Chancen und Risiken der zukünftigen Entwicklung unzutreffend dargestellt werden. Im Prüfungsbericht sind unabhängig davon wesentliche Abweichungen zu nennen.[257]

---

253 *Bormann* in MüKo-HGB, § 322 HGB Rn. 93; *Merkt* in Baumbach/Hopt HGB, § 322 HGB Rn. 16.

254 *Schorse/Morfeld* in BeckOk HGB, § 322 HGB Rn. 52.

255 Zur Thematik und insbesondere zu den einzelnen über das Gesetz hinausgehenden Vorschriften siehe *Grottel* in Beck'scher Bilanz-Kommentar, § 315 HGB Rn. 25 ff.

256 *Grottel* in Beck'scher Bilanz-Kommentar, § 315 HGB Rn. 25.

257 *Grottel* in Beck'scher Bilanz-Kommentar, § 315 HGB Rn. 25 mit Verweis auf IDW PS 450 Rn. 134.

2. Prüfung der Zwischenlageberichte in Halbjahresfinanzberichten

a) Pflicht zur Prüfung

Weiterhin kann – nicht muss – eine prüferische Durchsicht durch einen Abschlussprüfer auch für den Zwischenlagebericht vorgenommen und deren Ergebnis beigefügt werden (§ 115 Abs. 5 WpHG, für Konzerne iVm § 117 WpHG). Diese prüferische Durchsicht stellt keine Abschlussprüfung, sondern lediglich eine kritische Würdigung des Abschlusses und Lageberichts auf Grundlage einer Plausibilitätsbeurteilung dar. Eine solche prüferische Durchsicht beim Halbjahresfinanzbericht hat sich laut einiger Stimmen in der Literatur zumindest bei den DAX 30-Unternehmen schnell als „Best Practice" durchgesetzt; die überwiegende Mehrzahl der DAX 30-Unternehmen ließe danach eine freiwillige prüferische Durchsicht durchführen.[258] Wird eine prüferische Durchsicht durchgeführt, steht es dem Emittenten frei, diese nach den Vorgaben des § 115 Abs. 5 WpHG durchzuführen und entsprechend zu veröffentlichen, oder aber einen Wirtschaftsprüfer lediglich zu internen Zwecken zu beauftragen.[259]

Ferner besteht die Möglichkeit, freiwillig eine Prüfung nach § 317 HGB vorzunehmen und entsprechend einen Bestätigungsvermerk oder den Vermerk über seine Versagung zu veröffentlichen (§ 115 Abs. 5 Satz 5 WpHG). Entscheidet sich ein Emittent dazu, weder eine prüferische Durchsicht noch eine Prüfung entsprechend § 317 HGB durchzuführen, ist dies im Halbjahresfinanzbericht anzugeben (§ 115 Abs. 5 Satz 2 WpHG).

b) Gegenstand, Umfang und Bescheinigung

Wird eine prüferische Durchsicht nach den Maßgaben des § 115 Abs. 5 WpHG durchgeführt, ist sie so anzulegen, dass bei gewissenhafter Berufsausübung ausgeschlossen werden kann, dass der verkürzte Abschluss und Zwischenlagebericht in wesentlichen Belangen den jeweils anzuwendenden Rechnungslegungsgrundsätzen widersprechen (§ 115 Abs. 5 Satz 3 WpHG). Wie auch bei der Abschlussprüfung im Rahmen des Jahresfinanzberichts ist insbesondere darauf zu achten, ob der Zwischenlagebericht mit dem Halbjahresfinanzbericht sowie den bei der Durchsicht mit den bei der Prüfung gewonnenen Erkenntnissen in

---

258 *Rabenhorst/Wiechens*, DB 2009, S. 521, 525; *Rabenhorst* in Marsch-Barner/Schäfer, Hdb. börsennotierte AG, Rn. 57.23.

259 *Hönsch* in Assmann/Schneider/Mülbert WpHG, § 115 WpHG Rn. 36.

Einklang steht.[260] Damit ist die prüferische Durchsicht im Vergleich zur vollständigen Prüfung insgesamt deutlich begrenzter als die Abschlussprüfung.[261] Zur Prognoseberichterstattung bestehen keine gesonderten Vorgaben, wobei im Zwischenbericht – wie gezeigt[262] – ohnehin nur eine sehr eingeschränkte Prognoseberichterstattung erfolgt. Wird auf freiwilliger Basis eine Prüfung nach § 317 HGB durchgeführt, gelten bzgl. des Prüfungsumfangs die Aussagen unter 1.c) entsprechend.

Die prüferische Durchsicht endet nicht mit einem Bestätigungsvermerk, sondern lediglich mit einer Bescheinigung. Darin wird bestätigt, dass dem Abschlussprüfer keine Sachverhalte bekannt geworden sind, die ihn zu der Annahme veranlassen, der verkürzte Abschluss und Zwischenlagebericht widersprächen in wesentlichen Belangen den anzuwendenden Rechnungslegungsvorschriften.[263] Etwas anderes gilt freilich, wenn freiwillig eine Prüfung nach § 317 HGB vorgenommen wird;[264] in dem Fall gelten die Aussagen unter 1.c) ebenfalls entsprechend.

3. Prüfung von Quartalsmitteilungen und Quartalsfinanzberichten

Eine Prüfung oder prüferische Durchsicht von Quartalsmitteilungen ist nach der BörsO FWB nicht erforderlich. Erstellt ein Unternehmen auf freiwilliger Basis einen Quartalsfinanzbericht entsprechend den Vorgaben von § 115 WpHG, steht es Emittenten offen, sich einer Prüfung oder prüferischen Durchsicht nach den Vorschriften der Halbjahresfinanzberichterstattung zu unterziehen (§ 115 Abs. 7 iVm § 115 Abs. 5 WpHG).[265] Die prüferische Durchsicht von Quartalsfinanzberichten ist so vollumfänglich derjenigen von Halbjahresfinanzberichten gleichgestellt; die Ausführungen unter 2. gelten entsprechend.

260 So noch zur alten Rechtslage *Zimmermann* in Fuchs WpHG, § 37w WpHG Rn. 25.
261 *Hönsch* in Assmann/Schneider/Mülbert WpHG, § 115 WpHG Rn. 44.
262 Siehe oben unter C.II.2.b)aa).
263 *Schlitt* in Habersack/Mülbert/Schlitt Unternehmensfinanzierung, Rn. 38.167.
264 So statt aller noch zur alten Rechtslage *Heidelbach/Doleczik* in Schwark/Zimmer KMRK (Voraufl. 2010), § 37w WpHG Rn. 46.
265 Näher dazu *Böckem/Rabenhorst*, IRZ 2016, S. 89 ff.; *Simon/Kallweit*, BB 2016, S. 332 ff; weiterhin *Lange* in MüKo-HGB, § 289 HGB Rn. 2.

V. Sanktionen und Haftung

Zum Abschluss dieses Abschnitts über die Prognoseberichterstattung im Rahmen der Finanzberichterstattung sollen mögliche Folgen einer fehlerhaften Berichterstattung betrachtet werden. Dabei liegt das Hauptaugenmerk nicht darauf, das gesamte Haftungs- und Sanktionsregime für fehlerhafte Kapitalmarktinformation darzustellen und zu erläutern; dazu soll ein kurzer Überblick genügen (unten, 1.). Vielmehr sollen die Folgen speziell bei der fehlenden oder fehlerhaften Prognoseberichterstattung vorgestellt werden, wobei zwischen Ordnungswidrigkeits- und Strafvorschriften (unten, 2.) sowie Haftungsfolgen (unten, 3.) unterschieden wird. Schließlich wird als Schwerpunkt das speziell auf die Prüfung von Finanzberichten ausgelegte verwaltungsrechtliche Enforcementverfahren erläutert (unten, 4.).

1. Überblick und Systematik

Die Verletzung von Regelpublizitätspflichten (und entsprechend auch der darin enthaltenen Prognoseberichterstattung) kann auf verschiedenen Ebenen zu einer Haftung oder Sanktionierung von Emittenten führen. Mangels spezialgesetzlichem Haftungstatbestand für fehlerhafte Regelpublizität, kommen in diesem Zusammenhang deliktsrechtliche Vorschriften und, anstelle einer speziellen Haftungsvorschrift, eine analoge Anwendung der §§ 97 und 98 WpHG in Betracht.[266]

Daneben bestehen sowohl im WpHG als auch im HGB verschiedene Straf- und Ordnungswidrigkeitstatbestände für verspätete, unterbliebene und inhaltlich fehlerhafte Regelpublizität (insb. § 120 Abs. 2 Nr. 4 und Nr. 15 WpHG, §§ 331, 334 Abs. 1 Nr. 1-4 sowie 335 Abs. 1 Satz 1 Nr. 1 HGB; daneben kommt freilich auch § 400 Abs. 1 Nr. 1 und 2 AktG[267] in Betracht).[268] Hierbei divergieren die Sanktionsvoraussetzungen und -folgen von WpHG und HGB stark, was auf die Entscheidung des Gesetzgebers zurückzuführen ist, für einen Teil der Emittenten die Vorschriften für die Jahresfinanzberichterstattung auf das WpHG und das HGB zu verteilen. So entstand ein zweispuriges Regime mit unterschiedlichen Sanktionen und auch Bußgeldbemessungen.[269]

---

266 Zu den einzelnen Tatbeständen ausführlich *Mülbert/Steup* in Habersack/Mülbert/Schlitt Unternehmensfinanzierung, Rn. 41.258 ff.

267 Bzw. bei Inlandsemittenten in der Rechtsform einer GmbH § 82 Abs. 2 Nr. 2 GmbHG.

268 Siehe auch zusammenfassend *Mülbert/Steup* in Habersack/Mülbert/Schlitt Unternehmensfinanzierung, Rn. 41.266 ff.).

269 *Mülbert/Steup* in Habersack/Mülbert/Schlitt Unternehmensfinanzierung, Rn. 41.258.

2. Straf- und Ordnungswidrigkeitstatbestände

Da die Ordnungswidrigkeitstatbestände des WpHG lediglich Fälle betreffen, in denen eine Veröffentlichung von Finanzinformationen überhaupt nicht oder nicht rechtzeitig erfolgt (§ 120 Abs. 2 Nr. 4 lit. e) und Nr. 15 WpHG), ergeben sich insoweit für die Prognoseberichterstattung keine Besonderheiten. Sie sollen daher in dieser Arbeit unberücksichtigt bleiben.

Darüber hinaus besteht jedoch ein Ordnungswidrigkeitentatbestand der unrichtigen Darstellung bei der Lageberichterstattung sowie ein Straftatbestand der unrichtigen Darstellung (§ 331 Nr. 1 HGB, § 400 Abs. 1 Nr. 1 AktG). Für die Prognoseberichterstattung ist in diesem Zusammenhang festzuhalten, dass nicht bloß unrichtige Aussagen über Tatsachen, sondern auch über Prognosen diese Tatbestände erfüllen können,[270] wenn die Prognosen einen nachprüfbaren Kern haben oder anderweitig objektiv überprüft werden können.[271] Zwar wird die Strafbarkeit bei Falschbewertungen und Falschbeurteilungen richtigerweise wegen der bei der Rechnungslegung eingeräumten Beurteilungs- und Ermessensspielräume aus Gründen der Rechtssicherheit eingegrenzt. Doch entspricht es dem öffentlichen Interesse und Gläubigerschutz, insbesondere bei Schönfärberei und Fällen der Überbewertung eine unrichtige Darstellung anzunehmen.[272] Da der Straftatbestand nach § 400 Abs. 1 Nr. 1 AktG nur dann anwendbar ist soweit § 331 Nr. 1 AktG nicht eingreift, spielt ersterer bei der Jahresfinanzberichterstattung keine Rolle.[273] Bei der Zwischenlageberichterstattung bleibt § 400 Abs. 1 Nr. 1 AktG jedoch anwendbar.[274]

Bei der Beurteilung inhaltlicher Fehler der Prognoseberichterstattung wegen Verstößen gegen anwendbare Vorschriften ist hervorzugeben, dass die Aufstellung eines Lageberichts nach § 289 HGB unter Beachtung der Grundsätze der DRS 20 und der Berücksichtigung des Wesentlichkeitsgrundsatzes stets den gesetzlichen Anforderungen entspricht.[275]

---

270 *Grottel/Hoffmann* in Beck'scher Bilanzkommentar, § 331 HGB Rn. 11; *Schaal* in MüKo-AktG, § 400 AktG Rn. 35.

271 *Otto* in GroßKomm AktG, § 400 AktG Rn. 14; *Geilen* in KölnKomm-AktG, § 400 AktG Rn. 26; *Oetker* in *K.* Schmidt/Lutter, § 400 AktG Rn. 5; *Schaal* in MüKo-AktG, § 400 AktG Rn. 35; *Hefendehl* in Spindler/Stilz AktG, § 399 AktG Rn. 51.

272 *Grottel/Hoffmann* in Beck'scher Bilanzkommentar, § 331 HGB Rn. 11; *Schaal* in MüKo-AktG, § 400 AktG Rn. 35.

273 Vgl. hierzu *Grottel/Hoffmann* in Beck'scher Bilanzkommentar, § 331 HGB Rn. 51.

274 Vgl. statt aller *Mülbert/Steup* in Habersack/Mülbert/Schlitt Unternehmensfinanzierung, Rn. 41.272.

275 *Grottel* in Beck'scher Bilanzkommentar, § 289 HGB Rn. 30.

3. Haftung wegen fehlerhafter Prognoseberichterstattung

a) Deliktische Haftung

Weder für die fehlerhafte Erstellung des (Konzern-)Lageberichts noch für die des Zwischenlageberichts bestehen spezielle Haftungsnormen. Für eine Haftung aufgrund fehlender oder fehlerhafter Prognosen ist daher auf allgemeine zivilrechtliche Vorschriften zurückzugreifen.[276] Eine Haftung nach § 823 Abs. 1 BGB scheidet hier von vornherein aus, da durch die Vorschrift keine reinen Vermögensschäden ersetzt werden.[277]

Demzufolge kommt es für die deliktische Haftung insbesondere auf eine Haftung nach § 823 Abs. 2 BGB iVm einer Schutznorm an. Es ist allgemein anerkannt, dass mit § 331 HGB und § 400 AktG Schutzgesetze zugunsten aktueller und potenzieller Anleger bestehen, wodurch die Organmitglieder von HGB-publizitätspflichtigen Inlandsemittenten (sowie kraft Zurechnung analog § 31 BGB auch die Inlandsemittenten selbst) bei vorsätzlicher Veröffentlichung eines (erheblich) unrichtigen oder unvollständigen (Konzern-)Lageberichts haften.[278] Während die Organmitglieder und die Gesellschaft im Außenverhältnis gesamtschuldnerisch haften, hat die Geschäftsleitung im Innenverhältnis den Schaden allein zu tragen.[279] Wie bereits erwähnt, kommt es lediglich bei der Halbjahresfinanzberichterstattung auf § 400 AktG an, da der für Jahresfinanzberichte geltende § 331 HGB innerhalb seines Anwendungsbereichs § 400 AktG verdrängt.[280] Daneben kommt eine Haftung wegen eines inhaltlich fehlerhaften Lageberichts aufgrund eines Verstoßes gegen § 289 HGB (iVm § 823 Abs. 2 BGB) nach richtiger Ansicht deshalb nicht in Betracht, weil den Vorschriften über die materiellen Anforderungen an eine ordnungsgemäße Offenlegung nach wohl herrschender Auffassung und der geltenden BGH-Rechtsprechung keine Drittschutzwirkung zukommt.[281] Ebenfalls keine drittschützende Wirkung

---

276 *Siebel/Gebauer*, WM 2001, S. 173, 185, 188.

277 *Siebel/Gebauer*, WM 2001, S. 173, 185.

278 *Mülbert/Steup* in Habersack/Mülbert/Schlitt Unternehmensfinanzierung, Rn. 41.270; so auch *Siebel/Gebauer*, WM 2001, S. 173, 193. Daneben stellt auch § 334 HGB ein solches Schutzgesetz dar, das jedoch (wie auch § 400 AktG im Fall der Jahresfinanzberichterstattung) von § 331 HGB verdrängt wird, *Fleischer*, WM 2006, S. 2021, 2026.

279 Siehe nur *Siebel/Gebauer*, WM 2001, S. 173, 186.

280 Vgl. oben, C.V.2.; siehe auch *Siebel/Gebauer*, WM 2001, S. 173, 188 f.

281 Die Drittschutzwirkung wurde bereits von BGH, Urt. v. 13.4.1994 – II ZR 16/93, BGHZ 125, S. 366, 377 f., BGH, Urt. v. 10.7.1964 – Ib ZR 208/62, BB 1964, S. 1273

haben die Ordnungswidrigkeitstatbestände der §§ 120 Abs. 2 Nr. 15 und Nr. 4 WpHG.[282]

Hinsichtlich der Tatbestandserfüllung ist bei der deliktischen Haftung allgemein darauf hinzuweisen, dass auch hier nicht an die mangelnde Realisierung der Prognosen, sondern an deren unsachgemäße Erstellung anzuknüpfen ist.[283] Zu ersetzen ist im Haftungsfall der Schaden, den die Gläubiger bzw. Anleger im Vertrauen auf die Ordnungsgemäßheit der Prognose erlitten haben.[284] Emittenten können die Haftung nicht (wie nach US-amerikanischem Vorbild) durch einen Hinweis im Lagebericht ausschließen, es werde keine Gewähr für die Richtigkeit der Prognosen übernommen („*disclaimer*"). Zu Recht wird im Schrifttum darauf hingewiesen, eine gute Begründung der Zukunftsaussagen sei das beste Mittel zur Vermeidung von Haftungsrisiken.[285]

Bei vorsätzlichem Handeln der Organmitglieder kommt eine Haftung nach § 826 BGB in Betracht.[286] Weiterhin sind Vorstandsmitglieder einer AG auch gegenüber den Aktionären zum Ersatz verpflichtet, wenn diese durch die vorsätzliche Einflussnahme auf andere Vorstandsmitglieder aufgrund fehlerhafter Prognoseberichterstattung einen Schaden erleiden (§ 117 Abs. 1 Satz 2 AktG).[287] Erleidet die Gesellschaft darüber hinaus einen Schaden dadurch, dass Aktionäre oder Gläubiger aufgrund falscher Zukunftsangaben Ansprüche gegen die Gesellschaft erlangt haben, haften ihr gegenüber die Vorstandsmitglieder gemäß § 93 Abs. 2 AktG gesamtschuldnerisch. Auch gegenüber der Gesellschaft kommt in dem Zusammenhang eine Haftung nach § 117 Abs. 1 AktG in Betracht, wenn das betreffende Vorstandsmitglied vorsätzlich unter Benutzung seines Einflusses auf die Gesellschaft ein anderes Vorstandsmitglied dazu bestimmt, zum Schaden der Gesellschaft zu handeln.[288]

---

sowie OLG Düsseldorf, Urt. v. 7.4.2011, AG 2011, S. 706 f. verneint; siehe auch die Streitdarstellung in *Mülbert/Steup* in Habersack/Mülbert/Schlitt Unternehmensfinanzierung, Rn. 41.274; a.A. etwa *Fleischer* in Assmann/Schütze Kapitalanlagerecht, § 6 Rn. 60; *ders.*, WM 2006, S. 2021, 2028; *Siebel/Gebauer*, WM 2001, S. 173, 185 f.

282 *Mülbert/Steup* in Habersack/Mülbert/Schlitt Unternehmensfinanzierung, Rn. 41.273.

283 *Siebel/Gebauer*, WM 2001, S. 173, 186.

284 *Siebel/Gebauer*, WM 2001, S. 173, 186.

285 *Siebel/Gebauer*, WM 2001, S. 173, 186.

286 *Siebel/Gebauer*, WM 2001, S. 173, 186; *Mülbert/Steup*, WM 2005, S. 1633, 1645; *dies.* in Habersack/Mülbert/Schlitt Unternehmensfinanzierung, Rn. 41.279.

287 *Siebel/Gebauer*, WM 2001, S. 173, 186.

288 *Siebel/Gebauer*, WM 2001, S. 173, 186.

b) Bürgerlich-rechtliche Prospekthaftung

Fehlerhafte Rechnungslegungsunterlagen werden vom Prospektbegriff nicht erfasst. Zwar informieren Jahres-, Halbjahres und Quartalsfinanzberichte umfassend über das berichtende Unternehmen.[289] Eine Haftung nach den Grundsätzen der bürgerlich-rechtlichen Prospekthaftung scheidet richtigerweise jedoch mangels Angebots- bzw. Vertriebsbezogenheit der darin enthaltenen Informationen aus.[290]

c) Haftung analog §§ 97, 98 WpHG

Mangels spezieller Haftungsnormen für die Lage- und Zwischenlageberichterstattung, wird in der Literatur vereinzelt vorgeschlagen, die §§ 97, 98 WpHG analog für eine Emittentenhaftung für fehlerhafte Regelpublizität heranzuziehen.[291] Diese Vorschriften regeln die Emittentenhaftung wegen des Unterlassens der Veröffentlichung (§ 97 WpHG) und wegen der Veröffentlichung unwahrer (§ 98 WpHG) Insiderinformationen und schützen Anleger, die im Vertrauen auf diese Information Finanzinstrumente des Emittenten erwerben oder veräußern. Zur Begründung der Analogie werden dabei die Wertungsstimmigkeit und Kohärenz gegenüber allen auf § 823 Abs. 2 BGB gestützten deliktsrechtlichen Ansätzen angeführt.[292] Außerdem ergänze die Ad-hoc-Publizitätspflicht die periodische Berichterstattung und bilde mit ihnen ein integriertes Informationssystem.[293] Darüber hinaus wird angemahnt, die Befürworter einer deliktischen Haftung würden zweifelhafte Annahmen zum Drittschutzcharakter bestimmter

---

289 *Mülbert/Steup* in Habersack/Mülbert/Schlitt Unternehmensfinanzierung, Rn. 41.165, 41.280.

290 *Mülbert/Steup* in Habersack/Mülbert/Schlitt Unternehmensfinanzierung, Rn. 41.280; anders noch *Siebel/Gebauer*, WM 2001, S. 173, 186, der für Fälle planwidriger Regelungslücken eine Haftung nach den Grundsätzen der *culpa in contrahendo* zulassen möchte.

291 *Mülbert/Steup* in Habersack/Mülbert/Schlitt Unternehmensfinanzierung, Rn. 41.165, 41.281; *dies.*, WM 2005, S. 1633, 1651 f.

292 *Mülbert/Steup*, WM 2005, S. 1633, 1651; *dies.* in Habersack/Mülbert/Schlitt Unternehmensfinanzierung, Rn. 41.165, 41.281; dies wird auch von den im Ergebnis abweichenden *Mailer-Reimer/Seulen* in Habersack/Mülbert/Schlitt, Kapitalmarktinformation, § 30 Rn. 10, anerkannt.

293 *Mülbert/Steup*, WM 2005, S. 1633, 1651 f.

Normen teilweise mit umfangreichen Modifikationen der deliktischen Haftung nach dem Vorbild der §§ 97, 98 WpHG kombinieren.[294]

Herrschend wird eine solche analoge Anwendung jedoch mangels planwidriger Regelungslücke abgelehnt.[295] Denn ursprünglich wurde das WpHG bewusst ohne zivilrechtliche Haftungsfolgen ausgestaltet; die spätere Einführung der §§ 37b, 37c WpHG a.F. (heute §§ 97, 98 WpHG) erfolgte speziell und ausschließlich für die Verletzungen der Ad-hoc-Publizitätspflicht.[296] Zudem deutet auch die Rechtsprechung des BGH in seinem *IKB*-Urteil[297] darauf hin, dass sich eine analoge Anwendung des § 37c Abs. 1 Nr. 1 WpHG a.F. vor dem Hintergrund der Entstehungsgeschichte der Norm und ausweislich der Gesetzesbegründung verbiete.[298] Diese Aussage des BGH wird für verallgemeinerungsfähig erachtet,[299] da das Gericht darin ausdrücklich hervorhebt, *„allein die Haftung für fehlerhafte Ad-hoc-Mitteilungen* [sei] *geregelt"*, wobei gleichzeitig auf den zurückgezogenen Entwurf des Kapitalmarktinformationshaftungsgesetzes im Jahr 2004 verwiesen wird.[300]

---

294 *Mülbert/Steup* in Habersack/Mülbert/Schlitt Unternehmensfinanzierung, Rn. 41.165, 41.281.

295 BGH, Urt. v. 13.12.2011, AZ.: XI ZR 51/10, BGHZ 192, S. 90 ff., ZBB 2012, S. 222 Rn. 17 (ausdrücklich nur zu freiwilligen Veröffentlichungen); *Schmolke*, ZBB 2012, S. 165, 167 f.; *Mailer-Reimer/Seulen* in Habersack/Mülbert/Schlitt, Kapitalmarktinformation, § 30 Rn. 10; teilweise wird in der Literatur jedoch anerkannt, dass auch gewichtige Gründe für eine Analogie sprechen, vgl. *Mailer-Reimer/Seulen* in Habersack/Mülbert/Schlitt, Kapitalmarktinformation, § 30 Rn. 10.

296 *Mailer-Reimer/Seulen* in Habersack/Mülbert/Schlitt, Kapitalmarktinformation, § 30 Rn. 11; dazu auch *Möllers*, ZBB 2003, 390, 398; vgl. außerdem die Begr. RegE 4. FFM BT-Drucks. 14/8017, S. 87, 93 f.

297 BGH, Urt. v. 13.12.2011, AZ.: XI ZR 51/10, BGHZ 192, S. 90 ff., ZBB 2012, S. 222.

298 BGH, Urt. v. 13.12.2011, AZ.: XI ZR 51/10, BGHZ 192, S. 90 ff., ZBB 2012, S. 222 Rn. 17 unter Verweis auf Begr. RegE 4. FFG, BT-Drucks. 14/8017, S. 62 sowie den zurückgezogenen Gesetzesentwurf des Kapitalinformationshaftungsgesetzes im Jahr 2004; im Urteil wird zwar nicht ausdrücklich die verpflichtende Regelpublizität behandelt, sondern freiwillige Verlautbarungen, die Erwägungen können jedoch entsprechend auch für die Regelpublizität angeführt werden.

299 *Schmolke*, ZBB 2012, S. 165, 168; a.A. freilich *Mülbert/Steup* in Habersack/Mülbert/Schlitt Unternehmensfinanzierung, Rn. 41.165, 41.281.

300 BGH, Urt. v. 13.12.2011, AZ.: XI ZR 51/10, BGHZ 192, S. 90 ff., ZBB 2012, S. 222 Rn. 17, wobei *Mülbert/Steup* in Habersack/Mülbert/Schlitt Unternehmensfinanzierung, Rn. 41.165, 41.281 die Auffassung vertritt, die Umstände der Rücknahme des Gesetzesentwurfs ließen sich nicht als Beleg des Gesetzgeberwillens gegen eine Analogie anführen.

Die Begründung der Vorteilhaftigkeit eines einheitlichen Haftungsregimes für fehlerhafte Ad-hoc-Publizität sowie fehlerhafte Regelpublizität innerhalb des WpHG ist nach hier vertretener Auffassung überzeugend. Komplizierte Konstruktionen von und Diskussionen über mögliche Schutzgesetze sowie die teils vorgenommene Modifizierung derer Tatbestände, um sie für den Anwendungsbereich der Regelpublizität handhabbar zu machen, sind nicht nur äußerst umständlich, sondern führen auch zu einer gewissen Rechtsunsicherheit zu Lasten berichtspflichtiger Unternehmen. Jedoch besteht derzeit *de lege lata* mangels planwidriger Regelungslücke kein Raum für die analoge Anwendung der §§ 97, 98 WpHG. Dies gilt insbesondere vor dem Hintergrund, dass auch im Zuge der zahlreichen Änderungen des WpHG in den vergangenen Jahren keine Bestrebungen des Gesetzgebers erkennbar geworden sind, eine spezialgesetzliche wertpapierrechtliche Haftung für fehlerhafte Regelpublizität einzuführen. *De lege ferenda* könnte ein spezieller Haftungstatbestand für fehlerhafte Regelpublizität jedoch Anwendungsschwierigkeiten beseitigen und das wertpapierrechtliche Haftungsregime vereinfachen. Es wäre demnach wünschenswert, den §§ 97, 98 WpHG entsprechende Regelungen auch für die Regelpublizität unmittelbar im WpHG zu verorten.

d) Haftung sonstiger Beteiligter bei der (Konzern-) Lageberichterstattung

Als weitere Haftungsadressaten bei fehlerhafter Prognoseberichterstattung kommen weiterhin Aufsichtsrat sowie Wirtschaftsprüfer in Betracht. Für den Aufsichtsrat kann sich eine Haftung ergeben, wenn seine Mitglieder bei der Prüfung des (Konzern-)Lageberichts ihre Prüfungspflichten nach §§ 111, 171 AktG verletzen. In dem Fall haften sie der Gesellschaft gesamtschuldnerisch nach §§ 116, 93 AktG.[301]

Für schuldhaft verursachte prüfungsspezifische Schäden haften ferner Wirtschaftsprüfer der Gesellschaft gegenüber bei der Prüfung des Lageberichts nach der Spezialnorm § 323 Abs. 1 Satz 3 HGB. Bei der Prüfung der Prognoseberichterstattung im (Konzern-)Lagebericht liegt ein Prüfungsfehler vor, wenn die Vorgaben des § 317 Abs. 2 HGB nicht beachtet wurden (zur Abschlussprüfung siehe oben IV.1.).[302] Bei der Prüfung von Zwischenlageberichten ist § 323 HGB nicht einschlägig; es kommen daher für Ansprüche der Gesellschaft lediglich

301 *Siebel/Gebauer*, WM 2001, S. 173, 190.
302 *Siebel/Gebauer*, WM 2001, S. 173, 190.

vertragliche sowie deliktische Ansprüche in Betracht.[303] Da § 323 HGB auch gegenüber Aktionären oder Gläubigern der Gesellschaft keine Wirkung entfaltet,[304] greifen auch hier zunächst lediglich deliktische Ansprüche.[305] Gleichzeitig hat der BGH jedoch entschieden, dass Wirtschaftsprüfer gegenüber den Aktionären auch nach den Grundsätzen des Vertrags mit Schutzwirkung zugunsten Dritter haften können.[306] Dabei muss freilich der jeweilige Prüfungsvertrag einzelfallabhängig darauf geprüft werden,[307] ob die Voraussetzungen eines solchen Vertrags mit Schutzwirkung zugunsten Dritter erfüllt sind; insbesondere also, ob der Wirtschaftsprüfer erkennen musste, dass die Prüfung gegenüber den Aktionären verwendet würde.[308] Dann ist allerdings die Haftungsbeschränkung des § 323 Abs. 2 HGB analog anzuwenden.[309]

4. Das verwaltungsrechtliche Enforcementverfahren

a) Überblick

Das Enforcementverfahren setzt sich zweistufig aus der Prüfung der vom WpHG verlangten Finanzberichte durch die DPR auf der ersten sowie der Fehlerfeststellung und Anordnung zur Fehlerbekanntmachung durch die BaFin auf der zweiten Stufe zusammen (§§ 106-113 WpHG).[310] Bei der Fehlerfeststellung sowie der Anordnung der Fehlerveröffentlichung handelt es sich um Verwaltungsakte der BaFin.[311] Der Prüfungsauftrag gilt dabei für Unternehmen, für die als Emittenten von zugelassenen Wertpapieren die Bundesrepublik Deutschland Herkunftsstaat ist (§ 106 WpHG). Erfasst sind seit dem Transparenzrichtlinie-Umsetzungsgesetz nicht mehr nur die Jahres- und Konzernabschlüsse sowie

---

303 *Siebel/Gebauer*, WM 2001, S. 173, 190.

304 BGH, Urt. v. 02.04.1998, AZ.: III ZR 245/96, WM 1998, S. 1032 f.; vgl. statt vieler im Schrifttum *Schmidt/Feldmüller* in Beck'scher Bilanz-Kommentar, § 323 HGB Rn. 171.

305 *Grunewald*, ZGR 1999, S. 583, 589 ff.; *Siebel/Gebauer*, WM 2001, S. 173, 190.

306 BGH, Urt. v. 02.04.1998, AZ.: III ZR 245/96, WM 1998, S. 1032 f.

307 *Poll* in BeckOK HGB, § 323 HGB Rn. 34; ausführlich auch *Bormann/Greulich* in MüKo-Bilanzrecht, § 323 HGB Rn. 133.

308 Dazu im Rahmen der Prospekthaftung ausführlich unter D.V.3.

309 *Weber*, NZG 1999, S. 1, 7 f. auf den *Siebel/Gebauer*, WM 2001, S. 173, 190 verweist.

310 *Hönsch* in Assmann/Schneider/Mülbert WpHG, Vor. §§ 106-118 WpHG Rn. 9; *Hennrichs* in Schwark/Zimmer KMRK, Vor §§ 106-113 WpHG Rn. 6 ff.; so bereits *Zimmermann* in Fuchs WpHG, § 37n WpHG Rn. 1.

311 Vgl. statt aller *Hennrichs* in Schwark/Zimmer KMRK, § 109 WpHG Rn. 3 (Fehlerfeststellung) sowie 14 (Anrodnung der Bekanntmachung des Fehlers).

(Konzern-)Lageberichte, sondern auch die Halbjahresfinanzberichte (§ 106 Nr. 1-3 WpHG).[312] Freiwillig erstellte Quartalsfinanzberichte nach den Vorschriften des § 115 WpHG werden nicht erfasst.[313] Die DPR (als nach § 342b Abs. 1 HGB anerkannte Prüfstelle) prüft dabei nicht die Abschlüsse sämtlicher Emittenten; es findet vielmehr eine anlassbezogene Prüfung statt.[314]

Durch das Enforcementverfahren sollen die Integrität und Stabilität des Kapitalmarkts und das Vertrauen der Anleger in den deutschen Kapitalmarkt gestärkt werden, indem über Unregelmäßigkeiten bei der Erstellung von Unternehmensabschlüssen berichtet wird.[315] Es ergänzt somit die Kontrolle der Rechnungslegung durch den Aufsichtsrat und durch den Abschlussprüfer.[316] Für Unternehmen erlangt das Enforcementverfahren wegen der drohenden negativen Öffentlichkeitswirkung eine zentrale Bedeutung bei der Erstellung der Finanzberichte. Denn es besteht bei einer Fehlerbekanntmachung für sie das Risiko, dass Börsenkurse sowie das Handelsvolumen der emittierten Wertpapiere sinken und weiterhin Reputationsschäden eintreten können. Zudem kann die Öffentlichkeitswirkung dazu führen, dass Anleger gegenüber der Gesellschaft (und in besonderen Fällen unmittelbar gegenüber den Geschäftsleitungsmitgliedern) Schadensersatzansprüche geltend machen, Geldbußen nach § 334 Abs. 1 und 3 HGB verhängt werden oder sogar eine Strafverfolgung droht (insbesondere nach § 331 HGB, vgl. oben 2.).[317]

b) Voraussetzungen

Die Fehlerfeststellung setzt – vorbehaltlich der nach den anwendbaren Rechnungslegungsvorschriften gegebenen Beurteilungs- und Ermessensspielräume bei der Finanzberichterstattung – einen Verstoß gegen gesetzliche Vorschriften einschließlich der Grundsätze ordnungsgemäßer Buchführung oder sonstige

---

312 Vgl. statt aller *Hönsch* in Assmann/Schneider/Mülbert WpHG, § 106 HGB Rn. 8.

313 *Hönsch* in Assmann/Schneider/Mülbert WpHG, § 106 WpHG Rn. 8.

314 Das Gesetz nennt in dem Zusammenhang Fälle, in denen konkrete Anhaltspunkte für einen Verstoß gegen Rechnungslegungsvorschriften vorliegen, ein Verlangen der BaFin vorliegt oder ohne besonderen Anlass stichprobenartige Prüfungen vorgenommen werden, vgl. § 342b Abs. 2 Satz 3 HGB; zur subsidiären Zuständigkeit der BaFin auch nach § 107 WpHG siehe ausführlich *Hönsch* in Assmann/Schneider/Mülbert WpHG, § 108 WpHG Rn. 1 ff. sowie *Hennrichs* in Schwark/Zimmer KMRK, § 108 WpHG Rn. 3 ff.

315 *Hönsch* in Assmann/Schneider/Mülbert WpHG, Vor. §§ 106-118 WpHG Rn. 4.

316 *Hönsch* in Assmann/Schneider/Mülbert WpHG, Vor. §§ 106-118 WpHG Rn. 5.

317 *Hönsch* in Assmann/Schneider/Mülbert WpHG, Vor. §§ 106-118 WpHG Rn. 6 f.

durch Gesetz zugelassener Rechnungslegungsstandards voraus.[318] Die Verstöße müssen dabei einzeln oder in der Gesamtbetrachtung wesentlich sein.[319] Maßstab ist die Sicht der Anleger und der am Kapitalmarkt beteiligten Institutionen. Aus deren Sicht ist ein Fehler relevant, wenn die Darstellung der Geschäftsentwicklung und die daraus ableitbaren Einschätzungen künftiger Entwicklungen des Unternehmens betroffen sind.[320] Dies entspricht der Zielrichtung des Enforcementverfahrens, das das Vertrauen der Anleger in die Rechnungslegung stärken soll.[321] An der Aufdeckung von aus Sicht des Kapitalmarkts belanglosen Rechnungslegungsverstößen besteht nach richtiger Auffassung kein legitimes Interesse.[322]

c) *Das Enforcementverfahren bei der Prognoseberichterstattung*

Während nicht jeder Verstoß gegen gesetzliche Vorschriften oder Rechnungslegungsgrundsätze zu einer Fehlerfeststellung und veröffentlichung führt,[323] stellt die vollständig unterlassene Prognoseberichterstattung einen wesentlichen Fehler der Rechnungslegung dar (dazu oben ausführlich unter III.1.b)). Dafür spielt es keine Rolle, ob der rechnungslegende Emittent seiner Pflicht vorsätzlich oder

318 *Zimmermann* in Fuchs WpHG, § 37q WpHG SRn. 1.

319 So die h.M. OLG Frankfurt a.M., DB 2009, S. 333, 335; BaFin Emittentenleitfaden (Stand 9. August 2018), Modul A, Ziff. I.3.2.2.3; *Hönsch* in Assmann/Schneider/Mülbert WpHG, § 109 WpHG Rn. 2; *Hennrichs* in Schwark/Zimmer KMRK § 109 WpHG Rn. 9; so bereits *ders.* in Schwark/Zimmer KMRK (Voraufl. 2010), § 37q WpHG Rn. 6; *Hubeny* in Heidel Aktienrecht und Kapitalmarktrecht, § 109 WpHG Rn. 4 f.; a.A. *Zimmermann* in Fuchs WpHG, § 37q WpHG Rn. 1, der erst auf Ebene der Fehlerbekanntmachung beim Ausnahmetatbestand der Bagatellfälle eine Wesentlichkeit verlangt.

320 OLG Frankfurt a.M., Beschl. v. 22.01.2009, AZ.: WpÜG 1/08 und 3/08; BaFin Emittentenleitfaden (Stand 9. August 2018), Modul A, Ziff. I.3.2.2.3; *Hennrichs* in Schwark/Zimmer KMRK § 109 WpHG Rn. 10; *Hubeny* in Heidel Aktienrecht und Kapitalmarktrecht, § 109 WpHG Rn. 5 f.

321 *Hönsch* in Assmann/Schneider/Mülbert WpHG, § 109 WpHG Rn. 2; *Hubeny* in Heidel Aktienrecht und Kapitalmarktrecht, § 109 WpHG Rn. 6.

322 *Hönsch* in Asmmann/Schneider/Mülbert Wertpapierhandelsrecht, § 109 WpHG Rn. 23; *Hennrichs* in Schwark/Zimmer KMRK (Voraufl. 2010), § 37q WpHG Rn. 6; zum öffentlichen Interesse ausführlich auch *Hennrichs* in Schwark/Zimmer KMRK, § 109 WpHG Rn. 17.

323 Vgl. die Leitsätze des OLG Frankfurt a.M., Beschl. v. 22.1.2009, AZ.: WpÜG 1,3/08, NZG 2009, S. 1038.

lediglich fahrlässig nicht nachgekommen ist.[324] Die bereits besprochene Entscheidung des OLG Frankfurt a.M.[325] verdeutlicht in diesem Zusammenhang die Bedeutung des Enforcementverfahrens und stärkt so deren Präventivwirkung auf den rechnungslegenden Emittenten.[326]

Bei lediglich fehlerhafter (nicht vollständig unterlassener) Prognoseberichterstattung muss maßgeblich sein, ob die Wesentlichkeitsschwelle im Einzelfall überschritten ist. Es ist hierbei zu beachten, dass das Gesetz oder die Rechnungslegungsstandards vielfach Einschätzungsspielräume gewähren; eine Bilanzkontrolle von Prognosen ist daher nur eingeschränkt möglich.[327] Verlangt werden kann lediglich eine kaufmännisch vertretbare, widerspruchsfreie und plausible Prognose.[328]

Dem ist im Ausgangspunkt zuzustimmen, die Voraussetzungen lassen sich jedoch nach hier vertretener Ansicht anhand der allgemeinen Grundsätze zur Fehlerfeststellung und der Wesentlichkeit von Fehlern weiter konkretisieren. Wie unter b) beschrieben, ist für die Wesentlichkeit eines Fehlers das Kapitalmarktinteresse maßgeblich. Entsprechend muss es darauf ankommen, ob Marktteilnehmer den Fehler für ihre Entscheidungen als relevant einstufen würden, also insbesondere, ob er die Darstellung der Geschäftsentwicklung sowie die daraus ableitbaren Einschätzungen der künftigen Entwicklung des Konzerns oder Unternehmens betrifft.[329] Ebendies trifft auf den Prognose- bzw. Chancen- und Risikobericht zu. Freilich muss die Wesentlichkeit eines Verstoßes einzelfallabhängig geprüft werden;[330] pauschale Feststellungen zur Wesentlichkeit von Verstößen gegen bestimmte Vorschriften verbieten sich. Der Verstoß gegen reine Ordnungsvorschriften des DRS 20, die nicht gleichzeitig gesetzliche Pflichten wiedergeben, wird in der Regel nicht wesentlich sein. Anders ist es jedoch, wenn durch die Missachtung von Ordnungsvorschriften insgesamt ein unzutreffendes Bild der Lage der Gesellschaft gezeichnet wird.[331] Werden zwingende Angaben

---

324 *Merkner/Schmid-Versteyl*, NZG 2010, S. 175.

325 Oben, unter C.III.1.

326 *Merkner/Schmid-Versteyl*, NZG 2010, S. 175 f.

327 *Hennrichs* in Schwark/Zimmer KMRK, § 109 WpHG Rn. 5.

328 *Hennrichs* in Schwark/Zimmer KMRK, § 109 WpHG Rn. 5.

329 *Hennrichs* in Schwark/Zimmer KMRK, § 109 WpHG Rn. 10.

330 So auch BaFin Emittentenleitfaden (Stand 9. August 2018), Modul A, Ziff. I.3.2.2.3; *Hennrichs* in Schwark/Zimmer KMRK, § 109 WpHG Rn. 10.

331 Dazu bereits im Rahmen der Abschlussprüfung oben, unter C.IV.1.d); vgl. auch *Hennrichs* in Schwark/Zimmer KMRK, § 109 WpHG Rn. 11 sowie *Hubeny* in Heidel Aktienrecht und Kapitalmarktrecht, § 109 WpHG Rn. 7 die betonen, dass im Rahmen

weiterhin vollständig weggelassen, die für die Beurteilung der künftigen Entwicklung des Unternehmens maßgeblich sind, ist im Zweifel von einem wesentlichen Fehler auszugehen.[332] Dazu zählen nach hier vertretener Ansicht insbesondere Angaben über gravierende Risiken sowie die einer Prognose zugrundeliegenden Annahmen, da die Darstellung der zugrundeliegenden Annahmen für die Plausibilität der Prognose maßgeblich ist.

d) *Rechtsfolgen*

Unmittelbare Rechtsfolge der Fehlerfeststellung ist, dass sie Voraussetzung für die durch die BaFin erfolgende Anordnung der Fehlerveröffentlichung ist (§ 109 Abs. 2 Satz 1 WpHG). Zudem wird hierdurch auch für künftige Rechnungslegungsperioden verbindlich festgestellt, dass die geprüften Abschlüsse nicht den anwendbaren Vorschriften entsprechen, wodurch der Emittent verpflichtet ist, den Fehler zu korrigieren.[333] Andernfalls kann in den Folgezeiträumen ohne Weiteres eine weitere Fehlerfeststellung erfolgen.[334]

Sofern keine Ausnahmetatbestände einschlägig sind,[335] erlässt die BaFin gegenüber dem Emittenten den belastenden Verwaltungsakt der Aufforderung zur Fehlerveröffentlichung. Dabei hat der Emittent den Fehler samt den wesentlichen Teilen der Begründung der Feststellung zu veröffentlichen (§ 109 Abs. 2 Satz 1 WpHG). Die inhaltlichen Vorgaben der BaFin sind dabei bindend.[336] Entsprechend sind alle Formulierungen unzulässig, die dem Ziel der wahrheitsgetreuen Kapitalmarktinformation sowie dem gewollten Sanktionscharakter zuwiderlaufen. Unzulässig sind insbesondere Kommentierungen

---

einer Gesamtschau auch erst das Vorliegen mehrerer Einzelabweichungen zu einer fehlerhaften Rechnungslegung führen können.

332 So speziell für die Risikoberichterstattung etwa *Hennrichs* in Schwark/Zimmer KMRK, § 109 WpHG Rn. 10.

333 BaFin Emittentenleitfaden (Stand 9. August 2018), Modul A, Ziff. I.3.2.2.3.

334 OLG Frankfurt a.M., Beschl. v. 09.08.2016, AZ.: WpÜG 1/16 und 2/16; BaFin Emittentenleitfaden (Stand 9. August 2018), Modul A, Ziff. I.3.2.2.3.

335 Dazu ausführlich *Hönsch* in Assmann/Schneider/Mülbert WpHG, § 109 WpHG Rn. 23 ff. sowie *Hubeny* in Heidel Aktienrecht und Kapitalmarktrecht, § 109 WpHG Rn. 8; für die Praxis weiterhin wertvoll die Ausführungen in BaFin Emittentenleitfaden (Stand 9. August 2018), Modul A, Ziff. I.3.3.3 ff., wobei sich erneut bzgl. der Prognoseberichterstattung keinerlei Besonderheiten ergeben.

336 Dabei kann die BaFin jedoch nicht den genauen Wortlaut der Veröffentlichung vorgeben, vgl. OLG Frankfurt a.M., Beschl. v. 14.6.2007, AZ.: WpÜG 1/07, BB 2007, S. 2060, 2064; *Hönsch* in Assmann/Schneider/Mülbert WpHG, § 109 WpHG Rn. 20.

und relativierende oder in anderer Weise abschwächende Aussagen des Emittenten.[337] Die Fehlerbekanntmachung durch den Emittenten hat unverzüglich (§ 121 BGB) und kumulativ in zwei Medien zu erfolgen: im Bundesanzeiger und zusätzlich entweder in einem überregionalen Börsenpflichtblatt oder über ein in der Finanzwirtschaft weit verbreitetes elektronisch betriebenes Informationsverbreitungssystem (§ 109 Abs. 2 Satz 4 WpHG).

Bei der Durchsetzung der Bekanntmachungsanordnung stehen der BaFin eine Reihe schlagkräftiger Mittel zur Verfügung. Kommt ein Emittent der Anordnung nicht nach oder verstößt die Veröffentlichung (z.B. wegen unzulässiger Formulierungen) gegen die Anordnung, kann die BaFin eine Verwaltungsvollstreckung durchführen sowie etwa ein Zwangsgeld in Höhe von bis zu 2,5 Millionen Euro androhen und gegebenenfalls festsetzen. Darüber hinaus kann die BaFin die Fehlerveröffentlichung auf Kosten des Unternehmens selbst durchführen lassen.[338] Weiterhin stellt die Zuwiderhandlung eine Ordnungswidrigkeit dar, die mit einer Geldbuße von bis zu 50.000 Euro geahndet werden kann (§ 120 Abs. 12 Nr. 1 lit. d) iVm Abs. 24 WpHG).

5. Zwischenergebnis

Bei einer fehlerhaften Prognoseberichterstattung im Rahmen der Regelpublizität besteht eine Vielzahl unterschiedlicher Sanktionierungsmöglichkeiten für Emittenten, deren Organmitglieder und gegebenenfalls sogar beteiligte Wirtschaftsprüfer. Keine dieser Personen muss jedoch für den tatsächlichen Eintritt des prognostizierten Ereignisses einstehen. So wird von Emittenten nicht das Unmögliche verlangt, die Zukunft möglichst genau vorherzusagen. Vielmehr knüpfen sowohl die einschlägigen Ordnungswidrigkeits- und Straftatbestände als auch die verschiedenen Haftungsgrundlagen stets am bei der Prognoseerstellung angelegten Sorgfaltsmaßstab und der Beachtung der geltenden gesetzlichen sowie untergesetzlichen Vorschriften und Rechnungslegungsgrundsätze an. So werden die an der Prognoseerstellung Beteiligten angehalten, objektiv (anstelle von übermäßig optimistisch und schönfärberisch) und sorgfältig vorzugehen. Aus Sicht der übrigen Kapitalmarktteilnehmer wird so eine aussagekräftige Prognoseberichterstattung gewährleistet, durch die eine realistische Bewertung des Unternehmens ermöglicht wird.

---

337 Dazu auch mit Formulierungsbeispielen BaFin Emittentenleitfaden (Stand 9. August 2018), Modul A, Ziff. I.3.3.5.

338 BaFin Emittentenleitfaden (Stand 9. August 2018), Modul A, Ziff. I.3.3.7.

Mit Blick auf die einschlägigen Haftungsgrundlagen bleibt ferner festzuhalten, dass die umständliche Konstruktion über § 823 Abs. 2 BGB iVm verschiedensten möglichen Schutzgesetzen umständlich ist und zu Rechtsunsicherheiten führt. Im Sinne eines einheitlichen und harmonisierten kapitalmarktrechtlichen Haftungsregimes für Kapitalmarktinformationen im WpHG wäre es de *lege ferenda* vorzugswürdig, in den §§ 97, 98 WpHG entsprechende Haftungstatbestände auch für die fehlerhafte Regelpublizität vorzusehen.

D. Prognosen im Rahmen von Wertpapierprospekten

Emittenten, die Wertpapiere öffentlich anbieten oder zum Handel an einem geregelten Markt in einem EU-Mitgliedstaat zulassen möchten, haben zuvor einen gebilligten Wertpapierprospekt zu veröffentlichen (Art. 3 Abs. 1 und 3 Verordnung (EU) 2017/1129). Wertpapierprospekte sind für den Anlegerschutz besonders bedeutsam, da durch die im Prospekt enthaltenen Informationen Informationsasymmetrien zwischen den Anlegern und Emittenten beseitigt werden, bevor es zum öffentlichen Handel mit den Wertpapieren kommt.[339] Prospekte müssen daher alle wesentlichen Informationen enthalten, um Anlegern ein zutreffendes Urteil (auch) über die Zukunftsaussichten des Emittenten zu ermöglichen (Art. 6 Verordnung (EU) 2017/1129).[340]

Außerhalb der Beschreibung des Geschäftsbetriebs des Emittenten und der Märkte, in denen er tätig ist, den mit dem Geschäftsbetrieb verbundenen Risiken sowie Trendinformationen, dienen insbesondere Gewinnprognosen und -schätzungen dazu, die Zukunftsaussichten des Emittenten beurteilen zu können.[341] Die Aufnahme von (Gewinn-)Prognosen in Wertpapierprospekte stellt prospektpflichtige Emittenten vor eine Reihe von Herausforderungen, zumal sich das Prospektrecht durch Inkrafttreten der neuen Prospektverordnung erst jüngst verändert hat. Dazu zählen Rechtsunsicherheiten bzgl. Aufnahmepflichten, Haftungsrisiken, sowie ein (möglicherweise) erhöhter Zeit- und Kostenaufwand.[342] Demgegenüber besteht aus Investorensicht ein besonders hohes Interesse an der Veröffentlichung zukunftsgerichteter Informationen in Wertpapierprospekten, da diese für die Anlageentscheidung besonders relevant sind.[343]

---

339 Vgl. Erwägungsgrund 3 Satz 1 ProspektVO.

340 Vor Inkrafttreten der Verordnung (EU) 2017/1129 geregelt in § 5 Abs. 1 Satz 1 WpPG a.F., Art. 5 Abs. 1 Richtlinie 2003/71/EG; dazu etwa *Groß* in ders. Kapitalmarktrecht (Voraufl. 2016), § 5 WpPG Rn. 2 ff.; *Müller* in Nomos WpPG, § 5 WpPG Rn. 2; *Meyer* in FrankKomm WpPG u. EU-ProspektVO, § 5 WpPG Rn. 6 ff., § 21 WpPG Rn. 45.

341 *Meyer* in FrankKomm WpPG u. EU-ProspektVO, § 5 WpPG Rn. 27.

342 Dazu ausführlich unten. D.III., D.IV. und D.V.

343 *Siebel/Gebauer*, WM 2001, S. 173, 174; *Fleischer*, Kapitalmarktrechtliches Teilgutachten F für den 64. Deutschen Juristentag 2002, S. F 48; *Baums/ Hutter* in FS Ulmer, 2003, S. 779, 786; *Veil*, AG 2006, S. 690; *Schlitt/Schäfer*, AG 2008, S. 525, 533; *Seibt/ Huizinga*, CFL 2009, S. 1; *Rieckhoff*, BKR 2011, S. 221; *Schlitt* in Assmann/Schlitt/von Kopp-Colomb WpPG/VermAnlG, Mindestangaben für das Registrierungsformular

Neben den speziell geregelten Gewinnprognosen können auch sonstige Prognosen als wesentliche Informationen in Wertpapierprospekte aufgenommen werden, sodass auch diese an relevanter Stelle zu berücksichtigen sind.

Nachfolgend sollen zunächst die wesentlichen Rechtsgrundlagen unter besonderer Berücksichtigung des Gesetzgebungsverfahrens der neuen Prospektverordnung (unten, I.) sowie der prospektrechtliche Prognosebegriff (unten, II.) erörtert werden. Anschließend wird die Rechtslage vor und nach Inkrafttreten der neuen Prospektverordnung miteinander verglichen. In diesem Zusammenhang fragt sich, welche Aufnahmepflichten von (Gewinn-)Prognosen und -schätzungen bestehen, welche inhaltlichen Anforderungen das Gesetz aufstellt und wie sich die neue Prospektverordnung auf die verschiedenen Herausforderungen auswirkt, denen die Marktteilnehmer bei der Aufnahme von (Gewinn-) Prognosen und schätzungen ausgesetzt waren (unten, III.). Darüber hinaus wird untersucht, welche Anforderungen bei der Darstellung, Ermittlung und Prüfung von Gewinnprognosen gelten (unten, IV.). Sodann werden Haftungs- und Sanktionsrisiken bei der Aufnahme von (Gewinn-)Prognosen erläutert (unten, V.), ehe schließlich untersucht wird, ob Emittenten den Prospektinhalt bzgl. Prognosen bereits bei der Finanzberichterstattung steuern können (unten, VI.). Stets fragt sich bei der Untersuchung außerdem, wie sich die prospektrechtlichen Maßgaben zu den Anforderungen der Prognoseberichterstattung bei der Regelpublizität verhalten und ob sich daraus Synergien für Emittenten ergeben können.

I. Rechtsgrundlagen und -entwicklung

1. Rechtsgrundlagen vor Inkrafttreten der Verordnung (EU) 2017/1129

Grundlage der prospektrechtlichen Rechtsakte war bis zum Inkrafttreten der neuen Prospektverordnung die Prospektrichtlinie, überarbeitet durch die Prospektrichtlinie-Änderungsrichtlinie von 2010. Die dort enthaltenen europarechtlichen Vorgaben wurden auf nationaler Ebene im WpPG umgesetzt, dessen allgemeine Vorschriften durch die alte Prospektverordnung konkretisiert

---

für Aktien (Modul) Rn. 117; *Meyer* in FrankKomm WpPG u. EU-ProspektVO, § 5 WpPG Rn. 27; *Meyer* in Habersack/Mülbert/Schlitt Unternehmensfinanzierung, Rn. 36.57.

wurden, insbesondere hinsichtlich des Mindestinhalts von Prospekten in Abhängigkeit von der Art der Wertpapiere und des Emittenten.[344]

Speziell für die Aufnahme von Gewinnprognosen in Prospekte existierten zur alten Prospektverordnung weiterhin Verlautbarungen des IDW, die für die Praxis stets relevant waren und inzwischen an das neue Prospektregime angepasst wurden: der Rechnungslegungshinweis IDW RH HFA 2.003 zur Erstellung von Gewinnprognosen und schätzungen sowie der flankierende Prüfungshinweis IDW PH 9.910.1 über die Prüfung von Gewinnprognosen und -schätzungen durch Wirtschaftsprüfer. Obgleich beide nicht rechtlich bindend sind,[345] sollen auch sie hier berücksichtigt werden, da sie für Emittenten nützliche Hinweise zur Prognoseerstellung enthalten (unten, IV.).[346]

2. Gesetzgebungsverfahren/Verordnung (EU) 2017/1129 und delegierte Rechtsakte

Durch die 2017 verabschiedete und am 21. Juli 2019 inkraftgetretene neue Prospektverordnung wurden die alte Prospektverordnung sowie die Prospektrichtlinie abgelöst. Die neue Prospektverordnung baut auf der Systematik der Prospektrichtlinie auf und entwickelt diese weiter.[347] Anders als die alte Prospektverordnung enthält die neue Prospektverordnung keine detaillierten Schemata, die den Aufbau und Inhalt der unterschiedlichen Prospektbestandteile für den Rechtsanwender darstellen und erläutern. Vielmehr wurde die Kommission damit beauftragt, (u.a.) die Aufmachung und den genauen Inhalt von Prospekten und deren Bestandteilen durch delegierte Rechtsakte zu ergänzen.[348]

---

344 Vgl. statt aller *Meyer* in Habersack/Mülbert/Schlitt Unternehmensfinanzierung, Rn. 36.2 f.

345 *Heidelbach/Doleczik* in Schwark/Zimmer KMRK (Voraufl. 2010), § 7 WpPG Rn. 37; *Meyer* in FrankKomm WpPG u. EU-ProspektVO, Anhang I Ziff. 13 ProspektVO Rn. 3.

346 Bei der Aktienemission der TeamViewer AG etwa wurde im Wertpapierprospekt ausdrücklich darauf hingewiesen, dass die darin enthaltene Gewinnprognose nach Maßgabe des IDW RH HFA 2.003 erstellt wurde, vgl. den Prospekt der TeamViewer AG (11. September 2019), S. 102 (abrufbar auf der BaFin-Website unter https://portal.mvp.bafin.de/database/VPInfo/DownloadController.do, zuletzt abgerufen am 26. Februar 2020 um 13:24 Uhr).

347 *Meyer* in Habersack/Mülbert/Schlitt Unternehmensfinanzierung, Rn. 36.2d.

348 Bzgl. der Schemata der in einen Prospekt aufzunehmenden Angaben siehe Art. 13 Abs. 1 Verordnung (EU) 2017/1129, bzgl. der Schemata für das einheitliche Registrierungsformular siehe Art. 13 Abs. 2 Verordnung (EU) 2017/1129, für Sekundäremissionen siehe Art. 14 Abs. 3 Verordnung (EU) 2017/1129 sowie für den

Die Kommission beauftragte die ESMA damit, entsprechende Empfehlungen für delegierte Rechtsakte zu erarbeiten,[349] wobei insbesondere evaluiert werden sollte, ob die in den Schemata der alten Prospektverordnung enthaltenen Anforderungen noch zweckmäßig waren und die damit verbundenen Vorteile für Investoren im Verhältnis zu den verbundenen Kosten standen.[350] In diesem Zusammenhang wies die Kommission speziell auf den damals erforderlichen Wirtschaftsprüferbericht zu Gewinnprognosen und -schätzungen hin.[351] Die ESMA veröffentlichte daraufhin verschiedene Konsultationen, in denen sie ihre Empfehlungsentwürfe vorstellte und mittels Fragenkatalogen um Feedback verschiedener *Stakeholder*[352] sowie der SMSG als ständigem Beratungsorgan der ESMA bat.[353] Ziel der ESMA war es, ein Prospektregime auszuarbeiten, das

---

EU-Wachstumsprospekt siehe Art. 15 Abs. 2 Verordnung (EU) 2017/1129, jeweils iVm Art. 44 Verordnung (EU) 2017/1129.

349 Die Anfrage ist nachzulesen in ESMA31-62-800/28 March 2018, S. 239 ff.

350 ESMA ESMA31-62-800/28, S. 243.

351 ESMA ESMA31-62-800/28, S. 244.

352 Bei den *Stakeholdern* handelte es sich um Akteure aus den Kategorien Banken, Finanzdienstleister, Investorenvereinigungen, Emittentenvereinigungen, Emittenten Rechts- und Wirtschaftsberater, Regulierte Märkte, Börsen und Handelssysteme sowie Andere; fünfundfünfzig dieser *Stakeholder* äußerten sich zu Question 14 der Konsultation ESMA31-62-532, Ziff. 71, die sich mit Gewinnprognosen und schätzungen bei Aktienemissionen befasst, vgl. ESMA31-62-800/28, S. 36; Für die Zwecke dieser Arbeit wurden folgend lediglich die Antworten derjenigen *Stakeholder* einzeln ausgewertet, die als deutsche Unternehmen oder Vereinigungen einen unmittelbaren Bezug zur deutschen Rechtspraxis aufweisen oder die als europäische Unternehmen oder Vereinigungen auch für die deutsche Rechtspraxis relevante Ansichten vertreten: für Banken und den Banking Sector: Deutsche Bank AG, Deutscher Derivate Verband e.V., Die Deutsche Kreditwirtschaft; Association for Financial Markets in Europe („AFME"); für Investoren- und Emittentenvereinigungen: Deutsches Aktieninstitut e.V., Interessenverband kapitalmarktorientierter kleiner und mittlerer Unternehmen e.V. (nachfolgend: „Interessenverband KMU"); für Rechts- und Wirtschaftsberater: Heuking Kühn Lüer Wojtek Partnerschaft mit beschränkter Berufshaftung von Rechtsanwälten und Steuerberatern (nachfolgend: „Heuking Kühn Lüer Wojtek"), STARKE.recht GmbH, Deloitte, PricewaterhouseCoopers GmbH Wirtschaftsprüfungsgesellschaft (nachfolgend: „PwC"), KPMG EMA; für Regulierte Märkte, Börsen und Handelssysteme Euronext, Federation of European Securities Exchanges AISBL (nachfolgend: „FESE"); sämtliche Antworten sind online abrufbar unter https://www.esma.europa.eu/press-news/consultations/consultation-technical-advice-under-new-prospectus-regulation#TODO (zuletzt abgerufen am 28.09.2019 um 17:06 Uhr).

353 Für den ersten Teil der Anfrage der Kommission, der sich mit der Aufmachung und Prüfung von Prospekten befasste, ESMA31-62-532; ESMA31-62-649; ESMA31-62-650;

Emittenten die Prospekterstellung einerseits einfach und kostengünstig ermöglicht sowie andererseits einen ausreichenden Investorenschutz gewährt.[354] Die Ergebnisse fasste die ESMA in einem Schlussbericht (*Final Report*) mitsamt ihren Empfehlungen zusammen,[355] denen die Kommission in ihren Entwürfen der delegierten Rechtsakte vollumfänglich folgte.

Dass die Kommission die gesetzliche Frist für den endgültigen Erlass der delegierten Rechtsakte bis zum 21. Januar 2019[356] zunächst verstreichen ließ, lässt darauf schließen, dass die teilweise deutliche Kritik an einigen Entwurfsinhalten speziell zur Aufnahme von Gewinnprognosen sehr ernst genommen wurde.[357] Dennoch hielt sie mit den von ihr verabschiedeten delegierten Rechtsakten hinsichtlich der Aufnahme von Gewinnprognosen vollumfänglich an ihrem ursprünglichen Entwurf fest und verabschiedete im März 2019 die Delegierte Verordnung (EU) 2019/980 inklusive der für die Prospekterstellung relevanten Schemata.[358]

---

darüber hinaus veröffentlichte ESMA eine Konsultation bzgl. verschiedener Themen im Zusammenhang mit der Neuen ProspektVO, die u.a. Prospektnachträge und in dem Zusammenhang auch Gewinnprognosen und -schätzungen betrifft, jedoch nicht Teil des *Final Reports* ist, ESMA Consultation Paper, Draft regulatory technical standards under the new Prospectus Regulation, ESMA31-62-802/15 December 2017.

354 ESMA31-62-800/28, S. 15.

355 ESMA31-62-800/28.

356 Diese Frist ergibt sich aus Art. 44 Verordnung (EU) 2017/1129.

357 Zur Abstimmung mit den Sachverständigen der Mitgliedstaaten war die Kommission nach der neuen Prospektverordnung verpflichtet: Art. 44 Verordnung (EU) 2017/1129; zur Thematik auch *Bronger/Scherer*, WM 2017, S. 460, 467 f.; der Aufruf zum Feedback an die Marktteilnehmer wurde auf der Homepage der Kommission unter https://ec.europa.eu/info/law/better-regulation/initiatives/ares-2018-2169999_en veröffentlicht; zu einzelnen Kritikpunkten hinsichtlich der Regelung der Aufnahme von Gewinnprognosen siehe unten, D.III.2.c).

358 In der Delegierten Verordnung (EU) 2019/980 finden sich nun jedoch die Begriffsdefinition der Gewinnprognose, die zuvor noch unmittelbar in der alten Prospektverordnung enthalten war. Unterschiede ergeben sich bei den Schemata gegenüber der Rechtslage vor Inkrafttreten der neuen Prospektverordnung bzgl. KMU und Unternehmen mit geringer Marktkapitalisierung. Während für diese Unternehmen in der Vergangenheit eigene verhältnismäßige Schemata galten, sind diese mit den Anhängen zur Delegierten Verordnung (EU) 2019/980 entfallen. Stattdessen steht es den betreffenden Unternehmen nun frei, sich für die verhältnismäßigen Offenlegungsregeln des EU-Wachstumsprospekts zu entscheiden. Zu beachten ist weiterhin, dass sich die Bezeichnungen der einzelnen Wertpapierkategorien in den Schemata verändert haben. Insbesondere wird nicht länger zwischen Aktien auf der einen Seite

3. Untergesetzliche Rechtsquellen

Bedeutsam sind neben der neuen Prospektverordnung und den delegierten Rechtsakten seit jeher die das Gesetz flankierenden Verlautbarungen der ESMA, die in Fortführung des CESR Empfehlungen zur einheitlichen Anwendung der Prospektvorschriften abgibt.[359] Daneben veröffentlicht die ESMA sogenannte *Questions & Answers*,[360] in denen sie zu diversen Fragestellungen der Aufsichtspraxis Stellung nimmt sowie zu einzelnen Teilaspekten Leitlinien,[361] etwa zur Verwendung von nicht den einschlägigen Rechnungslegungsstandards oder aufsichtsrechtlichen Regelungen vorgesehenen Leistungskennzahlen (*alternative performance measures*).[362] Obgleich diese Verlautbarungen keinen Normcharakter aufweisen und somit für Emittenten rechtlich nicht bindend sind, spiegeln sie die Verwaltungspraxis wider und sind für die Praxis entsprechend relevant.[363]

II. Prospektrechtliche Begriffsbestimmung

Während bei der Bestimmung des Prognosebegriffs lediglich kurz auf die prospektrechtliche Begriffsbestimmung der Gewinnprognose eingegangen wurde (oben B.I.2.), soll an dieser Stelle eine ausführlichere Beschreibung vorgenommen werden. Begrifflich ist im Prospektrecht zwischen den speziell geregelten „Gewinnprognosen" sowie allen sonstigen Prognosen im Rahmen der anzugebenden Zukunftsaussichten als allgemeinerer Kategorie zu unterscheiden.[364] Gemein ist beiden Informationsarten, dass sie auf der Pflicht fußen, Anlegern eine zutreffende Beurteilung (auch) der Zukunftsaussichten des Emittenten zu

---

und Schuldtiteln sowie Derivaten auf der anderen unterschieden. Stattdessen erfolgt die Differenzierung nun zwischen den weiter gefassten „Dividendenwerten" und „Nichtdividendenwerten" (definiert in Art. 2 lit. b) und c) Delegierte Verordnung (EU) 2019/980).

359 ESMA/2011/81; aktualisiert durch ESMA/2013/319.

360 ESMA31-62-780.

361 Beispielsweise ESMA Leitlinien Alternative Leistungskennzahlen (APM) v. 5.10.2015, ESMA//2015/1415de.

362 Vgl. statt aller *Meyer* in Habersack/Mülbert/Schlitt Unternehmensfinanzierung, Rn. 36.2c.

363 Siehe nur *Hennrichs/Heidelbach/Doleczik* in Schwark/Zimmer KMRK, Vor § 114 ff. WpPG Rn. 13.

364 Diese Unterscheidung wird ebenfalls – wenn auch nicht ausdrücklich – vorgenommen von *Meyer* in FrankKomm WpPG u. EU-ProspektVO, § 5 WpPG Rn. 27, 29; *Meyer* in Habersack/Mülbert/Schlitt Unternehmensfinanzierung, Rn. 36.57 f.

ermöglichen (Art. 6 Verordnung (EU) 2017/1129).[365] Da für Gewinnprognosen jedoch besondere Anforderungen gelten,[366] ist für Emittenten entscheidend, dass sie beurteilen können, welche Aussagen im Einzelfall Gewinnprognosen im prospektrechtlichen Sinne darstellen.

1. Legaldefinition und Auslegung durch die ESMA

Als Gewinnprognose wird nach der Legaldefinition – beinahe wortlautgleich zur vormaligen Fassung der alten Prospektverordnung – eine Erklärung bezeichnet, *„in der ausdrücklich oder implizit eine Zahl oder eine Mindest- bzw. Höchstzahl für die wahrscheinliche Höhe der Gewinne oder Verluste im laufenden Geschäftsjahr oder in zukünftigen Geschäftsjahren genannt wird, oder die Daten enthält, aufgrund derer die Berechnung einer solchen Zahl für künftige Gewinne oder Verluste möglich ist, selbst wenn keine bestimmte Zahl genannt wird und das Wort ‚Gewinn'" nicht erscheint"* (Art. 1 lit. d) Delegierte Verordnung (EU) 2019/980).

Gleichzeitig mit der Verabschiedung der Delegierten Verordnung (EU) 2019/980 hat die ESMA ihre *Questions & Answers* um einen Teil speziell zu Gewinnprognosen ergänzt.[367] Darin übernimmt sie die Erläuterungen, die sich bislang in den Empfehlungen[368] der ESMA wiederfanden, und erläutert die einzelnen Merkmale einer Gewinnprognose. Ausgehend von der weit formulierten Legaldefinition werden dabei konkrete Maßstäbe gebildet und anhand von Formulierungsbeispielen erläutert, wann Aussagen Gewinnprognosen darstellen.[369] Zunächst wird unter die erste Tatbestandsvariante der *„Zahl oder [...] Mindest- bzw. Höchstzahl für die wahrscheinliche Höhe der Gewinne"*[370] subsummiert.[371] Dabei wird deutlich, dass Gewinnprognosen sich nicht lediglich auf präzise Zahlen, sondern – dem Gesetzeswortlaut entsprechend – auch auf eine Spanne beziehen können.[372] Die gesetzliche Formulierung *„die wahrscheinliche Höhe der Gewinne oder Verluste"*[373] müsse sich außerdem nicht notwendig auf das Jahresgesamtergebnis beziehen. Auch andere Rentabilitätsindikatoren sollen

365 Sehr anschaulich *Meyer* in FrankKomm WpPG u. EU-ProspektVO, § 5 WpPG Rn. 27.
366 Dazu ausführlich unten unter D.III.
367 ESMA31-62-780, S. 82 ff.
368 ESMA/2013/319.
369 ESMA31-62-780, S. 82 ff.
370 Art. 1. lit. d) Delegierte Verordnung (EU) 2019/980; ESMA31-62-780, S. 82 f.
371 Art. 1. lit. d) Delegierte Verordnung (EU) 2019/980; ESMA31-62-780, S. 83 f.
372 ESMA31-62-780, S. 82.
373 Art. 1. lit. d) Delegierte Verordnung (EU) 2019/980.

ausreichen können, wenn sie einen hinreichenden Schluss auf die zu erwartende Geschäftsentwicklung zulassen.[374] Darunter fielen insbesondere Aussagen zum EBITDA, EBIT, EBT sowie ähnliche oder bereinigte Varianten dieser Kennzahlen.[375]

Aus den *Questions & Answers* ergibt sich zudem konkretisierend, dass Aussagen spezifisch bzgl. (i) der Höhe des Gewinns/Verlusts oder eines sonstigen Rentabilitätsindikators (eine Zahl/Spanne/Mindest- oder Höchstzahl) und (ii) eines bestimmten Finanzzeitraums sein müssen, um als Gewinnprognose qualifiziert zu werden.[376] Maßgeblich ist dabei der „*‚substance over form‘ approach*", demzufolge Aussagen vorrangig nach ihrem Inhalt und nicht nach ihrer Form zu bewerten sind.[377] Ob eine Aussage ausdrücklich als Gewinnprognose deklariert wird oder nicht, ist unerheblich.

Auffallend ist, dass bereits einzelne kurze Formulierungen die Tatbestandsmerkmale der Gewinnprognose erfüllen können.[378] Für die Beurteilung im Einzelfall kommt es etwa auf die bisherige Kommunikation von Finanzzahlen des Emittenten oder auch die Bedeutung einzelner Geschäftsbereiche für den Emittenten an.[379] Folgende Aussagen stellen danach Gewinnprognosen dar:[380]

- *„Wir erwarten, dass der diesjährige Gewinn vor Steuern zwischen €30 Millionen und €50 Millionen liegen wird."*
- *„Wir erwarten, dass der Gewinn/Verlust auf einer Linie mit dem Vorjahr liegen wird."*
- *„Wir erwarten, dass der Gewinn/Verlust höher/niedriger sein wird als im Vorjahr."*
- *„Das Jahresergebnis wird positiv/negativ sein."*

Ferner sollen nun auch Formulierungen wie „hoffen", „anstreben" oder „unser Ziel ist" Gewinnprognosen darstellen können,[381] wenn der Emittent

374 ESMA31-62-780, S. 82.

375 ESMA31-62-780, S. 82; *Geyer/Schelm*, BB 2019, S. 1731, 1738.

376 ESMA31-62-780, S. 84.

377 ESMA31-62-780, S. 84; *Geyer/Schelm*, BB 2019, S. 1731, 1738.

378 *Geyer/Schelm*, BB 2019, S. 1731, 1738; *Schlitt/Mildner* in FS 25 Jahre WpHG, 2019, S. 355, 380.

379 ESMA31-62-780, S. 83.

380 Die Beispiele entstammen ESMA31-62-780, S. 82 und wurden aus dem Englischen übersetzt.

381 ESMA31-62-780, S. 83 f.; *Geyer/Schelm*, BB 2019, S. 1731, 1738.

das Erreichen der jeweiligen Kennzahl als wahrscheinlich ansieht.[382] Dieser weite Interpretationsansatz wirft die Frage auf, ob und, wenn ja, welche sonstigen zukunftsgerichteten Aussagen unter den prospektrechtlichen Begriff der Gewinnprognose fallen können. Zu denken ist dabei insbesondere an vom Emittenten aufgestellte und außerhalb des Prospekts veröffentlichte Planzahlen, Zielvorgaben sowie Projektionen. Eine kritische Auseinandersetzung dieser Einschätzung der ESMA soll später erfolgen, wenn die Aufnahmepflichten von Prognosen näher untersucht werden (unten unter III.1.a)bb)(2) sowie III.1.b)).

2. Vergleich mit der Regelpublizität

Vor diesem Hintergrund fragt sich, inwieweit bereits bei der Prognoseberichterstattung im (Konzern-)Lagebericht veröffentlichte Aussagen Gewinnprognosen im prospektrechtlichen Sinne darstellen. Denn in diesem Fall könnten diese Aussagen später zwingend in einen Prospekt aufzunehmen sein (zur Aufnahmepflicht von Gewinnprognosen unten, III.1. und VI.). Entsprechend sollen die unter 1. genannten Formulierungsbeispiele mit den Vorgaben des DRS 20 verglichen werden.

Wie oben beschrieben,[383] erfüllen bei der Regelpublizität lediglich Punkt, Intervall- oder qualifiziert-komparative Prognosen die Anforderungen des DRS 20. Nach dem ersten unter 1. genannten Formulierungsbeispiel stellen Punkt- und auch Intervallprognosen, sofern sie wesentliche finanzielle Kennzahlen[384] betreffen, unzweifelhaft Gewinnprognosen im prospektrechtlichen Sinne dar. Damit fragt sich, ob zumindest qualifiziert-komparative Prognosen so formuliert werden können, dass sie nicht unter den prospektrechtlichen Begriff der Gewinnprognose fallen. Qualifiziert-komparative Prognosen haben (i) die Veränderung im Vergleich zum Istwert der Berichtsperiode unter (ii) der Angabe der Richtung und (iii) der Intensität dieser Veränderung anzugeben.[385] Das zweite und dritte Formulierungsbeispiel enthalten lediglich Aussagen zur Veränderung

382 *Geyer/Schelm*, BB 2019, S. 1731, 1738; vgl. auch *Meyer* in Habersack/Mülbert/Schlitt Unternehmensfinanzierung, Rn. 36.61 f.

383 Unter C.II.1.c)cc)(1)(b).

384 Wie unter D.II.1. erwähnt, zählen dazu insbesondere Aussagen zum EBITDA, EBIT, EBT sowie ähnliche oder bereinigte Varianten dieser Kennzahlen. Prognosen zu nichtfinanziellen Leistungsindikatoren, wie Umwelteinflüssen etc., fallen freilich nicht darunter (zu finanziellen und nichtfinanziellen Leistungsindikatoren siehe oben, C.II.1.c)cc)(1)(a)).

385 DRS 20.11.

zum Istwert unter Angabe der Richtung dieser Veränderung. Demzufolge erfüllen auch qualifiziert-komparative Prognosen aus Sicht der ESMA stets die Merkmale einer Gewinnprognose.[386] Selbst rein komparative Prognosen („*Prognose mit Angabe einer Veränderung im Vergleich zum Istwert der Berichtsperiode unter Angabe der Richtung dieser Veränderung*“[387]), die den Anforderungen des DRS 20 an die Lageberichterstattung nicht genügen, stellen danach Gewinnprognosen dar. Hierdurch gilt für Emittenten, die ihren Prognosebericht bei der (Konzern)Lageberichterstattung nach den Maßgaben des DRS 20 aufstellen, dass jede nach dem DRS 20 zulässige Form der Prognosedarstellung zu den wesentlichen finanziellen Kennzahlen stets auch eine Gewinnprognose im prospektrechtlichen Sinne darstellt.

III. Aufnahmepflichten und inhaltliche Anforderungen

Um die für die Prognoseberichterstattung wesentlichen Änderungen durch die neue Prospektverordnung bewerten zu können, soll in diesem Abschnitt eine Gegenüberstellung mit der alten Prospektverordnung erfolgen.[388] Denn anhand

386 Bereits vor Inkrafttreten der neuen Prospektverordnung wurde im Schrifttum kritisiert, dass die ESMA auch qualifiziert-komparative Prognosen einzelfallabhängig als Gewinnprognosen einstufen wollte, *Meyer* in FrankKomm WpPG u. EUProspektVO, § 5 WpPG Rn. 31. Da die *Questions & Answers* erst jüngst aktualisiert wurden, ist jedoch nicht davon auszugehen, dass die ESMA auch fortan an dieser Einschätzung festhalten wird.

387 DRS 20.11.

388 Die Untersuchung orientiert sich bzgl. der alten Prospektverordnung vorrangig am Standardfall der Mindestangaben für das Registrierungsformular für Aktien, in dem aufbautechnische und inhaltliche Anweisungen für die Prospekterstellung bei Aktienemissionen enthalten waren (Anhang I Verordnung (EG) Nr. 809/2004). Da sich die Schemata hinsichtlich der Anforderungen an Gewinnprognosen und -schätzungen entsprechen, gelten die Ausführungen außerdem für die Mindestangaben für durch Aktien vertretende Zertifikate, für das Aktienregistrierungsformular bei Bezugsrechtsemissionen sowie das Registrierungsformular von KMU und Unternehmen mit geringer Marktkapitalisierung (Anhang X, Anhang XXIII, Anhang XXV und Anhang XXVIII Verordnung (EG) Nr. 809/2004). Für letztere galt jeweils ein verhältnismäßiges Schema mit teilweise erleichterten Erfordernissen, die sich jedoch auf die Aufnahme von Gewinnprognosen nicht auswirken. Für Schuldtitel und derivative Wertpapiere (Anhang IV und IX Verordnung (EG) Nr. 809/2004) galten je nach Mindeststückelung teilweise abweichende Maßgaben, ebenso für das Registrierungsformular für Banken (Anhang X Verordnung (EG) Nr. 809/2004). Die sich aus diesen

der bereits damals bestehenden Anwendungsschwierigkeiten und Herausforderungen lässt sich die Frage beurteilen, ob und inwieweit sich durch die neue Prospektverordnung für Marktteilnehmer Verbesserungen ergeben.

Hierfür soll zunächst soll untersucht werden, unter welchen Voraussetzungen (Gewinn-)Prognosen zwingend in Wertpapierprospekte aufzunehmen waren und sind (unten, 1.). Anschließend werden die inhaltlichen Anforderungen an die Prognoseberichterstattung erläutert (unten, 2.). Dabei erfolgt nach der Gegenüberstellung des alten und neuen Prospektregimes stets eine eigene Bewertung der neuen Rechtslage, in der auch die unterschiedlichen Reaktionen der Marktteilnehmer auf die Entwürfe der delegierten Rechtsakte berücksichtigt und ausgewertet werden sollen. Nachdem so herausgearbeitet wurde, welche Herausforderungen sich unter Geltung der alten Prospektverordnung bei der Aufnahme von (Gewinn-)Prognosen für die Marktteilnehmer ergaben, wird schließlich als Zwischenergebnis eine Gesamtbewertung der Gesetzesänderungen vorgenommen (unten, 3.).

1. Pflicht zur Aufnahme von (Gewinn-)Prognosen in Wertpapierprospekte

a) Verordnung (EG) Nr. 809/2004

aa) Grundsatz

Grundsätzlich ergab sich aus der alten Prospektverordnung keine unmittelbare gesetzliche Pflicht, Gewinnprognosen oder -schätzungen in den Prospekt aufzunehmen.[389] Sowohl in den Erwägungsgründen als auch später in den entsprechenden Schemata wurde vielmehr die Freiwilligkeit der Aufnahme von

unterschiedlichen Schemata ergebenden Unterschiede werden an der jeweiligen Stelle kurz aufgeführt.

389 *Schlitt/Schäfer*, AG 2005, S. 498, 504; *Fleischer*, AG 2006, S. 2, 4; *Apfelbacher/Metzner*, BKR 2006, S. 81, 88 f.; *Seibt/Huizinga*, CFL 2010, S. 289, 300; *Heidelbach/Doleczik* in Schwark/Zimmer KMRK (Voraufl. 2010), § 7 WpPG Rn. 37; *Rieckhoff*, BKR 2011, S. 221 f.; *Schlitt/Wilczek* in Habersack/Mülbert/Schlitt Kapitalmarktinformation, § 5 Rn. 89; *Alfes/Wieneke* in Holzborn WpPG, Mindestangaben für das Registrierungsformular für Aktien (Modul) Rn. 65; *Meyer* in FrankKomm WpPG u. EU-ProspektVO, Anhang I ProspektVO Ziff. 13 Rn. 13; *Fingerhut/Voß* in Just/Voß/Ritz/Zeising WpPG, Anhang I ProspektVO Rn. 187; *Meyer.* in Habersack/Mülbert/Schlitt Unternehmensfinanzierung, Rn. 36.61; *Geyer/Schelm*, BB 2019, S. 1731, 1738; *Schlitt/Landschein*, ZBB 2019, S. 103, 106.

Gewinnprognosen ausdrücklich formuliert.[390] Lediglich soweit in einem noch ausstehenden Prospekt eine Gewinnprognose veröffentlicht wurde, war eine Erklärung zur Aktualität dieser Gewinnprognose abzugeben (näher unten 2.). Daneben wurden zur alten Prospektverordnung verschiedene Ausnahmen von diesem Grundsatz diskutiert, die zu einer Aufnahmepflicht führen konnten.

bb) Aufnahmepflicht wesentlicher Informationen

(1) Ausstehende Gewinnprognosen und -schätzungen

Ausgangspunkt war dabei das übergeordnete Prinzip der Richtigkeit und der Vollständigkeit bei der Prospekterstellung, deren gesetzliche Ausprägung die Aufnahme sämtlicher für die Beurteilung notwendiger (= wesentlicher) Angaben im Prospekt forderte (§ 5 Abs. 1 WpPG a.F., Art. 5 Abs. 1 Prospektrichtlinie).[391] In diesem Zusammenhang empfahl das CESR schon früh, die Veröffentlichung und Erläuterung von Gewinnprognosen und -schätzungen im Prospekt sorgfältig zu prüfen, wenn ein Emittent bereits in anderen Veröffentlichungen noch ausstehende Gewinnprognosen oder -schätzungen gemacht hatte.[392] Die ESMA ging weiterhin im Einklang mit den genannten Empfehlungen des CESR von einer Vermutung aus, dass ausstehende Gewinnprognosen und schätzungen jedenfalls bei Börsengängen wesentliche Informationen darstellen, die in den Prospekt aufzunehmen wären.[393]

Diese Ansicht war im deutschen Schrifttum vielfach auf Kritik gestoßen.[394] Denn deutsche Emittenten sind im Rahmen der Lageberichterstattung auch

---

390 In Erwägungsgrund 8 der alten Prospektverordnung wird die *„freiwillige Veröffentlichung von Gewinnprognosen"* genannt; in Anhang I Ziff. 13. heißt es *„Entscheidet sich ein Emittent dazu, eine Gewinnprognose oder eine Gewinnschätzung aufzunehmen"*.

391 *Rieckhoff*, BKR 2011, S. 221, 224, *Alfes/Wieneke* in Holzborn WpPG, Mindestangaben für das Registrierungsformular für Aktien (Modul) Rn. 65; *Schlitt* in Assmann/Schlitt/von Kopp-Colomb WpPG/VermAnlG, Mindestangaben für das Registrierungsformular für Aktien (Modul) Rn. 117.

392 ESMA/2013/319, Ziff. 43.

393 ESMA/2013/319, Ziff. 44; ESMA31-62-780, S. 23 f., 26.

394 *Schlitt/Schäfer*, AG 2005, S. 498, 504, *dies. AG* 2008, S. 525, 533; *Seibt/Huizinga*, CFL 2010, S. 289, 300 f.; *Rieckhoff*, Prognoseberichterstattung im Kapitalmarktrecht, S. 33; *ders.*, BKR 2011, S. 221, 225; *Meyer* in FrankKomm WpPG u. EU-ProspektVO, Anhang I Ziff. 13 ProspektVO Rn. 19; *Meyer* in FrankKomm WpPG u. EU-ProspektVO, § 5 WpPG Rn. 31 ff.; *Schlitt* in Assmann/Schlitt/von Kopp-Colomb WpPG/VermAnlG, Mindestangaben für das Registrierungsformular für Aktien (Modul) Rn. 117.

zur Prognoseberichterstattung verpflichtet,[395] was bei strenger Auslegung der Empfehlung stets zu einer Aufnahmepflicht geführt hätte, soweit im Lagebericht nicht lediglich qualitative Aussagen getroffen wurden.[396] Dies war nach Einführung des DRS 20 jedoch stets der Fall, da die Quantifizierung der getroffenen Aussagen im Prognosebericht bei der Lageberichterstattung darin gerade verlangt wird.[397] Mit Blick auf die von der alten Prospektverordnung als höherrangigem Recht grundsätzlich vorgeschriebenen Wahlfreiheit bei der Aufnahme von Gewinnprognosen und -schätzungen wurde eine entsprechende Pflicht daher im Schrifttum – auch unter Verweis auf die Verwaltungspraxis der BaFin –[398] herrschend abgelehnt.[399] So wurde vertreten, dass jedenfalls dann, wenn seit Veröffentlichung der Gewinnprognose keine wesentlichen Änderungen der Umstände eingetreten seien, durch die sie in Frage gestellt oder bestätigt werden, kein Bedürfnis nach einer Äußerung zur Gewinnprognose im Prospekt bestehe.[400] Andersherum wurde eine Äußerung nach dem Prinzip der Vollständigkeit und Richtigkeit verlangt, wenn sich nachträglich herausstellte, dass die Gewinnprognose nicht länger aufrecht erhalten werden konnte und im Vorfeld nicht korrigiert oder zurückgenommen wurde.[401] Die ESMA war sich dieser

395 Die Ausgangsvorschrift ist hier § 289 Abs. 1 Satz 4 HGB; die Bedeutung der zwingenden Pflicht zur Prognoseberichterstattung im Lagebericht wurde insbesondere durch OLG Frankfurt a.M., Beschl. v. 24.11.2009, AZ.: WpÜG 11/09; WpÜG 12/09 stark betont.

396 *Rieckhoff*, BKR 2011, S. 221, 225; vgl. auch *Seibt/Huizinga*, CFL 2010, S. 289, 302.

397 DRS 20 Ziff. 118 ff. und insbesondere Ziff. 130; so auch *Rieckhoff*, BKR 2011, S. 221, 225 sowie *Meyer* in FrankKomm WpPG u. EU-ProspektVO, Anhang I Ziff. 13 ProspektVO Rn. 19; ähnlich *Schlitt/Landschein*, ZBB 2019, S. 103, 106.

398 So etwa *Schlitt/Wilczek* in Habersack/Mülbert/Schlitt Kapitalmarktinformation, § 5 Rn. 92; *Schlitt.* in Assmann/Schlitt/von Kopp-Colomb WpPG/VermAnlG, Mindestangaben für das Registrierungsformular für Aktien (Modul) Rn. 117; vgl. auch *Schlitt/Schäfer*, AG 2008, S. 525, 533

399 *Schlitt/Schäfer*, AG 2005, S. 498, 504; *dies.*, AG 2008, S. 525, 533; *Rieckhoff*, BKR 2011, S. 221, 225; *Schlitt* in Assmann/Schlitt/von Kopp-Colomb WpPG/VermAnlG, Mindestangaben für das Registrierungsformular für Aktien (Modul) Rn. 117.

400 *Schlitt/Schäfer*, AG 2005, S. 498, 504; *dies.* AG 2008, S. 525, 533; *Apfelbacher/Metzner*, BKR 2006, S. 89; kritisch und differenziert *Meyer* in FrankKomm WpPG u. EU-ProspektVO, Anhang I Ziff. 13 ProspektVO Rn. 19.

401 *Schlitt* in Assmann/Schlitt/von Kopp-Colomb WpPG/VermAnlG, Mindestangaben für das Registrierungsformular für Aktien (Modul) Rn. 117; *Schlitt/Wilczek* in Habersack/Mülbert/Schlitt Kapitalmarktinformation, § 5 Rn. 93; so bereits *Schlitt/Schäfer*, AG 2008, S. 525, 533; ähnlich *Rieckhoff*, BKR 2011, S. 221, 225; vgl. auch *Seibt/Huizinga*, CFL 2010, S. 289, 300.

Kritik durchaus bewusst und setzte sich in ihren (damaligen) *Questions & Answers* mit der Frage auseinander, ob sie unter bestimmten Voraussetzungen von ihrer Vermutung der Wesentlichkeit ausstehender Prognosen abweichen könnte. Dabei zeigte sie sich bereit, ihre Rechtsauffassung im Einzelfall zu diskutieren,[402] womit jedoch letztlich weiterhin Rechtsunsicherheit herrschte.

(2) Sonstige zukunftsgerichtete Informationen

Weiter fragte sich im Lichte der unter (1) erwähnten Verwaltungspraxis, welche der üblichen im Rahmen der Kapitalmarktkommunikation getroffenen zukunftsgerichteten Aussagen im Einzelfall in den Prospekt aufzunehmen waren. Dazu wurde im Schrifttum teilweise ausgeführt, Planzahlen, Gewinnziele oder Projektionen würden die Anforderungen an eine ausstehende Prognose regelmäßig nicht erfüllen.[403] Denn diese Aussagen seien lediglich vom Emittenten selbst gesteckte Ziele, die vor allem als interner und externer Leistungsanreiz wirken sollten. Es werde durch sie zwar (intern) für den Emittenten eine wichtige Rolle eingenommen, da Mitarbeiter motiviert würden, die Pläne bzw. Ziele tatsächlich zu erreichen. Es könne jedoch nicht automatisch unterstellt werden, dass der Emittent die Zielverwirklichung für wahrscheinlich halte. Planzahlen und Gewinnziele würden insbesondere nicht den Anspruch erheben, auf eine Tatsachenbasis gestützt zu sein, die den Anforderungen an eine im Prospekt zu veröffentlichende Prognosedarstellung nahekäme.[404] Gleiches gelte für Projektionen, also zukunftsgerichtete Aussagen des Managements, die auf Hypothesen beruhen.[405] Im Rahmen von Bilanzpressekonferenzen, Investorentreffen oder Analystenkonferenzen bekanntgegebene Ertragskennzahlen bzw. Vorhersagen darüber würden ebenfalls nicht zwingend Gewinnprognosen im prospektrechtlichen Sinne darstellen.[406]

Anders verhalte es sich nur, wenn sich aus diesen Aussagen der Gewinn bereits mathematisch errechnen ließe.[407] Denn durch solche Aussagen würden eher

402 ESMA31-62-780 a.F., S. 25.

403 *Meyer* in Frank-Komm WpPG u. EU-ProspektVO, § 5 WpPG Rn. 30, Anhang I Ziff. 13 ProspektVO Rn. 20; *ders.* in Habersack/Mülbert/Schlitt Unternehmensfinanzierung, Rn. 36.61a.

404 *Meyer* in Frank-Komm WpPG u. EU-ProspektVO, § 5 WpPG Rn. 30, Anh. I Ziff. 13 ProspektVO Rn. 20.

405 *Meyer* in Frank-Komm WpPG u. EU-ProspektVO, § 5 WpPG Rn. 30, Anh. I Ziff. 13 ProspektVO Rn. 20.

406 *Meyer* in Frank-Komm WpPG u. EU-ProspektVO, § 5 WpPG Rn. 30, Anh. I Ziff. 13 ProspektVO Rn. 20.

407 *Meyer* in FrankKomm WpPG u. EU-ProspektVO, Anh. I Ziff. 13 ProspektVO Rn. 20.

Leistungsanreize gesetzt als wahrscheinliche Erwartungen kommuniziert. Insbesondere Projektionen würden auf Hypothesen beruhen, deren Eintritt nicht als überwiegend wahrscheinlich angesehen werden könne.[408] Gleiches solle für Ertragskennzahlen und diesbezügliche Vorhersagen, wie sie bei Bilanzpressekonferenzen, Investorentreffen oder Analystenkonferenzen unterjährig bekannt gegeben werden, gelten, sofern sich daraus nicht der erwartete Gewinn mathematisch ermitteln ließe.[409] Somit galt im Ergebnis, dass Planzahlen, Gewinnziele und Projektionen idR keine prospektpflichtigen Gewinnprognosen darstellen (zur aktuellen ESMA-Auffassung und deren Bewertung siehe unten, b)cc)).

cc) Nachträge zum Prospekt

Ihre Rechtsauffassung zur Wesentlichkeit von veröffentlichten Gewinnprognosen vertrat die ESMA auch hinsichtlich der prospektrechtlichen Nachtragspflicht (§ 16 WpPG a.F., nunmehr Art. 23 Verordnung (EU) 2017/1129). In ihren (damaligen) *Questions & Answers* befasste sie sich mit der Frage, wie mit nach Prospektveröffentlichung und vor Ende der Angebotsfrist veröffentlichen Gewinnprognosen verfahren werden sollte. Emittenten hatten danach einen Nachtrag zum Prospekt zu veröffentlichen, in dem die Gewinnprognose entsprechend sämtlicher Vorgaben der alten Prospektverordnung aufzunehmen war.[410] Darüber hinaus machten auch Veränderungen oder die Zurücknahme der im Prospekt aufgenommenen Gewinnprognosen einen Nachtrag erforderlich.[411]

dd) Informationelle Gleichbehandlung von Investoren

Daneben bestand eine Ausnahme von der Wahlfreiheit, wenn ein Emittent bei der Vermarktung der Aktien Gewinnprognosen oder -schätzungen verwendete.[412] Dies spielte insbesondere bei Roadshows und Analystenpräsentationen eine Rolle.[413] Gleiches muss freilich auch gelten, wo sonst unterjährig Prognosen

---

408 *Meyer* in FrankKomm WpPG und Prospektverordnung, Anhang I Ziff. 13 ProspektVO Rn. 20; *ders,* in Habersack/Mülbert/Schlitt Unternehmensfinanzierung, Rn. 36.61a.

409 *Meyer* in FrankKomm WpPG u. EU-ProspektVO, Anhang I Ziff. 13 ProspektVO Rn. 20.

410 ESMA31-62-780 a.F., S. 23.

411 *Wöckener/Kutzbach*, RdF 2018, S. 276, 280.

412 *Schlitt/Schäfer*, AG 2005, S. 498, 504; *Seibt/Huizinga*, CFL 2010, S. 289, 302; *Alfes/Wieneke* in Holzborn WpPG, Mindestangaben für das Registrierungsformular für Aktien (Modul) Rn. 65; *Mayston* in Heidel Aktienrecht und Kapitalmarktrecht, § 15 WpPG Rn. 11.

413 *Schlitt/Schäfer*, AG 2005, S. 498, 504; *Seibt/Huizinga*, CFL 2010, S. 289, 302.

im normalen Geschäftsablauf verwendet werden, z.B. im Rahmen einer Bezugsrechtsemission. Eine Aufnahmepflicht ergab sich hier aus dem Grundsatz der informationellen Gleichbehandlung der Anleger, wonach wesentliche Informationen, die sich an qualifizierte Anleger oder andere Anlegergruppen richten, auch in den Prospekt aufzunehmen waren und sind (§ 15 Abs. 5 WpPG a.F., nunmehr Art. 22 Abs. 5 Verordnung (EU) 2017/1129).[414]

b) *Verordnung (EU) 2017/1129 und Delegierte Verordnung (EU) 2019/980*

aa) *Grundsätze*

Ziel und Maßstab der ESMA war es bei ihren Empfehlungen, bei Gewinnprognosen und -schätzungen deren Aufnahme auf diejenigen Anwendungsfälle zu beschränken, die für Investoren am bedeutsamsten sind.[415] Wie bereits nach der alten Prospektverordnung, sind Gewinnprognosen daher auch nach der Delegierten Verordnung (EU) 2019/980 grundsätzlich lediglich freiwillig in Prospekte aufzunehmen. Dabei gelten freilich weiterhin die Grundsätze der Wesentlichkeit sowie der Gleichbehandlung von Investoren, sodass sich eine Aufnahmepflicht im Einzelfall auch ohne ausdrückliche Bestimmung in den Schemata ergeben kann.[416]

bb) *Ausstehende Gewinnprognosen*

Als wohl bedeutendste Neuerung sehen die Schemata für Dividendenwerte sowie Aktien vertretende Zertifikate nunmehr vor, dass noch ausstehende und gültige

414 *Schlitt/Schäfer*, AG 2005, S. 498, 504 iVm Fn. 96; *Rieckhoff*, Prognoseberichterstattung im Kapitalmarktrecht, S. 33 f.; *Seibt/Huizinga*, CFL 2010, S. 289, 302; *Alfes/Wieneke in* Holzborn WpPG, Mindestangaben für das Registrierungsformular für Aktien (Modul) Rn. 65; *Berrar* in FrankKomm WpPG und EU-ProspektVO, § 15 WpHG Rn. 45; *Mayston* in Heidel Aktienrecht und Kapitalmarktrecht, § 15 WpPG Rn. 11.

415 ESMA31-62-800/28, S. 259.

416 Im Fall des öffentlichen Angebots oder der Zulassung von Nichtdividendenwerten für Kleinanleger, von Nichtdividendenwerten für Großanleger, bei Sekundäremissionen von Nichtdividendenwerten sowie bei EU-Wachstumsprospekten für Nichtdividendenwerte wird auch für ausstehende und noch gültige Gewinnprognosen des Emittenten ausdrücklich betont, dass eine Veröffentlichung im Prospekt nur freiwillig erfolgt (Anhang 6 Punkt 8.1 Satz 1, Anhang 8 Punkt 8.1 Satz 1, Anhang 8 Punkt 7.1 Satz 1, Anhang 25 Punkt 2.5.1 Satz 1 Delegierte Verordnung (EU) 2019/980).

Gewinnprognosen zwingend in den Prospekt aufzunehmen sind.[417] Diese Aufnahmepflicht gilt ebenfalls für Sekundäremissionen von Dividendenwerten[418] sowie für den EU-Wachstumsprospekt für Dividendenwerte.[419] Mit dieser neuen Regelung ist es gelungen, die bisherigen Empfehlungen von CESR und ESMA zu ihrer Vermutung der Wesentlichkeit ausstehender und gültiger Prognosen bei Börsengängen nun verbindlich auf die Gesetzesebene zu verlagern. Während die ESMA in ihren ursprünglichen Konsultationen noch eine entsprechende Pflicht auch für Nichtdividendenwerte vorgeschlagen hatte, wurde bereits im *Final Report* zwischen Dividendenwerten und Nichtdividendenwerten unterschieden. Die ESMA erkannte in Auseinandersetzung mit den Positionen der verschiedenen *Stakeholder* sowie der SMSG demnach an,[420] dass Gewinnprognosen bei Aktienemissionen weitaus bedeutsamer sind als bei Nichtdividendenwerten.[421]

Wie bereits nach der alten Prospektverordnung haben Emittenten – unabhängig von der Art der Wertpapiere – darüber hinaus auch auf veröffentlichte, jedoch nicht mehr gültige Gewinnprognosen einzugehen. Hier genügt jedoch eine entsprechende Erklärung, weshalb an der Prognose nicht länger festgehalten wird.[422] In einem bereits früh nach Inkrafttreten des neuen Prospektregimes veröffentlichten Wertpapierprospekt im Rahmen einer Aktienemission,

---

417 Anhang 1 Punkt 11.1 Satz 1 Delegierte Verordnung (EU) 2019/980 für Dividendenwerte sowie per Verweis auf Anhang 1 Anhang 5 Abschnitt 1 Satz 1 Delegierte Verordnung (EU) 2019/980 für Zertifikate, die Aktien vertreten.

418 Anhang 3 Punkt 7.1 Satz 1 Delegierte Verordnung (EU) 2019/980.

419 Anhang 24 Punkt 2.7.1 Satz 1 Delegierte Verordnung (EU) 2019/980.

420 ESMA31-62-800/28, S. 38; den Vorschlag der Pflicht zur Aufnahme ausstehender und gültiger Gewinnprognosen für Dividendenwerte befürwortend, für Nichtdividendenwerte jedoch überwiegend ablehnend Deutsche Bank AG zu ESMA31-62-532, S. 8; Die Deutsche Kreditwirtschaft zu ESMA31-62-532, S. 8 f.; Deutsches Aktieninstitut e.V. zu ESMA31-62-532, S. 12 f.; Interessenverband MU zu ESMA31-62-649, S. 7; STARKE.recht GmbH zu ESMA31-62-532, S. 7; Deloitte zu ESMA31-62-532, S. 7 f.; PwC zu ESMA31-62-532, S. 9; wohl auch Heuking Kühn Lüer Wojtek zu ESMA31-62-532, S. 7; bzgl. Nichtdividendenwertend ablehnend: Deutsche Bank AG zu ESMA31-62-532, S. 8; Deutscher Derivate Verband e.V. zu ESMA31-62-532, S. 9; Die Deutsche Kreditwirtschaft zu ESMA31-62-532, S. 8 f.; Deutsches Aktieninstitut e.V. zu ESMA31-62-532, S. 13; Heuking Kühn Lüer Wojtek zu ESMA31-62-532, S. 7; PwC zu ESMA31-62-532, S. 9 sowie Antwort auf ESMA31-62-649, S. 6 f.

421 Die Bereitschaft, zwischen Dividenden- und Nichtdividendenwerten zu unterscheiden klang allerdings bereits in den Empfehlungen der ESMA an, ESMA/2013/319, Rz. 44.

422 Stellvertretend Anhang 1 Punkt 11.1 Satz 2 Delegierte Verordnung (EU) 2019/980 (gilt für die übrigen Anwendungsfälle entsprechend).

hat der Emittent etwa knapp angegeben, dass er an seiner zuvor veröffentlichten Gewinnprognose nicht länger festhalten könne, da diese eine zwischenzeitlich vollzogene M&A-Transaktion sowie die zur Emission durchgeführte Kapitalerhöhung noch nicht berücksichtigt habe.[423]

cc) Sonstige zukunftsgerichtete Informationen

Wie unter II.1. erwähnt, geht die ESMA in ihren *Questions & Answers* davon aus, dass auch Formulierungen wie „hoffen", „anstreben" oder „unser Ziel ist" Gewinnprognosen darstellen können.[424] Da dies typischerweise Formulierungen sind, die Planzahlen oder Gewinnziele betreffen, fragt sich, ob solche zukunftsgerichteten Informationen nach dem neuen Prospektrecht nun in einen Prospekt aufzunehmen sein können.[425] Denn das Schrifttum ging, wie unter a) bb)(2) gezeigt, bislang davon aus, dass diese Aussagen gerade keine Gewinnprognosen im prospektrechtlichen Sinne darstellten.[426]

Nach hier vertretener Auffassung widersprechen die *Questions & Answers* nicht der bisherigen Literaturauffassung, sondern ergänzen diese vielmehr. Das Hauptargument gegen die Einordnung von Zielvorgaben, Planzahlen und Projektionen als Gewinnprognose lautete stets, dass die Geschäftsleitung bei diesen Aussagen gerade keine Erwartungen äußerte, deren Erreichen sie für wahrscheinlich hielt.[427] Dies steht im Einklang mit den *Questions & Answers*, die (entsprechend dem Gesetzeswortlaut[428]) ebenfalls anerkennen, dass nur Aussagen, die den wahrscheinlichen Gewinn oder Verlust nennen oder implizieren, Gewinnprognosen darstellen.[429] Dass dort nun auch die genannten Formulierungen als potentielle Gewinnprognosen genannt werden, hat daher lediglich eine Auffangfunktion. Erfasst werden lediglich solche Aussagen, die zwar als Zielvorgaben, Planzahlen oder Projektionen formuliert und/oder als solche

---

423 Wertpapierprospekt der Altech Advanced Materials AG (28. November 2019), S. 68 (abrufbar auf der BaFin-Website unter https://portal.mvp.bafin.de/database/VPInfo/DownloadController.do; zuletzt abgerufen am 26. Februar 2020 um 13.14 Uhr).

424 ESMA31-62-780, S. 83.

425 Dazu bereits noch zu den bereits im März 2018 konkretisierten *Questions & Answers Meyer* in Habersack/Mülbert/Schlitt Unternehmensfinanzierung, Rn. 36.61a.

426 So auch bereits zum neuen Prospektrecht sowie den neuen *Questions & Answers*, jedoch ohne auf die entsprechenden Formulierungsbeispiele der ESMA einzugehen, *Geyer/Schelm*, BB 2019, S. 1731, 1738.

427 Siehe dazu ausführlich oben, D.III.1.a)bb)(2).

428 Art. 1 lit. d) Delegierte Verordnung 2019/980.

429 Vgl. ESMA31-62-780, S. 82 f.

deklariert werden, tatsächlich jedoch die für wahrscheinlich erachteten Erwartungen des Emittenten widerspiegeln und daher tatsächlich Gewinnprognosen darstellen. Dies entspricht dem unter II.1. erläuterten „*‚substance over form‘ approach*", wonach es für die Frage, ob eine Aussage eine Gewinnprognose im prospektrechtlichen Sinn darstellt, nicht auf die Bezeichnung sondern lediglich den Inhalt ankommt.

Im Ergebnis stellen Zielvorgaben, Planzahlen und Projektionen demnach auch nach dem neuen Prospektrecht idR keine Gewinnprognosen im prospektrechtlichen Sinne dar und müssen nicht in einen Prospekt aufgenommen werden. Jedoch müssen Emittenten bei der Formulierung verstärkt darauf achten, nicht zu suggerieren, dass die Geschäftsleitung von einer überwiegenden Eintrittswahrscheinlichkeit ausgeht.[430]

dd) Prospektnachträge

Ebenfalls in Gesetzesform gegossen wurde die bereits zuvor vertretene Auffassung der ESMA zu Prospektnachträgen. So ist in die Delegierte Verordnung (EU) 2019/979 ein Passus aufgenommen worden, wonach ein Nachtrag zwingend zum einen bei Veröffentlichung einer Gewinnprognose oder -schätzung durch den Emittenten nach Billigung des Prospekts (sofern nach der Delegierten Verordnung (EU) 2019/980 die Aufnahme erforderlich ist) und zum anderen bei der Aufnahme einer Änderung oder einer Rücknahme einer Gewinnprognose oder -schätzung in den Prospekt erforderlich ist (Art. 18 Abs. 1 lit. b) und c) Delegierte Verordnung (EU) 2019/979).[431]

c) Bewertung der neuen Rechtslage

Auch nach dem neuen Prospektregime gilt, dass die Aufnahme von Gewinnprognosen und -schätzungen grundsätzlich im Ermessen der Emittenten steht. Die vormals umstrittene Frage, ob und, wenn ja, wann ausstehende und noch gültige Gewinnprognosen aufzunehmen sind, hat sich durch die delegierten Rechtsakte erledigt, da die bisherigen Empfehlungen des CESR und der ESMA zu ausstehenden Gewinnprognosen nun auf die Gesetzesebene verlagert wurden. Zudem erleichtern es die ausführlichen Konkretisierungen der ESMA bzgl. des verfolgten „*‚substance over form‘ approach*" und den entsprechenden

---

430 *Meyer* in Habersack/Mülbert/Schlitt Unternehmensfinanzierung, Rn. 36.61a; *Geyer*/Schelm, BB 2019, S. 1731, 1739.

431 Diese Auffassung fand sich bereits vor Inkrafttreten der Delegierten Verordnung (EU) 2019/979 in den aktualisierten *Questions & Answers* der ESMA, ESMA31-62-780, S. 20.

Formulierungsbeispielen maßgeblich, zu beurteilen, welche Aussagen prospektpflichtige (Gewinn-)Prognosen darstellen.

Die gesetzliche Pflicht zur Aufnahme ausstehender und noch gültiger Gewinnprognosen stellt für die betreffenden Arten von Wertpapieren auf den ersten Blick keine wirkliche Neuerung dar. Denn obgleich die entsprechende Rechtsauffassung von CESR und ESMA in der Vergangenheit insbesondere innerhalb der deutschen Rechtsliteratur kritisiert wurde,[432] spielte sie für Emittenten stets eine bedeutende Rolle.[433] Dadurch, dass dieser Interpretationsansatz hinsichtlich des Tatbestandsmerkmals der „wesentlichen Information" nun in Gesetzesform gegossen wurde, werden künftig jedoch Argumentationen ins Leere laufen, eine Aufnahmepflicht widerspreche dem gesetzlichen Grundsatz der Freiwilligkeit. Dieser wurde für die Emission von Dividendenwerten und durch Aktien vertretene Zertifikate vielmehr beseitigt, was zu einer erhöhten Rechtssicherheit führt. Weiterhin wurde nun auch zu Nichtdividendenwerten eine Auffassung der ESMA veröffentlicht, wonach die Vermutung besteht, dass ausstehende Prognosen hier grundsätzlich keine wesentlichen Informationen darstellen und daher nicht in den Prospekt aufgenommen werden müssen.

Gegen die neue Aufnahmepflicht ließe sich anführen, dass deutsche Emittenten – sofern sie den DRS 20 befolgen – bei der Finanzberichterstattung zwingend Gewinnprognosen im prospektrechtlichen Sinne aufnehmen müssen.[434] Sind diese bei einer späteren Prospekterstellung noch gültig, müssen sie daher stets auch in den Prospekt aufgenommen werden, ohne dass Emittenten ein eigener Ermessensspielraum zukäme. Damit könnten deutsche Emittenten gegenüber Emittenten aus solchen Mitgliedsstaaten, die bei der Finanzberichterstattung nicht zwingend auch quantitative Prognosen zu finanziellen Leistungsindikatoren[435] aufstellen müssen, stärker belastet werden. Das Ziel, Emittenten einen möglichst einfachen und kostengünstigen Zugang zum Kapitalmarkt zu gewähren, könnte so für deutsche Emittenten konterkariert werden.

Eine solche Kritik würde vor dem Hintergrund des Feedbacks der Marktteilnehmer jedoch ins Leere laufen. Denn die Vertreter der einzelnen

---

432 Dazu bereits oben, D.III.1.a)bb).

433 Dass vielerorts insbesondere auf die ESMA-Verlautbarungen verwiesen und praktische Konsequenzen aufgezeigt werden, weist auf die hohe praktische Bedeutung hin, vgl. etwa *Meyer* in Habersack/Mülbert/Schlitt Unternehmensfinanzierung, Rn. 36.61 f.; dies zeigt auch die Kritik aus der Literatur, die sich mit den CESR- bzw. ESMA-Verlautbarungen befasst hat (dazu bereits oben unter D.III.1.a)bb)(1)).

434 Dazu ausführlich oben unter D.II.2.

435 Zu Begriff der finanziellen Leistungsindikatoren oben, C.II.1.c)cc)(1)(a).

Stakeholder-Gruppen sprachen sich selbst weit überwiegend für eine Aufnahmepflicht ausstehender und gültiger Prognosen bei Aktienemissionen aus.[436] Lediglich im Fall von Sekundäremissionen wurde dies von einem einzelnen Marktteilnehmer auch für Aktienemissionen abgelehnt.[437] Ein Wirtschaftsprüfungsunternehmen merkte weitergehend an, wegen ihrer Bedeutung für Investoren sollten insgesamt deutlich mehr zukunftsgerichtete Informationen, etwa auch aus Zwischenabschlüssen, in Prospekte aufgenommen werden.[438]

Die neugewonnene Rechtssicherheit mit Blick auf die Aufnahme von Gewinnprognosen ist damit insgesamt zu begrüßen. Dass Emittenten nun durch die Neuregelung einen gewissen Ermessensspielraum aufgeben müssen, ist verkraftbar; denn ohne eigenes Ermessen beim öffentlichen Angebot oder der Zulassung von Dividendenwerten oder auf Aktien basierenden Zertifikaten entfällt gleichermaßen das Risiko der Falschbeurteilung und somit einer fehlerhaften oder unvollständigen Prospekterstellung (zu den haftungsrechtlichen Folgen unten, V.). Im Ergebnis ist die neue Rechtslage daher sowohl aus Emittenten- als auch aus Investorensicht äußerst positiv zu bewerten. Denn während Emittenten und auch andere Marktteilnehmer einer möglichen Mehrbelastung offenbar eher unkritisch gegenüberstehen, erhalten sie im Gegenzug ein höheres Maß an Rechtssicherheit, das nach der alten Rechtslage so nicht bestand. Zudem werden berechtigte Investoreninteressen berücksichtigt, die nun sicher sein können, dass Prospekte künftig sämtliche veröffentlichten und gültigen Gewinnprognosen der jeweiligen Emittenten enthalten. Durch diesen Schritt zur Vollständigkeit von Wertpapierprospekten, wird möglicherweise auch das Vertrauen der Investoren in den Prospekt gestärkt.

---

436 Deutsche Bank AG zu ESMA31-62-532, S. 8; Die Deutsche Kreditwirtschaft zu ESMA31-62-532, S. 8 f.; Deutsches Aktieninstitut e.V. zu ESMA31-62-532, S. 12 f.; Interessenverband KMU zu ESMA31-62-649, S. 7; STARKE.recht GmbH zu ESMA31-62-532, S. 7; Deloitte zu ESMA31-62-532, S. 7 f.; PwC zu ESMA31-62-532, S. 9; wohl auch Heuking Kühn Lüer Wojtek zu ESMA31-62-532, S. 7; bzgl. Nichtdividendenwertend ablehnend: Deutsche Bank AG zu ESMA31-62-532, S. 8; Deutscher Derivate Verband e.V. zu ESMA31-62-532, S. 9; Die Deutsche Kreditwirtschaft zu ESMA31-62-532, S. 8 f.; Deutsches Aktieninstitut e.V. zu ESMA31-62-532, S. 13; Heuking Kühn Lüer Wojtek zu ESMA31-62-532, S. 7; PwC zu ESMA31-62-532, S. 9 sowie Antwort auf ESMA31-62-649, S. 6 f.

437 Deutsches Aktieninstitut e.V. zu ESMA31-62-532, S. 13.

438 Deloitte zu ESMA31-62-532, S. 8.

2. Inhaltliche Anforderungen

a) Verordnung (EG) Nr. 809/2004

An die Aufnahme von Gewinnprognosen oder -schätzungen in den Prospekt waren bereits nach der alten Prospektverordnung detaillierte Voraussetzungen geknüpft. Entschied sich ein Emittent für die Aufnahme einer Gewinnprognose oder -schätzung in den Prospekt, waren (unabhängig von der Art der Wertpapiere) die wichtigsten Annahmen, die der Gewinnprognose zugrunde lagen, zu erläutern, wobei zu verdeutlichen war, welche Faktoren Verwaltungsmitglieder des Emittenten beeinflussen konnten. Dabei mussten die Annahmen für die Anleger leicht verständlich und spezifisch sowie präzise sein und durften *„nicht der üblichen Exaktheit der Schätzungen entsprechen, die der Prognose zu Grunde* [lagen]"[439] (Anhang I Ziff. 13.1. Verordnung (EG) Nr. 809/2004). Weiterhin musste die Gewinnprognose oder -schätzung auf einer Grundlage erstellt werden, die mit den historischen Finanzinformationen vergleichbar war (Anhang I Ziff. 13.3. Verordnung (EG) Nr. 809/2004). Die Praxis orientierte sich dabei am bereits erwähnten Rechnungslegungshinweis des IDW, der sich mit der Erstellung von Gewinnprognosen und -schätzungen befasst.[440] Daneben finden sich im Schrifttum vielerorts konkretisierende Hinweise zu den durch die Rechtsprechung herausgearbeiteten Maßgaben.[441] So hat es sich etwa etabliert, auf die mit zukunftsgerichteten Aussagen generell einhergehenden Prognoseunsicherheiten hinzuweisen.[442] Außerdem werden typische Formulierungen gewählt, die auf zukunftsgerichtete Informationen/(Gewinn-)Prognosen hindeuten (z.B. „ist wahrscheinlich", „unter der Annahme", „erwartet", „nimmt an", „schätzt", „plant", „beabsichtigt" oder „nach Einschätzung der Gesellschaft";[443] wobei heute freilich der unter II.1. vorgestellte *„‚substance over form' approach"* gilt, sodass keine dieser Formulierungen automatisch dazu führt, dass eine Aussage eine Gewinnprognose im prospektrechtlichen Sinne darstellt).

---

439 Diese missverständliche Formulierung wird im Rahmen der methodischen Anforderungen an die Prognoseermittlung näher erläutert (unten, D.IV.1.).

440 IDW RH HFA 2.003; darauf verweisend *Meyer* in Habersack/Mülbert/Schlitt Unternehmensfinanzierung, Rn. 358.

441 Etwa bei *Meyer* in Habersack/Mülbert/Schlitt Unternehmensfinanzierung, Rn. 36.57; ausführlich auch *ders.* in FrankKomm WpPG u. EU-ProspektVO, Anhang I ProspektVO Ziff. 13 Rn. 22 ff.; knapper *Seibt/Huizinga*, CFL 2010, S. 289, 300 f.

442 *Meyer* in Habersack/Mülbert/Schlitt Unternehmensfinanzierung, Rn. 36.57.

443 *Meyer* in FrankKomm WpPG u. EU-ProspektVO, § 5 WpPG Rn. 34; *Meyer* in Habersack/Mülbert/Schlitt Unternehmensfinanzierung, Rn. 36.57.

Zusätzlich musste der Emittent den Bericht eines unabhängigen Wirtschaftsprüfers in den Prospekt aufnehmen, in dem zu bescheinigen war, dass die Gewinnprognose auf der angegebenen Grundlage ordnungsgemäß erstellt wurde und dass die verwendete Rechnungslegungsgrundlage mit den Rechnungslegungsstrategien des Emittenten konsistent war (Anhang I Ziff. 13.2 Verordnung (EG) Nr. 809/2004). Auf diesen Bericht konnte bei der Aufnahme von Gewinnschätzungen (nicht Gewinnprognosen) nur unter strengen Voraussetzungen verzichtet werden (Anhang I Ziff. 13.2 Verordnung (EG) Nr. 809/2004).[444] Lediglich im Fall von Schuldtiteln und derivativen Wertpapieren mit einer Mindeststückelung von EUR 100.000,00 bestand keine solche Voraussetzung. Stattdessen hatte der Emittent eine Erklärung beizufügen, in der bestätigt wird, dass die Prognose auf der angegebenen Grundlage ordnungsgemäß erstellt wurde und dass die Rechnungslegungsgrundlage mit den Rechnungslegungsstrategien des Emittenten konsistent war (Anhang IX Ziff. 8.2 Verordnung (EU) Nr. 809/2004).

Wurde in einem Prospekt, der noch ausstand, eine Gewinnprognose veröffentlicht, hatte der Emittent eine Erklärung abzugeben, in der er zu erläutern hatte, ob diese Prognose noch wie zur Zeit der Erstellung des Registrierungsformulars zutraf oder weshalb diese Prognose gegebenenfalls nicht mehr zutraf (Anhang I Ziff. 13.4 Verordnung (EG) Nr. 809/2004).[445]

b) Verordnung (EU) 2017/1129 und Delegierte Verordnung (EU) 2019/980

Die wohl tiefgreifendste Veränderung mit Blick auf die inhaltlichen Anforderungen an die Aufnahme von Gewinnprognosen ist die ersatzlose Streichung des bislang erforderlichen Wirtschaftsprüferberichts. Zu Gewinnschätzungen hielt die ESMA in ihren Konsultationen fest, dass diese sich stets auf die jüngsten Abschlusszeiträume bezögen und daher ohnehin zeitnah im Rahmen der jeweiligen Finanzabschlüsse veröffentlicht würden. Daher stufte sie das Erfordernis eines Wirtschaftsprüferberichts für Gewinnschätzungen als unnötig belastend

444 Ausführlich dazu auch unter Berücksichtigung der praktischen Anforderungen nach ESMA sowie dem Prüfungshinweis des IDW *Meyer* in Habersack/Mülbert/Schlitt Unternehmensfinanzierung, Rn. 358; so bereits *ders.* in FrankKomm WpPG u. EU-ProspektVO, Anhang I ProspektVO Ziff. 13 Rn. 46 ff.; vlg. auch *Alfes/Wieneke* in Holzborn WpPG, Mindestangaben für das Registrierungsformular für Aktien (Modul) Rn. 67.

445 Diese Regelung galt nicht für Prospekte für Schuldtitel und derivative Wertpapiere, unabhängig von der Mindeststückelung sowie das Registrierungsformular für Banken.

und kostenintensiv ein. Entsprechend empfahl sie, auf Wirtschaftsprüferberichte für Gewinnschätzungen vollständig zu verzichten.[446] Auch stellte sie den Nutzen der Wirtschaftsprüferberichte auch bei Gewinnprognosen wegen seines begrenzten Aussagegehalts grundsätzlich in Frage. Zwar könne er Investoren bei kurzfristigen Prognosen Sicherheit vermitteln; im Fall langfristiger Aussagen würden sich Wirtschaftsprüfer jedoch häufig nicht in der Lage sehen, eine Stellungnahme abzugeben. Dies sei insbesondere für Emittenten problematisch, die wegen einer ausstehenden Prognose zu deren Aufnahme verpflichtet seien und so möglicherweise ganz auf eine Prospekterstellung verzichten könnten. Darüber hinaus führe der Bericht zu erhöhten Kosten bei der Prospekterstellung.[447]

Die Anforderungen an die Aufnahme von Gewinnprognosen wurden einheitlich ausgestaltet, also unabhängig von der Art der Wertpapiere oder Emittenten und unabhängig davon, ob es sich um eine neue oder bereits veröffentlichte und gültige Gewinnprognose handelt. Auch nach der neuen Prospektverordnung müssen Gewinnprognosen unmissverständlich sein und haben eine Erläuterung der wichtigsten Annahmen, auf die der Emittent seine Prognose gestützt hat, zu beinhalten.[448] Bei den Annahmen muss weiterhin klar zwischen solchen unterschieden werden, die die Mitglieder des Verwaltungs-, Leitungs- oder Aufsichtsorgans beeinflussen können, und jenen, die nicht beeinflusst werden können (Beispiele für solche (nicht-)beeinflussbaren Faktoren finden sich unten unter IV.1.b)).[449] Annahmen müssen nach wie vor plausibel, für den Anleger leicht verständlich, spezifisch sowie präzise sein und *„dürfen nicht der üblichen Exaktheit der Schätzungen entsprechen, die der Prognose zugrunde liegen“* (Anhang 1 Punkt 11.2 Satz 2 lit. b) Delegierte Verordnung (EU) 2019/980).[450] Zurecht wird im Schrifttum angemerkt, letzterer Passus sei unverständlich, sodass seine Bedeutung kurz erläutert werden soll.[451] Ein Vergleich

---

446 ESMA31-62-532, Ziff. 72; *Geyer/Schelm*, BB 2019, S. 1731, 1738.

447 ESMA31-62-532, Ziff. 73.

448 Stellvertretend Anhang 1 Punkt 11.2 Satz 1 Delegierte Verordnung (EU) 2019/980 (gilt für die übrigen Anwendungsfälle entsprechend).

449 Stellvertretend Anhang 1 Punkt 11.2 Satz 2 lit. a) Delegierte Verordnung (EU) 2019/980 (gilt für die übrigen Anwendungsfälle entsprechend).

450 Stellvertretend Anhang 1 Punkt 11.2 Satz 2 lit. b) Delegierte Verordnung (EU) 2019/980 (gilt für die übrigen Anwendungsfälle entsprechend); wie erwähnt, wird diese missverständliche Formulierung im Rahmen der methodischen Anforderungen an die Prognoseermittlung näher erläutert (unten, D.IV.1.).

451 So zur entsprechenden Vorgängervorschrift Anhang I Ziff. 13 Verordnung (EG) Nr. 809/2004 *Meyer* in FrankKomm WpPG u. EU-ProspektVO, Anhang I Ziff. 13 ProspektVO Rn. 33.

mit der englischen Sprachfassung zeigt, worauf es dem Gesetzgeber ankam.[452] Dort heißt es „*the assumptions must* [...] *not relate to the general accuracy of the estimates underlying the forecast*". Entsprechend müssen sich die Annahmen hinsichtlich der zugrunde liegenden Daten also auf konkrete Faktoren anstelle allgemeiner Schätzungen beziehen.[453] Ergänzend zur alten Prospektverordnung haben Emittenten bei der Erläuterung ihrer Annahmen nun die Aufmerksamkeit der Anleger gezielt auf Unsicherheitsfaktoren zu lenken, die das Ergebnis der Prognose wesentlich verändern könnten.[454] Die Aufnahme solcher Warnhinweise waren in der Praxis bereits üblich,[455] wurden nun jedoch erstmals verbindlich festgeschrieben.

Anstelle des Wirtschaftsprüferberichts haben Emittenten, die eine Gewinnprognose aufnehmen (müssen), nun unabhängig von der Art der Wertpapiere oder des Emittenten eine eigene Erklärung hinsichtlich der Gewinnprognose aufzunehmen. Darin muss bestätigt werden, dass die Gewinnprognose mit den historischen Finanzinformationen vergleichbar und mit den Rechnungslegungsmethoden des Emittenten konsistent ist.[456] Eine entsprechende Bestätigung durch einen unabhängigen Dritten wird nicht verlangt.

c) Bewertung der neuen Rechtslage

Kleinere Veränderungen, die durch das neue Prospektregime eingeführt wurden, stellen die nun vorgeschriebene ausdrückliche Nennung wesentlicher Unsicherheitsfaktoren sowie die nun aufzunehmende Erklärung des Emittenten bzgl. der Prognoseerstellung dar (unten, aa) und bb)). Die mit Abstand bedeutendste Veränderung ist jedoch die ersatzlose Abschaffung des ehemals erforderlichen Wirtschaftsprüferberichts für sämtliche Emissionsarten (unten, cc)) Erkennbar

452 *Meyer* in FrankKomm WpPG u. EU-ProspektVO, Anhang I Ziff. 13 ProspektVO Rn. 39.

453 *Meyer* in FrankKomm WpPG u. EU-ProspektVO, Anhang I Ziff. 13 ProspektVO Rn. 39.

454 Stellvertretend Anhang 1 Punkt 11.2 Satz 2 lit. c) Delegierte Verordnung (EU) 2019/980 (gilt für die übrigen Anwendungsfälle entsprechend).

455 *Meyer* in Habersack/Mülbert/Schlitt Unternehmensfinanzierung, Rn. 36.57.

456 Stellvertretend Anhang 1 Punkt 11.3 Delegierte Verordnung (EU) 2019/980 (gilt für die übrigen Anwendungsfälle entsprechend); Diese Erklärung entspricht inhaltlich exakt derer, die nach der alten Prospektverordnung von (nicht zur Veröffentlichung eines Wirtschaftsprüferberichts verpflichteten) Emittenten von Schuldtiteln und derivativen Wertpapieren mit einer Mindeststückelung von EUR 100.000,00 abgegeben werden musste.

wird dies insbesondere dadurch, dass der entsprechende Entwurf der ESMA bei den befragten *Stakeholdern* weitaus divergierendere Reaktionen hervorrief als die Aufnahmepflicht bzgl. veröffentlichter und gültiger Prognosen.

aa) Nennung wesentlicher Unsicherheitsfaktoren

Die neu ins Gesetz aufgenommene Pflicht, die Aufmerksamkeit der Anleger im Rahmen der Erläuterung der zugrunde liegenden Annahmen auf solche Unsicherheitsfaktoren zu lenken, die das Ergebnis der Prognose wesentlich verändern können,[457] wurde bereits in der Vergangenheit von Emittenten praktiziert.[458] Inhaltlich entsteht durch diese Neuregelung daher kein nennenswerter Mehraufwand. Dennoch ist die Neuregelung insoweit zu begrüßen, als dass auf wesentliche Unsicherheitsfaktoren nun gesetzlich zwingend aufmerksam gemacht werden muss. Anleger können so darauf vertrauen, dass in sämtlichen Prospekten auf bestehende, wesentliche Unsicherheitsfaktoren hingewiesen wird.

bb) Eigene Erklärung des Emittenten zur Gewinnprognose

Keinen maßgeblichen Mehraufwand stellt ferner die Pflicht dar, beim öffentlichen Angebot oder der Zulassung von Dividendenwerten und von auf Aktien basierenden Zertifikaten nun eine eigene Erklärung mit dem Inhalt aufzunehmen, dass die Gewinnprognose mit den historischen Finanzinformationen vergleichbar und den Rechnungslegungsmethoden des Emittenten konsistent ist.[459] Denn diese Pflicht tritt nun an die Stelle des vormals zu veröffentlichen (aufwändigeren) Wirtschaftsprüferberichts und bestand für Fälle, in denen ein Wirtschaftsprüferbericht auch vor Inkrafttreten der neuen Prospektverordnung nicht erforderlich war,[460] bereits nach der alten Rechtslage. Im Ergebnis stellt die Neuregelung aus Emittentensicht daher eine Erleichterung dar.

Nach hier vertretener Ansicht ist jedoch fraglich, welchen Mehrwert eine solche Erklärung Anlegern bieten soll. Denn zwar kann die Erklärung Emittenten möglicherweise als Selbstkontrolle dienen, da sie selbst hinterfragen müssen, ob

457 Stellvertretend Anhang 1 Punkt 11.2 Satz 2 lit. c) Delegierte Verordnung (EU) 2019/980 (gilt für die übrigen Anwendungsfälle entsprechend).

458 Vgl. *Meyer* in FrankKomm WpPG u. EU-ProspektVO, § 5 WpPG Rn. 34; *Meyer* in Habersack/Mülbert/Schlitt Unternehmensfinanzierung, Rn. 36.57.

459 Stellvertretend Anhang 1 Punkt 11.3 Delegierte Verordnung (EU) 2019/980 (gilt für die übrigen Anwendungsfälle entsprechend).

460 Namentlich im Fall von Schuldtiteln und derivativen Wertpapieren mit einer Mindeststückelung von EUR 100.000,00 (Anhang IX Ziff. 8.2 Verordnung (EG) Nr. 809/2004.

die genannten Voraussetzungen eingehalten wurden. Dennoch wirkt die Neuregelung aus Anlegersicht eher wie eine Verlegenheitslösung, um den Wirtschaftsprüferbericht nicht völlig ersatzlos gestrichen zu haben. Möglicherweise mag der Prospekt auf Anleger jedenfalls „vollständiger" wirken, wenn der Emittent ausdrücklich bestätigt, dass die Gewinnprognose mit den historischen Finanzinformationen vergleichbar und mit den Rechnungslegungsmethoden des Emittenten konsistent ist.

cc) Streichung des Wirtschaftsprüferberichts

(1) Reaktionen der Stakeholder auf den Entwurf der ESMA

Während insbesondere die Investoren- und Emittentenvereinigungen den entsprechenden Vorschlag der ESMA begrüßten,[461] standen die *Stakeholder*-Gruppen der Banken, der AFME und der Rechts- und Wirtschaftsberater dem Vorschlag überwiegend zumindest kritisch gegenüber.[462] Besonders gewichtig ist dabei die Befürchtung, Emittenten und insbesondere Banken könnten auch bei Abschaffung des Erfordernisses auch künftig interne Berichte der Wirtschaftsprüfer verlangen, sodass keine wesentlichen Kosten gespart werden würden.[463] Gleichzeitig könnten Wirtschaftsprüfer entscheiden, ohne gesetzliche Pflicht kein Gutachten mehr zu Gewinnprognosen abzugeben, sodass den transaktionsbegleitenden Banken kein entsprechender *comfort* mehr geboten werden könnte.[464] Vereinzelt wurde zudem vorgetragen, entgegen der Ansicht der ESMA biete der Wirtschaftsprüferbericht auch für Investoren und Emittenten einen hohen Mehrwert. Denn durch den Bericht werde einerseits zugunsten der Investoren sichergestellt, dass ein gewisser Sorgfaltsmaßstab bei der Prognoseerstellung angewendet werde.[465] Andererseits seien Emittenten trotz der damit einhergehenden Haftungsrisiken eher bereit, eine Gewinnprognose in den Prospekt aufzunehmen, wenn ein unabhängiges Gutachten mitveröffentlicht würde.[466]

---

461 Deutsches Aktieninstitut e.V. zu ESMA31-62-532, S. 12 f.; Interessenverband KMU zu ESMA31-62-649, S. 7; darüber hinaus Deutscher Derivate Verband e.V. zu ESMA31-62-532, S. 9, der sich jedoch nur ausdrücklich auf Nichtdividendenwerte bezieht.

462 AFME zu ESMA31-62-532, S. 12; Deutsche Bank AG zu ESMA31-62-532, S. 12; Die Deutsche Kreditwirtschaft zu ESMA31-62-532, S. 9; STARKE.recht GmbH zu ESMA31-62-532, S. 7.

463 AFME zu ESMA31-62-532, S. 12; Heuking Kühn Lüer Wojtek zu ESMA31-62-532, S. 7.

464 AFME zu ESMA31-62-532, S. 12.

465 AFME zu ESMA31-62-532, S. 12.

466 AFME zu ESMA31-62-532, S. 12.

Einige Banken schlugen alternativ ein EU-weit einheitliches Haftungssystem für Wirtschaftsprüfer vor.[467] Unter den Wirtschaftsprüfern wurde darüber hinaus erwogen, einen Wirtschaftsprüferbericht lediglich bei freiwillig aufgenommenen Gewinnprognosen oder -schätzungen zu verlangen, da bei ausstehenden Prognosen eine entsprechende Prüfung bereits stattgefunden habe.[468] Äußerst ablehnend standen die Vertreter der Regulierten Märkte, Börsen und Handelssysteme den Vorschlägen der ESMA gegenüber. Nach ihrer Auffassung sollten Gewinnprognosen und -schätzungen in jedem Fall – also unabhängig von der Art der Wertpapiere sowie EU-Wachstumsprospekten – nur aufgenommen werden dürfen, wenn ein Wirtschaftsprüferbericht vorliegt. Andernfalls könnten Investoren irregeführt werden und das Vertrauen in diese zukunftsgerichteten Aussagen im Prospekt würde entfallen.[469] Besonders deutlich kritisierte auch die SMSG den Vorschlag, die Wirtschaftsprüferberichte zu streichen.[470] Dabei erkennt sie zunächst die Bedenken gegen die erheblichen Kosten für Emittenten an, verweist dann aber auf das Vertrauen, das Investoren dem Bericht der Wirtschafsprüfer als unabhängiger Partei entgegenbringen, sowie den durch den Bericht gesteigerten Informationswert des Prospekts. Der Bericht leiste dadurch einen wichtigen Beitrag, einen ordnungsgemäß funktionierenden Markt zu gewährleisten. Im Ergebnis übersteige daher der Nutzen der Wirtschaftsprüferberichte für Investoren den Kostenfaktor auf Emittentenseite.[471]

Bei einer Gesamtbetrachtung der Reaktionen der verschiedenen *Stakeholder* – also unter Einbeziehung der *Stakeholder* auch ohne Bezug zur deutschen Rechtspraxis – ergibt sich ein ähnliches Bild.[472] Die meisten *Stakeholder* sprachen sich gegen eine Pflicht zur Aufnahme ausstehender Prognosen bei Nichtdividendenwerten aus, während viele diesem Vorschlag bei Aktienemissionen zustimmten.[473] Bedeutender ist jedoch, dass sich insgesamt eine knappe Mehrheit der

---

467 Deutsche Bank AG zu ESMA31-62-532, S. 12; Die Deutsche Kreditwirtschaft zu ESMA31-62-532, S. 9.

468 PwC zu ESMA31-62-532, S. 9 f. sowie Antwort auf ESMA31-62-649, S. 6 f.

469 Euronext zu ESMA31-62-532, S. 7 sowie Antwort auf ESMA31-62-649, S. 6; FESE zu ESMA31-62-532, S. 7 f. sowie Antwort auf ESMA31-62-649, S. 7.

470 SMSG, Advice to ESMA, SMSG Response to the Public Consultation on Prospectus Regulation Level 2 (nachfolgend: „SMSG, Advice to ESMA"), S. 4 f. sowie S. 8 für den EU-Wachstumsprospekt; das Antwortschreiben ist abrufbar unter https://www.esma.europa.eu/sites/default/files/library/esma22-106-407_smsg_advice_on_prospectuses.pdf (abgerufen am 15.11.2019 um 17:50).

471 SMSG, Advice to ESMA, S. 4 f.

472 Siehe im Einzelnen ESMA31-62-800/28, S. 36 ff.

473 ESMA31-62-800/28, S. 36 f.

Stakeholder gegen die Abschaffung des Wirtschaftsprüferberichts aussprach, wobei zur Begründung häufig auf die Bedeutung des Berichts für Investoren und das Vertrauen des Marktes sowie die demgegenüber insignifikanten Mehrkosten auf Emittentenseite hingewiesen wurde.[474]

(2) Argumentation der ESMA

Die ESMA selbst erkannte innerhalb ihrer Kosten-Nutzen-Analyse des *Final Reports* zwar an, dass ein Wirtschaftsprüferbericht den Vorteil eines breiteren und direkteren Informationszugangs für Investoren bietet, während die Kosten, die Emittenten zu tragen haben, im Vergleich zum Status quo nicht wesentlich gesenkt werden. Im Ergebnis verteidigte sie jedoch ihre Position und stellte dabei insbesondere auf die Kosten des Emittenten sowie den fraglichen Mehrwert des Berichts ab. Zudem stehe es Emittenten frei, bereits vorhandene Prüfungsberichte über ausstehende Gewinnprognosen und -schätzungen nach eigenem Ermessen aufzunehmen.[475]

(3) Reaktionen der Stakeholder auf den Kommissionsentwurf

Während sich zu den Entwürfen der ESMA sowohl Befürworter als auch Kritiker äußerten, waren die Reaktionen auf die späteren Kommissionsentwürfe zur Abschaffung des Wirtschaftsprüferberichts stark ablehnend. Daraus kann jedoch keinesfalls abgeleitet werden, dass es nun keine Befürworter des Vorschlags mehr gab. Denn Feedback kam insbesondere von denjenigen Marktteilnehmern, die sich bzgl. der Löschung des Erfordernisses von Wirtschaftsprüferberichten bereits im Rahmen der Konsultationen der ESMA kritisch geäußert hatten.[476] Mit den gleichen Argumenten, die bereits gegenüber der ESMA geäußert wurden, wurde die Kommission angehalten, ihre Entwürfe entsprechend zu überarbeiten.[477] Befürworter der Änderungsvorschläge meldeten sich dabei nicht erneut zu Wort, was womöglich daran liegt, dass ihre Position sich bereits im Gesetzesentwurf wiederfand. Wie erwähnt, ist die Kommission der ESMA trotz

---

474 ESMA31-62-800/28, S. 37.

475 Siehe insbesondere ESMA31-62-800/28, S. 38 a.E.

476 So etwa Euronext, PwC, die AFME sowie die Federation of European Securities Exchanges; sämtliche Feedback-Dokumente sind abrufbar unter https://ec.europa.eu/info/law/better-regulation/initiatives/ares-2018-2169999/feedback_en?p_id=336521.

477 Euronext Feedback, S. 6; PwC Feedback S. 1 f.; AFME Feedback S. 1 f.; FESE Feedback S. 4.

der Kritik gefolgt und hat die entsprechenden delegierten Rechtsakte mit den vorgeschlagenen Neuerungen verabschiedet.

(4) Abwägung

Ob die Streichung des Wirtschaftsprüferberichts tatsächlich eine wesentliche Erleichterung für Emittenten darstellen wird, bleibt abzuwarten. Dagegen spricht jedenfalls die Befürchtung insbesondere der Banken und der AFME, dass insbesondere den transaktionsbegleitenden Banken auch künftig sehr daran gelegen sein wird, eine unabhängige Prüfung der Gewinnprognosen oder -schätzungen zu erhalten, da sie diesen *comfort* wünschen.[478] Diese Einschätzung wird auch vom IDW geteilt, das im Februar 2020 seinen Prüfungshinweis aktualisiert hat und nun berücksichtigt, dass sowohl Berichte über die Prüfergebnisse über eine Gewinnprognose im Comfort Letter als auch interne Bescheinigungen über die Prüfung von Gewinnprognosen durch Wirtschaftsprüfer möglich sind.[479] Es ist daher davon auszugehen, dass Emittenten auch künftig Wirtschaftsprüferberichte in Auftrag geben werden, was mit Mehrkosten für Emittenten und einem erhöhten Zeitaufwand verbunden sein wird. Da es jedoch vorrangig Banken waren, die dafür plädierten, einen Wirtschaftsprüferbericht weiterhin zwingend vorzuschreiben,[480] geht mit der Erstellung eines solchen Berichts nicht zwingend auch dessen Veröffentlichung im Prospekt einher. Vielmehr können die Berichte auch zu rein internen Zwecken (*comfort* für die transaktionsbegleitenden Banken) erstellt werden (zu den haftungsrechtlichen Folgen unten, V.).

Neben den Interessen der Banken fragt sich, wie realistisch die Gefahr eines Vertrauensverlusts der Investoren tatsächlich ist. Dass diese der Neuregelung grundsätzlich eher positiv gegenüberstanden, wurde bereits erwähnt. Die Sicherheit, die Anleger bei kurzfristigen Prognosen durch Wirtschaftsprüferberichte erlangen,[481] führt jedenfalls nicht dazu, dass die Anleger an den Berichten festhalten möchten. Zudem wird Emittenten dadurch – wie die ESMA ausdrücklich betont – nicht die Möglichkeit genommen, Wirtschaftsprüferberichte für Gewinnprognosen in ihre Prospekte aufzunehmen. Sollten sich die

478 *Geyer/Schelm*, BB 2019, S. 1731, 1738 schlagen etwa vor, entsprechende Ergänzungen in den durch die Wirtschaftsprüfer erstellten Comfort Letter aufzunehmen, um den Interessen der die Emission begleitenden Banken Rechnung zu tragen (dazu unten, D.IV.4.).

479 IDW PH 9.910.1 Rn. 4 ff.

480 Davon geht auch das IDW aus, IDW PH 9.910.1 Rn. 5 a.E.

481 So jedenfalls ESMA31-62-532, Ziff. 73.

Befürchtungen der Kritiker bewahrheiten und Investoren auch weiterhin die Erstellung und auch Aufnahme von Wirtschaftsprüferberichten in den Prospekt fordern, ist dies demnach jedenfalls rechtlich möglich. Dass Wirtschaftsprüfer gleichwohl auch tatsächlich ohne entsprechende gesetzliche Pflicht bereit sind, zu veröffentlichende Gutachten zu erstellen, ist wegen der einhergehenden Haftungsrisiken[482] nach hier vertretener Auffassungen äußerst unwahrscheinlich.[483] Solange die Investoren allerdings nicht selbst nach einem veröffentlichten Gutachten verlangen und die Banken vorrangig am *comfort* (nicht aber an einer Veröffentlichung) interessiert sind, wäre auch diese Folge als vertretbar einzustufen. Sind Wirtschaftsprüfer auch in Zukunft bereit, zu veröffentlichende Gutachten zu Gewinnprognosen zu erstellen, könnten Emittenten diese Gutachten künftig als Wettbewerbsvorteil nutzen und so die entstehenden Mehrkosten aufwiegen.

Im Ergebnis führt die neue Rechtslage also vorrangig zu einer erhöhten Flexibilität bei der Prospekterstellung und überlässt die Erstellung und/oder Aufnahme von Wirtschaftsprüferberichten dem Ermessen der Emittenten im Einzelfall. Dadurch wird insbesondere dem Emittenteninteresse an einer einfachen und kostengünstigen Prospekterstellung Rechnung getragen, während die Investoren gleichzeitig wegen des begrenzten Aussagegehalts der Wirtschaftsprüferberichte bereit sind, auf deren Aufnahme in den Prospekt zu verzichten.

3. Zwischenergebnis

Die vormaligen Regelungen zur Aufnahme und inhaltlichen Ausgestaltung von Gewinnprognosen und -schätzungen in Wertpapierprospekte stellte Emittenten vor eine Reihe von Herausforderungen. Dies betraf insbesondere Rechtsunsicherheiten bzgl. der Aufnahmepflichten ausstehender Gewinnprognosen (oben, 1.a)) sowie zu veröffentlichender Wirtschaftsprüferberichte (oben, 2.a)). Emittenten wurden daher von ihren Rechtsberatern (mit guten Gründen) bei der Aufnahme zukunftsgerichteter Informationen zur Zurückhaltung gemahnt. Diese Unsicherheit führte zu wesentlichen Anwendungsproblemen (zu den haftungsrechtlichen Problemen für Emittenten, siehe unten, V.2.).[484] Insgesamt führte diese Rechtslage dazu, dass Emittenten es möglichst vermieden, quantitative Aussagen über die künftige Entwicklung in den Prospekt aufzunehmen. Dies wurde nach hier vertretener Auffassung dem grundsätzlichen Ziel, Investoren

---

482 Ausführlich unten, D.V.3.

483 Dazu insbesondere AFME zu ESMA31-62-532, S. 12.

484 *Alfes/Wieneke* in Holzborn WpPG, Mindestangaben für das Registrierungsformular für Aktien (Modul) Rn. 65.

insbesondere auch die Beurteilung der Zukunftsaussichten von Emittenten zu ermöglichen, nicht gerecht.

Das neue Prospektregime begegnet diesen Anwendungsschwierigkeiten zunächst durch die neue gesetzliche Regelung zur Aufnahmepflicht bei ausstehenden und noch gültigen Gewinnprognosen. Trotz der Gefahr, wegen der weiten Auslegung des Begriffs der Gewinnprognose durch die ESMA künftig noch stärker auf die exakte Formulierung bei der Prognoseerstellung achten zu müssen, stellt die erhöhte Rechtssicherheit nach hier vertretener Ansicht für Emittenten einen Vorteil dar. Dass deutsche Emittenten, die den DRS 20 befolgen, künftig gültige Gewinnprognosen aus ihren Finanzberichten zwingend veröffentlichen müssen, ist als vertretbar zu erachten Die neu aufzunehmenden Erläuterungen zu Annahmen und Risiken bei Gewinnprognosen und -schätzungen könnten dabei die Informationslage der Anleger so weit verbessern, dass sie den Prospektinhalt besser beurteilen und realistischer einschätzen könnten. Emittenten könnten durch ausführliche Informationen also gegebenenfalls zu ihrer Entlastung beitragen.[485]

(Freiwillige) Wirtschaftsprüferberichte zu Gewinnprognosen werden auch künftig relevant werden, jedenfalls als interne Berichte zum *comfort* der transaktionsbegleitenden Banken. Ob diese Wirtschaftsprüferberichte darüber hinaus auch veröffentlicht werden, hängt maßgeblich davon ab, ob die Wirtschaftsprüfer dazu bereit sind. Inwieweit deutsche Emittenten davon profitieren können, freiwillig die Ausführungen der Abschlussprüfer zu den im Rahmen von Finanzberichten aufgenommenen zukunftsgerichteten Informationen in den Prospekt aufzunehmen,[486] wird unter IV.4.b) näher untersucht.

IV. Ermittlung, Darstellung, Prognosezeitraum sowie Prüfung von Gewinnprognosen

Nachdem im vorigen Abschnitt herausgearbeitet wurde, welche gesetzlichen Anforderungen für die Aufnahme und den Inhalt von Gewinnprognosen gelten, soll hier näher auf die Methodik, also die Ermittlung (unten 1.) und Darstellung (unten, 2.) von Gewinnprognosen, im Wertpapierprospekt eingegangen werden. Außerdem wird der Prognosezeitraum (unten, 3.) sowie die – heute

---

485 Zur Verbesserung der Prognoseberichterstattung durch Prognoseerläuterungen vor dem Hintergrund drohender Prospekthaftung *Klöhn*, WM 2010, S. 289, 295.

486 Zur Prüfung zukunftsgerichteter Informationen bei der (Konzern)Lageberichterstattung bereits ausführlich oben, C.IV.

optionale – Prüfung von Gewinnprognosen durch Wirtschaftsprüfer näher untersucht (unten, 4.). Dabei soll stets geprüft werden, inwieweit Emittenten bereits bei der (Konzern)Lageberichterstattung einzelne prospektrechtliche Anforderungen erfüllen können, um bei einer späteren Prospekterstellung einen geringeren Aufwand zu haben.

Wie auch bei der Lageberichterstattung sind die gesetzlichen Anforderungen an die Prognoseberichterstattung im Prospekt nicht sehr spezifisch. Mit den bereits erwähnten konkretisierenden Rechnungslegungs-[487] sowie Prüfungshinweisen[488] des IDW zur Erstellung und Prüfung von Gewinnprognosen bestehen jedoch untergesetzliche Normierungen, die herangezogen werden können. Daneben finden sich in den Empfehlungen sowie den *Questions & Answers* der ESMA einige praxisrelevante Hinweise zur Erstellung von Gewinnprognosen.

1. Ermittlung der Gewinnprognose

Für die Ermittlung von Gewinnprognosen sieht der einschlägige IDW-Rechnungslegungshinweis eine aus vier Schritten bestehende Methode vor, die folgend erläutert werden soll.[489] Danach sind (i) die Geschäftsvorfälle im Prognosezeitraum zu erfassen, (ii) die ergebnisrelevanten Faktoren zu identifizieren, (iii) Annahmen zu treffen und schließlich (iv) die Gewinnprognosen daraus abzuleiten. Diese Methode ist nach hier vertretener Ansicht gut nachvollziehbar und wird auch im Schrifttum verwendet, um das Prognoseverfahren zu erläutern.[490] Ferner können Gewinnprognosen grundsätzlich nur dann durch einen Wirtschaftsprüfer geprüft werden, wenn sie nach diesem Rechnungslegungshinweis erstellt wurden.[491] Entsprechend haben Emittenten ihr Vorgehen nachvollziehbar zu dokumentieren,[492] um eine etwaige spätere Prognoseprüfung zu erleichtern (dazu unten unter 4.).

---

487 IDW RH HFA 2.003.

488 IDW PH 9.960.3.

489 IDW RH HFA 2.003, Rn. 5; so auch *Pföhler/Riese*, WPg 2014, S. 1184, 1191; *Meyer* in FrankKomm WpPG u. EU-ProspektVO, Anhang I Ziff. 13 ProspektVO Rn. 31.

490 Vgl. etwa *Pföhler/Riese*, WPg 2014, S. 1184, 1191; *Meyer* in FrankKomm WpPG u. EU-ProspektVO, Anhang I Ziff. 13 ProspektVO Rn. 31.

491 IDW PH 9.910.1, Rn. 9; siehe auch IDW PH 9.910.1 Rn. 15, wonach diese Dokumentation vom Wirtschaftsprüfer kritisch zu lesen ist.

492 IDW RH HFA 2.003, Rn. 28.

a) *Erfassen der Geschäftsvorfälle*

Es sind zunächst die innerhalb des Prognosezeitraums bis zum Zeitpunkt der Erstellung der Gewinnprognose eingetretenen und im Rechnungswesen des Emittenten abgebildeten Geschäftsvorfälle zu erfassen.[493] Wird also im Prospekt unterjährig eine Gewinnprognose für das jeweilige Geschäftsjahr erstellt, sind die in diesem Geschäftsjahr bereits eingetretenen Geschäftsvorfälle zu berücksichtigen, da sie innerhalb des Prognosezeitraums liegen. Die bereits eingetretenen Geschäftsvorfälle bieten somit eine Grundlage dafür, den Verlauf des verbleibenden Teils des Prognosezeitraums einzuschätzen.

Zur Erfassung bereits eingetretener Geschäftsvorfälle enthält der DRS 20 keine speziellen Vorgaben für die (Konzern-)Lageberichterstattung. Jedoch stützen sich Unternehmen freilich auch bei der Prognoseberichterstattung im Lagebericht auf die historischen Geschäftsvorfälle und Erfahrungswerte, da sie sämtliche verfügbaren Informationen einzubeziehen haben.[494] Insoweit ergeben sich für diesen Verfahrensschritt keine Unterschiede zwischen Prospekterstellung und (Konzern)Lageberichterstattung.

b) *Ermittlung von Faktoren*

Da sich der Prognosezeitraum in die Zukunft erstreckt, sind bei der Prognoseerstellung noch nicht sämtliche Geschäftsvorfälle innerhalb des Prognosezeitraums eingetreten. Emittenten müssen daher sodann die Faktoren bestimmen, die das während des Prognosezeitraums erwirtschaftete Ergebnis künftig beeinflussen können.[495] Zu diesen Faktoren zählen (i) die Ergebnisse vergangener Perioden, beobachtete Marktentwicklungen, Marktanteil und Wettbewerbsposition des Emittenten, (ii) die Finanzlage des Emittenten und deren mögliche Veränderungen, (iii), Veränderungen der Unternehmensstrategie, (iv) Auswirkungen von M&A-Transaktionen, Strategieänderungen sowie Veränderungen hinsichtlich des technologischen Umfelds und Umweltschutzanforderungen, (v) Änderungen der rechtlichen und steuerlichen Rahmenbedingungen, (vi) Verpflichtungen

---

493 *Meyer* in FrankKomm WpPG u. EU-ProspektVO, Anhang I Ziff. 13 ProspektVO Rn. 32.

494 Vgl. diesbezüglich zum Umfang der Prüfung der (Konzern-)Lageberichte durch den Abschlussprüfer oben, C.IV.1.c).

495 *Meyer* in FrankKomm WpPG u. EU-ProspektVO, Anhang I Ziff. 13 ProspektVO Rn. 33; zu diesen Faktoren halten ESMA und IDW konkretisierende Hinweise bereit, die sich teilweise entsprechen, aber auch ergänzen

gegenüber Dritten,[496] (vii) die Fremdwährungs- und Zinsentwicklung, (viii) die mengen- und preismäßige Entwicklung der Absatz- und Beschaffungsmärkte, (ix) Investitions- und Finanzierungsmaßnahmen (einschließlich M&A-Transkationen) und (x) Marktanalysen und -studien Dritter.[497] Insgesamt sind also sämtliche zur Zeit der Prognoseerstellung verfügbaren Informationen der Vergangenheit und absehbare Entwicklungen der Zukunft einzubeziehen.[498] Diese Grundlagen sind außerdem in den der Gewinnprognose beizufügenden Erläuterungen anzugeben,[499] wobei wesentliche Faktoren einzeln darzustellen sind.[500]

Auch dieser Verfahrensschritt ist für die Finanzberichterstattung nicht ausdrücklich vorgesehen. Entsprechend werden keinerlei Beispiele von Faktoren vorgegeben, die bei der Prognoseerstellung im Lagebericht insbesondere zu berücksichtigen wären (zu den Beispielen bzgl. möglicher Annahmen sogleich unter c)). Dies schließt jedoch nicht aus, dass Emittenten die oben genannten Faktoren auch bei der (Konzern)Lageberichterstattung berücksichtigen können. Vielmehr können Emittenten diese Faktoren auch bei der Prognoseberichterstattung im (Konzern-)Lagebericht nutzen, wenn sie ihre Prognose zum Geschäftsergebnis aufstellen. Gleiches gilt i.Ü. für das prospektrechtliche Erfordernis, zwischen solchen Faktoren zu unterscheiden, die innerhalb bzw. außerhalb des Einflussbereichs der Mitglieder der Führungsorgane des Emittenten stehen.[501] Zwar wird dies für die Finanzberichterstattung nicht ausdrücklich verlangt; weder die handelsrechtlichen Vorschriften noch der DRS 20 sprechen allerdings dagegen, bei den Risikofaktoren des (Konzern-)Lageberichts aufzuzeigen, welche dieser Risikofaktoren von den Führungsorganen beeinflusst werden können. Dadurch kann der (Konzern-)Lagebericht sogar aufgewertet werden, da Berichtsadressaten die jeweiligen Risiken besser einschätzen können.

---

496 ESMA/2013/319, Ziff. 50; sehr ähnlich auch IDW RH HFA 2.003, Rn. 10.

497 IDW RH HFA 2.003, Rn. 10.

498 IDW RH HFA 2.003, Rn. 11; *Meyer* in FrankKomm WpPG u. EU-ProspektVO, Anhang I Ziff. 13 ProspektVO Rn. 35.

499 IDW RH HFA 2.003, Rn. 17; *Meyer* in FrankKomm WpPG u. EU-ProspektVO, Anhang I Ziff. 13 ProspektVO Rn. 35.

500 Alle übrigen Faktoren und Annahmen können zusammengefasst dargestellt werden, IDW RH HFA 2.003, Rn. 17.

501 Anhang I Punkt 11.2 Satz 2 lit. a) Delegierte Verordnung (EU) 2019/980.

c) Annahmen

Da im Prospekt die wichtigsten Annahmen des Emittenten zu erläutern sind (Anhang 1 Punkt 11.2 Satz 1 Delegierte Verordnung (EU) 2019/980[502]), wird in den Rechnungslegungshinweisen des IDW auch beschrieben, wie diese Annahmen zu ermitteln sind.[503] Viele der Rechnungslegungshinweise sind selbstverständlich, um Anlegern die getroffenen Annahmen zu erläutern. So müssen die getroffenen Annahmen sachgerecht sein und dürfen sich nicht widersprechen; sofern die Geschäftsleitung den üblichen Geschehensablauf erwartet, darf auch auf Erfahrungswerte zurückgegriffen werden.[504] Auch sind sämtliche vorhandenen Erkenntnisse der Geschäftsleitung zu berücksichtigen.[505] Andere Hinweise wiederum konkretisieren mögliche Anwendungsfragen. Wichtig ist etwa, dass hypothetische Annahmen, also mögliche aber gerade nicht erwartete Entwicklungen, der Gewinnprognose nicht zugrunde gelegt werden dürfen.[506] Dem ist zuzustimmen, da dadurch sichergestellt wird, dass tatsächlich ein aus Sicht der Geschäftsleitung wahrscheinliches Szenario (anstelle etwa von Zielen oder Wunschvorstellungen) abgebildet wird.

Wie erwähnt, müssen die Annahmen nach dem Gesetzeswortlaut plausibel, leicht verständlich, spezifisch sowie präzise sein und haben sich auf konkrete Faktoren anstelle allgemeiner Schätzungen zu beziehen.[507] Bezieht sich die Prognose nicht bloß auf das Jahresergebnis sondern auch auf weitere Posten der Gewinn- und Verlustrechnung, sind diese in den Erläuterungen darzustellen. Es muss dann (zur besseren Verständlichkeit) deutlich abgegrenzt werden, welche Annahmen sich auf welchen Posten beziehen.[508] All diese Anforderungen führen dazu, dass Anleger möglichst klar und einfach nachvollziehen können, auf welcher Grundlage eine Prognose erstellt wurde. Die durch die Verständlichkeit

---

502 Vormals Anhang 1 Ziff. 13 Verordnung (EG) 809/2004.

503 Insb. IDW RH HFA 2.003, Rn. 5, 8, 10, 11, 16-19.

504 IDW RH HFA 2.003, Rn. 8; *Meyer* in FrankKomm WpPG u. EU-ProspektVO, Anhang I Ziff. 13 ProspektVO Rn. 38.

505 IDW RH HFA 2.003, Rn. 8, 11; weitergehend auch *Pföhler/Riese*, WPg 2014, S. 1184, 1191, die erklären, die Geschäftsleitung habe als bestmögliche Annahme entweder den Erwartungswert der mit ihrer Eintrittswahrscheinlichkeit gewichteten Alternativen zu wählen oder die von ihm als am wahrscheinlichsten angesehenen Alternative zugrunde zu legen.

506 IDW RH HFA 2.003, Rn. 8.

507 Oben, D.III.2.

508 IDW RH HFA 2.003, Rn. 16.

erreichte Transparenz wirkt der Prognosen naturgemäß innewohnenden Unsicherheit entgegen.

Zudem müssen Emittenten klar zwischen Faktoren unterscheiden, die von Mitgliedern der Verwaltungs-, Geschäftsführungs- und Aufsichtsorgane beeinflusst bzw. nicht beeinflusst werden können.[509] Diese klare Trennung ist zu begrüßen, da sie Anlegern ermöglicht, einen schnellen Überblick über etwaige Unwägbarkeiten bei der künftigen Entwicklung des Emittenten zu erlangen. Zu den beeinflussbaren Faktoren können beispielhaft zählen: die Geschäftsausrichtung, M&A-Transaktionen, Geschäftserweiterungen, Kundenakquise, Preisbildung sowie Kostenentwicklungen in den Bereichen Marketing, Verkäufe, Forschung und Entwicklung etc. Vom Emittenten nicht beeinflussbar sind hingegen globale und regionale wirtschaftliche, politische oder rechtliche Veränderungen, branchenspezifische Marktentwicklungen, Währungsentwicklungen oder sonstige unvorhersehbare (Natur-)Ereignisse.[510] Der IDW spricht mit Blick auf die vom Emittenten beeinflussbaren bzw. nicht beeinflussbaren Faktoren von „Handlungen" und „Ereignissen".[511] Diese griffige Unterscheidung kann Emittenten nach hier vertretener Ansicht einen guten Ausgangspunkt bieten, die Faktoren einer der beiden Kategorien zuzuordnen. Denn Ereignisse, also nicht beeinflussbare Faktoren, sind danach nur solche, die unabhängig von einer Handlung des Emittenten bestehen und zwar unabhängig davon, ob sie intern im Unternehmen (z.B. Entscheidungen über die Geschäftsausrichtung) oder extern (z.B. branchenspezifische oder politische Entwicklungen, auf die der Emittent ggf. entscheidenden Einfluss nimmt) zu verorten sind. Freilich darf dabei unter „Handlungen" jedoch nicht bloß ein aktives Tun verstanden werden, da Unternehmen auch durch Unterlassen (z.B. Verzicht auf einen Unternehmenserwerb oder Preiserhöhungen) ihre Entwicklung beeinflussen können.

Schließlich sollen die getroffenen Annahmen die Aufmerksamkeit auf die identifizierten wesentlichen Unsicherheitsfaktoren lenken (Anhang 1 Punkt 11.2 Satz 2 lit. c) Delegierte Verordnung (EU) 2019/980)).[512] Bereits bei der Ermittlung der für die Prognose relevanten Faktoren müssen Emittenten daher

---

509 Anhang I Punkt 11.1 Delegierte Verordnung (EU) 2019/980; IDW RH HFA 2.003, Rn. 8.

510 Diese Beispiele stammen aus dem Wertpapierprospekt der TeamViewer AG (11. September 2019), S. 102 ff. (abrufbar auf der BaFin-Website unter https://portal.mvp.bafin.de/database/VPInfo/DownloadController.do, zuletzt abgerufen am 26. Februar 2020 um 13:24 Uhr).

511 IDW RH HFA 2.003, Rn. 5; dazu auch *Pföhler/Riese*, WPg 2014, S. 1184, 1191.

512 Oben, D.III.2.b).

stets untersuchen, wie stark ein Faktor das Prognoseergebnis beeinflussen kann. Der Gesetzeswortlaut impliziert, dass Unsicherheitsfaktoren keinesfalls separat aufzulisten sind, sondern bereits Teil der Erläuterung der jeweiligen Annahme sein müssen. Emittenten sollten zu den erläuterten Annahmen daher anmerken ob und, wenn ja, welche wesentlichen Unsicherheitsfaktoren bezogen auf die jeweilige Annahme bestehen. Obgleich dies bei der (Konzern)Lageberichterstattung nicht vorgeschrieben ist, könnten Emittenten auch bei der Prognoseberichterstattung im (Konzern-)Lagebericht eine Darstellung wählen, die einzelne Unsicherheitsfaktoren bereits den Annahmen zuordnet, die für die Prognose des Geschäftsergebnisses relevant werden. Dazu können die für den Chancen- und Risikobericht ermittelten Faktoren, die sich insbesondere auf die Prognose des Geschäftsergebnisses auswirken können, genutzt werden. Dass eine Darstellung, die den Prognosebericht sowie den Chancen- und Risikobericht miteinander verbindet, zulässig ist, wurde bereits dargelegt.[513] Demzufolge sollten Emittenten, die ihre Prognose zum Geschäftsergebnis auch als Gewinnprognose in den Prospekt aufnehmen möchten oder müssen, (wenn möglich[514]) einen integrierte Aufbau des Prognose- und Chancen- und Risikoberichts wählen.

Beispiele für mögliche Annahmen sind in den Empfehlungen der ESMA nicht enthalten, wohl weil die ergebnisrelevanten Faktoren, auf denen die Annahmen fußen, bereits im vorigen Schritt ermittelt werden. Demgegenüber enthält der DRS 20 einige Beispiele für mögliche Annahmen, die teilweise sehr den vorgeschlagenen Faktoren für die Gewinnprognose im Prospekt ähneln. Dabei werden Wirtschafts- und Branchenentwicklungen, Wechselkurse, Inflation, regulatorische Maßnahmen, technischer Fortschritt, erwartete Sondereinflüsse für den Konzern, Realisierung von Synergiepotentialen sowie der Abschluss von Entwicklungsprojekten und die Inbetriebnahme neuer Anlagen genannt (DRS 20.122). Obgleich der DRS 20 also nicht gesondert darauf hinweist, dass Emittenten die ergebnisrelevanten Faktoren herauszuarbeiten haben, geht er doch implizit davon aus, dass dies geschieht, um Annahmen treffen zu können. Die Anforderungen der Empfehlungen von ESMA und IDW und die des DRS 20 überschneiden sich insoweit inhaltlich.

---

513 Ausführlich zum Aufbau des Chancen- und Risikoberichts oben unter C.II.1.c)bb).

514 Hat ein Emittent in der Vergangenheit stets einen getrennten Aufbau gewählt, ist vor dem Hintergrund des Stetigkeitsgebots freilich abzuwägen, ob nicht daran festgehalten werden sollte, dazu bereits oben unter C.II.1.c)aa)(4).

d) Ableitung der Gewinnprognose

Schließlich ist aus den erfassten Geschäftsvorfällen, den ermittelten Faktoren sowie den getroffenen Annahmen die Gewinnprognose abzuleiten.[515] Emittenten müssen dabei nicht nur darauf achten, sachlich und rechnerisch korrekt vorzugehen, sondern auch eine Vergleichbarkeit mit historischen Finanzinformationen herzustellen und ihre Rechnungslegungsgrundsätze und -methoden stetig anzuwenden.[516] Diesbezüglich hat der Emittent im Prospekt die Erklärung abzugeben, dass diese Kriterien erfüllt sind (Anhang 1 Punkt 11.3 Delegierte Verordnung (EU) 2019/980).

Auch zu diesem Verfahrensschritt enthält der DRS 20 keine entsprechenden Anforderungen. Die prospektrechtlichen Anforderungen sind jedoch so allgemein gehalten und methodisch naheliegend, dass sie auch bei der (Konzern-)Lageberichterstattung berücksichtigt werden können. Insbesondere daraus, dass Gewinnprognosen in Prospekten mit den historischen Finanzinformationen vergleichbar und den Rechnungslegungsmethoden des Emittenten konsistent sein müssen,[517] ergeben sich für die (Konzern-)Lageberichterstattung keine Besonderheiten. Vielmehr setzen Emittenten bei der Erstellung ihrer Finanz- und damit auch (Konzern-)Lageberichte selbst die Maßstäbe für eine spätere Prospekterstellung.[518]

2. Darstellung

Neben den allgemeinen Prospektgrundsätzen hat die ESMA für die Erstellung von Gewinnprognosen einige Grundprinzipien festgelegt.[519] Gewinnprognosen müssen danach (i) aus Anlegersicht verständlich, (ii) verlässlich (also auf einer Analyse auf Tatsachenbasis anstelle von Hypothesen basieren), (iii) vergleichbar mit den historischen Finanzinformationen sowie (iv) für die Anlageentscheidung relevant sein.[520]

---

515 IDW RH HFA 2.003, Rn. 9; *Meyer* in FrankKomm WpPG u. EU-ProspektVO, Anhang I Ziff. 13 ProspektVO Rn. 41.

516 *Meyer* in FrankKomm WpPG u. EU-ProspektVO, Anhang I Ziff. 13 ProspektVO Rn. 41; ähnlich IDW RH HFA 2.003, Rn. 12 f.

517 Anhang I Punkt 11.3 Delegierte Verordnung (EU) 2019/980.

518 Vgl. IDW RH HFA 2.003, Rn. 12; *Meyer* in FrankKomm WpPG u. EU-ProspektVO, Anhang I Ziff. 13 ProspektVO Rn. 26.

519 Siehe sehr ausführlich *Meyer* in FrankKomm WpPG u. EU-ProspektVO, Anhang I Ziff. 13 ProspektVO Rn. 23 ff.

520 ESMA/2013/319, Rn. 41.

Wie gezeigt, müssen Gewinnprognosen auf einer Grundlage erstellt werden, die mit den historischen Finanzinformationen vergleichbar ist.[521] Entsprechend ist das zugrunde liegende Datenmaterial nach denselben Rechnungslegungsgrundsätzen und -methoden zu erstellen, wie die Finanzberichte.[522] Davon ist richtigerweise auszugehen, wenn diese Informationen aus dem Rechnungswesen des Emittenten stammen,[523] da das Rechnungswesen auch für die Finanzberichterstattung zuständig ist. Verwendet ein Emittent anstelle des Periodenergebnisses einen anderen Posten der Gewinn- und Verlustrechnung oder eine sonstige Kennzahl für die Gewinnprognose, so ist anzugeben, dass diese nach Auffassung des Emittenten Indizwirkung für das Periodenergebnis hat. Handelt es sich um Kennzahlen außerhalb der anwendbaren Rechnungslegungsgrundsätze (*Non-GAAP-Measures*, z.B. *Alternative Performance Measures*), sind diese auf die in der Gewinn- und Verlustrechnung ausgewiesenen Abschlussposten überzuleiten.[524] Diese Vorgaben stellen sicher, dass der Adressat nachvollziehen kann, welche Kennzahlen der Emittent selbst für wesentlich erachtet und wie sich diese zu den vorigen Finanzberichten verhalten. Weiterhin müssen die angewandten Rechnungslegungsgrundsätze und -methoden in den Erläuterungen zur Gewinnprognose dargestellt werden. Dabei ist insbesondere auf etwaige Abweichungen gegenüber der Finanzberichterstattung einzugehen, wobei die größtmöglichen Auswirkungen der methodischen Abweichungen zu quantifizieren sind.[525] Letztere Maßgabe ist nach hier vertretener Auffassung besonders wichtig, da Investoren andernfalls nur schwer überprüfen können, ob eine Gewinnprognose (die Emittenten möglicherweise zu Werbungszwecken möglichst positiv darstellen möchten) von den bisherigen Methoden abweicht und, wenn ja, welche Spanne sich daraus ergibt.

Ferner sind außergewöhnliche Ergebnisse, solche aus nicht wiederkehrenden Aktivitäten sowie außergewöhnliche Steueraufwendungen gesondert darzustellen.[526] Schließlich empfiehlt das IDW, einen allgemeinen Warnhinweis

---

521 Oben unter D.III.2.

522 IDW RH HFA 2.003, Rn. 12; *Meyer* in FrankKomm WpPG u. EU-ProspektVO, Anhang I Ziff. 13 ProspektVO Rn. 26.

523 *Meyer* in FrankKomm WpPG u. EU-Prospektverordnung, Anhang I Ziff. 13 ProspektVO Rn. 26.

524 IDW RH HFA 2.003, Rn. 20; *Meyer* in FrankKomm WpPG u. EU-ProspektVO, Anhang I Ziff. 13 ProspektVO Rn. 27.

525 IDW RH HFA 2.003, Rn. 19; IDW PH 9.960.3, Rn. 16; *Meyer* in FrankKomm WpPG u. EU-ProspektVO, Anhang I Ziff. 13 ProspektVO Rn. 28.

526 IDW RH HFA 2.003, Rn. 21; *Meyer* in FrankKomm WpPG u. EU-ProspektVO, Anhang I Ziff. 13 ProspektVO Rn. 28.

hinsichtlich der Prognose abzugeben, dass diese unsicher ist. Folgende Formulierung wird empfohlen: „*Da sich die Gewinnprognose auf einen noch nicht abgeschlossenen Zeitraum bezieht und auf der Grundlage von Annahmen über künftige und ungewisse Ereignisse und Handlungen erstellt wird, ist sie naturgemäß mit erheblichen Unsicherheiten behaftet. Aufgrund dieser Unsicherheiten ist es möglich, dass der tatsächliche Gewinn der Gesellschaft wesentlich vom prognostizierten Gewinn abweicht.*“[527] Obgleich ein solcher Warnhinweis gesetzlich nicht ausdrücklich gefordert wird, sollten Emittenten dieser Empfehlung nach hier vertretener Ansicht folgen. Denn so können die Adressaten nicht „übersehen“, dass es sich bei der Prognose um eine sehr unsichere Information handelt und Emittenten müssen sich – sofern das prognostizierte Ergebnis nicht eintritt – nicht vorhalten lassen, sie wären vom Prognoseeintritt sicher überzeugt gewesen.

Nach Ansicht der ESMA sollen sich Gewinnprognosen normalerweise auf den Gewinn (oder Verlust) vor Steuern beziehen, wobei nicht wiederkehrende Posten sowie ungewöhnlich hohe oder niedrige Steuerbelastungen gesondert auszuweisen sind.[528] Darüber hinaus muss die Gewinnprognose den prognostizierten Gewinn angeben oder eine durch Mindest- und Höchstzahl konkretisierte Bandbreite enthalten.[529] Auch diese Empfehlungen finden zwar keine Stütze im Gesetz, da Gewinnprognosen insbesondere auch Aussagen sein können, die lediglich implizit auf einen erwartetes Ergebnis schließen lassen.[530] Doch wird dadurch erreicht, dass Emittenten ihre Gewinnprognosen einheitlich darstellen, wodurch eine gewisse Konsistenz und Vergleichbarkeit hergestellt wird.

Auch bei der Prognoseberichterstattung im Rahmen der Regelpublizität kann bereits darauf geachtet werden, einige dieser Vorgaben umzusetzen, um die Aufnahme einer Gewinnprognose in einen Prospekt zu erleichtern. Die Vorgabe, den Gewinn oder eine Bandbreite anzugeben, entspricht inhaltlich der Punkt- bzw. Intervallprognose (DRS 20.128),[531] sodass Emittenten bei der Finanzberichterstattung bzgl. ihrer Ergebnisprognose eine dieser Darstellungsformen wählen sollten. Während für prospektrechtliche Gewinnprognosen ausdrücklich empfohlen wird, dass sich die Angaben grundsätzlich auf den Gewinn

527 IDW RH HFA 2.003, Rn. 22; *Meyer* in FrankKomm WpPG u. EU-ProspektVO, Anhang I Ziff. 13 ProspektVO Rn. 29.

528 ESMA/2013/319, Rn. 47.

529 IDW RH HFA 2.003, Rn. 15; *Meyer* in FrankKomm WpPG u. EU-ProspektVO, Anhang I Ziff. 13 ProspektVO Rn. 25.

530 Dazu bereits oben unter D.II.1.

531 Dazu ausführlich bereits oben unter C.II.1.c)cc)(1)(b).

vor Steuern beziehen sollen,[532] enthält der DRS 20 zwar keine entsprechende Konkretisierung. Emittenten stellen jedoch auch in ihren Prognoseberichten im (Konzern)Lagebericht tatsächlich ohnehin – neben weiteren Kennzahlen – vor allem auf das EBIT oder EBITDA ab[533] und genügen so den prospektrechtlichen Anforderungen.

3. Prognosezeitraum

Da die Prognoseunsicherheit mit der Länge des Prognosezeitraums steigt,[534] empfiehlt das IDW grundsätzlich eine Beschränkung auf das laufende sowie das folgende Geschäftsjahr.[535] Dies entspricht auch der Regelung zur Prognoseberichterstattung im (Konzern-)Lagebericht, wonach Prognosen mindestens für ein Geschäftsjahr aufgestellt werden sollen, jedoch zwei Geschäftsjahre standardmäßig empfohlen werden.[536] Da ein längerer Prognosezeitraum bei (Konzern-)Lageberichten – obgleich zulässig[537] – den genannten Vorgaben für Gewinnprognosen (höchstens zwei Jahre) widerspräche, sollten sich Emittenten, die ihre Prognose zur Geschäftsentwicklung aus dem (Konzern-)Lagebericht in einen Prospekt aufnehmen müssen oder möchten, auf zwei Geschäftsjahre beschränken.

4. Optional: Wirtschaftsprüferbericht

Wie erwähnt, ist es nach hier vertretener Auffassung mangels gesetzlicher Pflicht und wegen drohender Haftungsrisiken eher unwahrscheinlich, dass Wirtschaftsprüfer

---

532 *Heidelbach/Doleczik* in Schwark/Zimmer KMRK (Voraufl. 2010), § 7 WpPG Rn. 37 unter Verweis auf CESR's recommendations (February 2005), Ref. CESR/05~054 b Ziff. 41.; ESMA/2013/319, Rn. 47, 48; siehe auch unter D.IV.1.

533 Siehe exemplarisch die Geschäftsberichte der RWE AG (EBITDA, Geschäftsbericht 2018, S. 83), Bertelsmann SE & Co. KGaA (Operating EBITDA, Geschäftsbericht 2018, S. 37), Merck KGaA (EBITDA pre, Konzernlagebericht für das Geschäftsjahr 2018, abrufbar unter https://www.merckgroup.com/de/geschaeftsbericht/2018/zusammengefasster-lagebericht/prognosebericht.html), Schaeffler AG (EBIT-Marge vor Sondereinflüssen, Konzernlagebericht für das Geschäftsjahr 2018, abrufbar unter https://www.schaeffler-annual-report.com/site.annualreport/de/konzernlagebericht/prognosebericht/index.jsp).

534 *Meyer* in FrankKomm WpPG u. EU-ProspektVO, Anhang I Ziff. 13 ProspektVO Rn. 30.

535 IDW RH HFA 2.003, Rn. 14; darauf verweisend *Meyer* in FrankKomm WpPG u. EU-ProspektVO, Anhang I Ziff. 13 ProspektVO Rn. 30.

536 Dazu oben unter C.II.1.c)dd).

537 Dazu oben unter C.II.1.c)dd).

auch künftig Prüfberichte zu Gewinnprognosen erstellen werden, die im Prospekt veröffentlich werden sollen. Dennoch soll auch hier auf die mögliche Prüfung von Gewinnprognosen eingegangen werden.[538] Denn einerseits können insbesondere transaktionsbegleitende Banken zu internen Zwecken weiterhin Prüfberichte verlangen können, z.B. im Comfort Letter oder in einer separaten Bescheinigung (wie vom IDW vorgeschlagen[539]).[540] Andererseits können Emittenten Wirtschaftsprüfer beauftragen, zur Veröffentlichung bestimmte Prüfberichte über die Prüfung ihrer Gewinnprognosen zu erstellen,[541] um zusätzliches Vertrauen bei Investoren zu wecken.[542]

a) Inhalt des Prüfberichts

Die folgenden Ausführungen, die sowohl für interne als auch zu veröffentlichende Prüfberichte gelten, orientieren sich am IDW-Prüfungshinweis 9.910.1, der sich speziell mit der Prüfung von Gewinnprognosen seit Inkrafttreten des neuen Prospektregimes befasst. Mit ihm besteht ein etablierter Standard, der Wirtschaftsprüfern, Banken, Emittenten und Anlegern vertraut ist und sowohl bei im Prospekt zu veröffentlichenden als auch rein internen Prüfungen angewendet werden kann. Inhaltlich entspricht der Prüfungshinweis in weiten Teilen dem zur alten Prospektverordnung (IDW PH 9.960.3), was durch die so geschaffene Kontinuität zu begrüßen ist. Er geht jedoch insofern über diesen hinaus, als dass sowohl Mustertexte für Prüfberichte in Comfort Letters als auch Mustertexte für rein interne Bescheinigungen aufgeführt werden.[543]

Inhalt des Prüfberichts ist die Bestätigung, dass die Gewinnprognose aus Sicht des Wirtschaftsprüfers auf der angegebenen Grundlage ordnungsgemäß erstellt wurde und dass diese Grundlagen mit den Rechnungslegungsstrategien des Emittenten konsistent ist.[544] Um dies nachvollziehen zu können, muss der

---

538 Zum Wegfall der Pflicht bei gleichzeitiger Möglichkeit zur freiwilligen Aufnahme oben, D.III.2.b).

539 IDW PH 9.910.1, Rn. 5; ähnlich, aber auf einen Comfort Letter verweisend *Geyer/Schelm*, BB 2019, S. 1731, 1738.

540 Dazu bereits oben, D.III.2.c).

541 IDW PH 9.910.1, Rn. 4.

542 Auf die Vermarktungsvorteile bei Veröffentlichung einer Gewinnprognose hinweisend etwa *Schlitt/Landschein*, ZBB 2019, S. 103, 106.

543 IDW PH 9.910.1 Rn. 4 f., die Mustertexte finden sich in den Anlagen 1-4 (Gewinnprognosen) und 5-8 (Gewinnschätzungen).

544 Ziff. 13.2 Anhang I Verordnung (EG) Nr. 809/2004; so auch IDW PH 9.910.1 Rn. 12.

Wirtschaftsprüfer ausreichend mit der Geschäftstätigkeit sowie den Rechnungslegungsgrundsätzen und -methoden des Emittenten vertraut sein.[545] Diese Kenntnisse erlangen Wirtschaftsprüfer üblicherweise durch die Prüfung oder prüferische Durchsicht des letzten (Zwischen-)Abschlusses des Emittenten.[546] Entsprechend kommt für die Prüfung von Gewinnprognosen insbesondere der letzte Abschlussprüfer des Emittenten in Betracht.[547]

Zunächst ist die ordnungsgemäße Erstellung der Gewinnprognose zu überprüfen. Dabei kommt es maßgeblich darauf an, ob die Prognose auf Grundlage der ermittelten Faktoren, getroffenen Annahmen und dargestellten Rechnungslegungsmethoden sachlich und rechnerisch richtig ermittelt wurden.[548] Die zugrunde liegenden Annahmen selbst sind grundsätzlich nicht zu prüfen,[549] auch wenn Wirtschaftsprüfer, sofern ihnen offensichtlich falsche Annahmen auffallen, häufig auf deren Korrektur bestehen werden.[550] Es entspräche nach hier vertretener Auffassung jedoch dem Interesse transaktionsbegleitender Banken, die auch künftig auf einen (internen) Wirtschaftsprüferbericht bestehen, wenn insbesondere auch die Annahmen stets geprüft würden. Dadurch würde der Wert eines Prüfberichts stark erhöht, da eine Prognose, die auf der Grundlage (nachvollziehbar) fehlerhafter Annahmen erstellt wurde, wahrscheinlich nicht eintreten wird. Die Qualität und Aussagekraft einer Prognose beurteilt sich schließlich nicht nur aus der methodisch korrekten Ableitung einer Prognose aus den zugrundeliegenden Annahmen, sondern steht und fällt vielmehr mit diesen Annahmen selbst. Freilich beruhen Annahmen stets auf der subjektiven Einschätzung des Emittenten, sodass nicht jede Annahme daraufhin überprüft werden kann, ob sie „richtig" oder „falsch" ist. Eine Plausibilitätskontrolle (der

---

545 *Meyer* in FrankKomm WpPG u. EU-ProspektVO, Anhang I Ziff. 13 ProspektVO Rn. 42.

546 IDW PH 9.910.1 Rn. 8; *Meyer* in FrankKomm WpPG u. EU-ProspektVO, Anhang I Ziff. 13 ProspektVO Rn. 42.

547 *Meyer* in FrankKomm WpPG u. EU-ProspektVO, Anhang I Ziff. 13 ProspektVO Rn. 42.

548 IDW PH 9.910.1 Rn. 12.

549 IDW PH 9.910.1 Rn. 13.

550 *Meyer* in FrankKomm WpPG u. EU-ProspektVO, Anhang I Ziff. 13 ProspektVO Rn. 43 unter Verweis auf eine teilweise entgegenstehende Literaturauffassung, nach der offensichtlich falsche Annahmen ausnahmsweise doch geprüft werden sollen, vgl. *Fingerhut/Voß* in Just/Voß/Ritz/Zeising, WpPG, Anhang I EU-ProspektVO Rn. 203; *Schlitt/Schäfer* in Assmann/Schlitt/von Kopp-Colomb (Voraufl. 2010), WpPG/VerkProspG, Anhang I EU-ProspektVO Rn. 119.

Wirtschaftsprüfer des letzten Abschlusses ist schließlich mit dem Emittenten und der Branche vertraut) sollte jedoch, soweit möglich, erfolgen. Eine entsprechende Ergänzung des IDW-Prüfungshinweises wäre nach hier vertretener Ansicht wünschenswert.

Organisatorischen Maßnahmen, die der Emittent zur Ermittlung der Faktoren und Annahmen getroffen hat, sind auch nach dem Prüfungshinweis zu untersuchen.[551] Hinsichtlich der Konsistenz mit den bisherigen Rechnungslegungsstrategien des Emittenten hat der Wirtschaftsprüfer die Gewinnprognose mit den Rechnungslegungsgrundsätzen und -methoden des letzten veröffentlichten Abschlusses zu vergleichen. Weichen diese voneinander ab, ist richtigerweise zu prüfen, ob die Abweichungen ausreichend in den Erläuterungen zur Gewinnprognose dargestellt werden.[552] So wird sichergestellt, dass die gesetzlich verlangte Vergleichbarkeit zwischen Gewinnprognose und Rechnungslegung gewährleistet ist.

b) Verwendung der Ergebnisse der Abschlussprüfung

Da Wirtschaftsprüferberichte nicht mehr zwingend nach den prospektrechtlichen Vorschriften aufzustellen sind, fragt sich, ob Emittenten (intern oder extern) alternativ auch die Ergebnisse der Abschlussprüfung verwenden könnten, wenn im (Konzern-)Lagebericht eine Gewinnprognose enthalten war. Teilweise wurde zur alten Prospektverordnung noch die Auffassung vertreten, der (ehemaligen) prospektrechtlichen Pflicht, einen Wirtschaftsprüferbericht aufzunehmen, sei bereits Genüge getan, wenn die Gewinnprognose bereits Teil des (Konzern-)Lageberichts sei und dieser in den Prospekt aufgenommen würde.[553] Dem wurde mit der Begründung widersprochen, dass die (Konzern-)Lageberichtsprüfung anderen Vorgaben folgte, als die einer Gewinnprognose.[554] Dies gelte auch für die Aussage zum Lagebericht in einem Bestätigungsvermerk,[555] dass der (Konzern-)Lagebericht mit dem (Konzern- bzw.) Jahresabschluss in

---

551 IDW PH 9.910.1 Rn. 15.

552 Dazu bereits unter D.IV.1.

553 So noch *Schlitt/Schäfer* in Assmann/Schlitt/von Kopp-Colomb WpPG/VerkProspG (Voraufl. 2010), Anhang I EU-ProspektVO Rn. 119, wobei dieser Ansatz in der Neuauflage nicht weiterverfolgt wird, *Schlitt* in Assmann/Schlitt/von Kopp-Colomb WpPG/VermAnlG, Anhang I Ziff. 13 ProspektVO Rn. 118.

554 *Meyer* in FrankKomm WpPG u. EU-ProspektVO, Anhang I Ziff. 13 ProspektVO Rn. 45.

555 Diese Aussage findet sich im Bestätigungsvermerk nach § 322 Abs. 6 HGB.

Einklang stehe und insgesamt ein zutreffendes Bild von der Lage des (Konzerns bzw.) Unternehmens vermittele sowie die Chancen und Risiken der zukünftigen Entwicklung zutreffend dargestellt seien.[556] Dabei wurde jedoch auch anerkannt, dass die (ehemals) prospektrechtlich geforderten Aussagen des Wirtschaftsprüfers bereits im Wortlaut des Bestätigungsvermerks enthalten waren.[557]

Ferner wurde darauf hingewiesen, die Feststellung, dass eine Gewinnprognose auf der angegebenen Grundlage ordnungsgemäß erstellt wurde und dass die dabei verwendete Rechnungslegungsgrundlage mit den Rechnungslegungsstrategien des Emittenten konsistent sei, könne auf der Grundlage der im Rahmen der Abschlussprüfung vorgenommenen Prüfungshandlungen ohnehin ohne großen Zusatzaufwand getroffen werden. Emittenten wurde in diesem Zusammenhang empfohlen, sich bereits bei der Erstellung des (Konzern-)Lageberichts mit ihrem Abschlussprüfer bzgl. der Wirtschaftsprüferbescheinigung für den Wertpapierprospekt abzusprechen.[558]

Aus heutiger Sicht ist diese Problematik insoweit entschärft, als Wirtschaftsprüferberichte prospektrechtlich nicht länger vorgesehen sind und daher das Argument, ein separat erstellter Wirtschaftsprüferbericht speziell zur Gewinnprognose würde den Anschein der Unvollständigkeit verhindern, nicht mehr trägt. Da die Aussagen der Abschlussprüfer im Bestätigungsvermerk zu den Zukunftsaussichten des Emittenten weitestgehend den ehemals prospektrechtlichen Vorgaben genügen, spricht aus heutiger Sicht viel dafür, dass diese Aussagen des Abschlussprüfers sowie die entsprechenden Teile des Prüfberichts auch bei der Prospekterstellung verwendet werden können. Dass die (Konzern)Lageberichterstattung und Prospekterstellung zeitlich auseinanderfallen können, ist dabei nicht zwingend schädlich; denn nur wenn eine im (Konzern-)Lagebericht enthaltene Gewinnprognose noch aktuell und gültig ist, muss sie auch in den Prospekt aufgenommen werden. Treten zwischenzeitlich Umstände ein, die sich auf die Prognose bzw. deren Aktualität auswirken, muss sie auch nicht veröffentlicht werden; es genügt vielmehr darauf hinzuweisen, dass die Prognose nicht länger gültig ist.[559] Lediglich bei der freiwilligen Aufnahme einer (neuen bzw. aktualisierten) Gewinnprognose wäre ein neuer Prüfbericht erforderlich.

556 *Meyer* in FrankKomm WpPG u. EU-ProspektVO, Anhang I Ziff. 13 ProspektVO Rn. 45.

557 *Meyer* in FrankKomm WpPG u. EU-ProspektVO, Anhang I Ziff. 13 ProspektVO Rn. 45.

558 *Meyer* in FrankKomm WpPG u. EU-ProspektVO, Anhang I Ziff. 13 ProspektVO Rn. 31.

559 Dazu bereits oben unter II.1.b)bb).

Fraglich könnte jedoch sein, ob insbesondere die transaktionsbegleitenden Banken in den Ergebnissen der Abschlussprüfung einen ausreichenden *comfort* sehen würden. Denn ihnen geht es gerade darum, eine Bewertung speziell zu der in den Prospekt aufzunehmenden Gewinnprognose zu erhalten. Da sich eine solche Bewertung nach den ehemaligen prospektrechtlichen Voraussetzungen – wenn auch nicht ganz wesentlich – von den handelsrechtlichen Anforderungen an die Abschlussprüfung unterscheidet, könnte es auch weiterhin auf Widerstand stoßen, lediglich den Prüfungsbericht des Abschlussprüfers und dessen Bestätigungsvermerk bei der Prospekterstellung zu verwenden. Während somit gute Gründe dafür sprechen, künftig die Ergebnisse der Abschlussprüfung zum Prognosebericht des (Konzern-)Lageberichts bei der Prospekterstellung zu verwenden, könnte eine abweichende Nachfrage insbesondere von Banken dazu führen, dass auch künftig ein separater Bericht erstellt werden muss. Dies gilt insbesondere, sofern Wirtschaftsprüfer die Annahmen, anders als bei der Finanzberichterstattung und wie hier vorgeschlagen, jedenfalls einer Plausibilitätsprüfung unterziehen würden. Denn dann böte der separate Bericht einen tatsächlichen Mehrwert ggü. der Abschlussprüfung.

Sofern Emittenten die Ergebnisse der Abschlussprüfung (oder einer separaten Prüfung der Gewinnprognose) nicht lediglich intern zum *comfort* der Banken verwenden, sondern sie auch veröffentlichen möchten, sollten sie sich vorzeitig mit dem jeweiligen Wirtschaftsprüfer darüber abstimmen. Denn die Veröffentlichung eines solchen Prüfberichts birgt stets auch die Gefahr einer möglichen Sachverständigenhaftung (dazu ausführlich unter V.3.).

V. Prospekthaftung für (Gewinn-)Prognosen

Wie bereits mehrfach kurz angesprochen wurde, unterliegen auch (Gewinn-) Prognosen der Prospekthaftung.[560] Die bestehenden Haftungsrisiken trugen bereits vor Inkrafttreten der neuen Prospektverordnung dazu bei, dass Emittenten in der Regel zur Vorsicht und Zurückhaltung geraten wurde, wenn es um

560 *Alfes/Wieneke* in Holzborn WpPG, Mindestangaben für das Registrierungsformular für Aktien (Modul) Rn. 65; *Seiler/Singhof* in FrankKomm WpPG u. EU-ProspektVO, § 21 WpPG Rn. 45; *Schlitt* in Assmann/Schlitt/von Kopp-Colomb WpPG/VermAnlG, Mindestangaben für das Registrierungsformular für Aktien (Modul) Rn. 116; *Meyer* in Habersack/Mülbert/Schlitt Unternehmensfinanzierung, Rn. 36.57.

die Aufnahme zukunftsgerichteter Aussagen in den Prospekt ging.[561] Dies galt insbesondere für quantitative zukunftsgerichtete Aussagen.[562]

Aus Investorensicht war diese Situation problematisch. Denn die Nachfrage – auch von Research-Analysten –[563] an zukunftsgerichteten Informationen ist hoch und für die Anlageentscheidung besonders bedeutsam.[564] Zudem bestand gemäß der Rechtsprechung des BGH auch für die Wirtschaftsprüfer, die den in den Prospekt aufzunehmenden Bericht zu erstellen hatten, ein Haftungsrisiko. Der BGH sah in der Vereinbarung zwischen Emittent und Wirtschaftsprüfer einen Vertrag mit Schutzwirkung zugunsten Dritter, der neben der Prospekthaftung des Emittenten auch zu einer Haftung des berichtenden Wirtschaftsprüfers gegenüber den Anlegern führen konnte.[565] In diesem Abschnitt wird der Frage nachgegangen, welche Haftungsfolgen Emittenten, den übrigen Prospektverantwortlichen und auch Wirtschaftsprüfern bei fehlerhafter Prognoseberichterstattung in Wertpapierprospekten drohen und wie eine Prospekthaftung möglichst vermieden werden kann.

---

561 *Apfelbacher/Metzner*, BKR 2006, S. 81, 88; *Schlitt/Wilczek* in Habersack/Mülbert/Schlitt Kapitalmarktinformation, § 5 Rn. 89; *Alfes/Wieneke* in Holzborn WpPG, Mindestangaben für das Registrierungsformular für Aktien (Modul) Rn. 65; *Schlitt* in Assmann/Schlitt/von Kopp-Colomb WpPG/VermAnlG, Mindestangaben für das Registrierungsformular für Aktien (Modul) Rn. 116; *Meyer* in Habersack/Mülbert/Schlitt Unternehmensfinanzierung, Rn. 36.57; vgl. auch *Klöhn*, WM 2010, S. 289, 294, der an dem BGH-Urteil aus dem Jahr 2009 kritisiert, dieses setzte Anreize, Prognosegrundlagen wegen sonst drohender Haftungsrisiken nicht zu veröffentlichen.

562 *Schlitt* in Assmann/Schlitt/von Kopp-Colomb WpPG/VermAnlG, Mindestangaben für das Registrierungsformular für Aktien (Modul) Rn. 117; so bereits *Schlitt/Schäfer*, AG 2008, S. 525, 533 die außerdem darauf hinweisen, dass die präventive Aufnahme lediglich qualitativer Aussagen einen gangbaren Weg darstellt.

563 *Schlitt/Schäfer*, AG 2008, S. 525, 533; *Schlitt* in Assmann/Schlitt/von Kopp-Colomb WpPG/VermAnlG, Mindestangaben für das Registrierungsformular für Aktien (Modul) Rn. 117.

564 *Siebel/Gebauer*, WM 2001, S. 173, 174; *Fleischer*, Kapitalmarktrechtliches Teilgutachten F für den 64. Deutschen Juristentag 2002, S. F 48; *Veil*, AG 2006, S. 690; *Baums/Hutter* in FS Ulmer, 2003, S. 779, 786; *Veil*, AG 2006, S. 690; *Schlitt/Schäfer*, AG 2008, S. 525, 533; *Seibt/Huizinga*, CFL 2009, S. 1; *Rieckhoff*, BKR 2011, S. 221; *Schlitt/Wilczek* in Habersack/Mülbert/Schlitt Kapitalmarktinformation, § 5 Rn. 85; *Schlitt* in Assmann/Schlitt/von Kopp-Colomb WpPG/VermAnlG, Mindestangaben für das Registrierungsformular für Aktien (Modul) Rn. 117; *Meyer* in Habersack/Mülbert/Schlitt Unternehmensfinanzierung, Rn. 36.57.

565 BGH, Urt. v. 24. April 2014 – III ZR 156/13 –, WM 2014, S. 935 ff. Rn. 12 ff.; dazu ausführlich unten, D.V.3.

1. Überblick über das deutsche Prospekthaftungsregime

Die deutsche Prospekthaftung ist nicht einheitlich geregelt; vielmehr kommen verschiedene Anspruchsgrundlagen in Betracht,[566] wobei zwischen spezialgesetzlichen, bürgerlich-rechtlichen sowie deliktischen Anspruchsgrundlagen zu unterscheiden ist. Spezialgesetzlich bestehen Haftungsvorschriften, die jeweils an die Art des Prospekts anknüpfen. Für Börsenzulassungs- und Angebotsprospekte gilt dabei das WpPG (§§ 8 ff. WpPG), für nicht in Wertpapieren verbriefte Vermögensanlagen das VermAnlG (§§ 6, 13, 20 ff. VermAnlG) und für investmentrechtliche Prospekte enthält das KAGB einen speziellen Haftungstatbestand (§ 306 KAGB). Die Haftungsnormen des VermAnlG entsprechen dabei inhaltlich weitestgehend denen des WpPG.[567]

Außerhalb der spezialgesetzlichen Haftungstatbestände existieren insbesondere die bürgerlich-rechtliche sowie die deliktische Prospekthaftung. Erstere wurde durch die Rechtsprechung für freiwillig erstellte Prospekte zum Vertrieb von Vermögensanlagen am Grauen Kapitalmarkt entwickelt[568] und wird von der spezialgesetzlichen Prospekthaftung verdrängt, sofern letztere einschlägig ist.[569] Nachdem für den Graumarkt inzwischen meist das VermAnlG einschlägig ist, verbleiben für die bürgerlich-rechtliche Prospekthaftung allenfalls Randbereiche.[570]

Die folgende Untersuchung orientiert sich vorrangig an den Haftungstatbeständen der spezialgesetzlichen Prospekthaftung des WpPG, da sich hieran sämtliche für die Prognoseberichterstattung wesentlichen Aspekte veranschaulichen lassen. Dabei werden jedoch freilich auch solche Erwägungen berücksichtigt, die ursprünglich zur bürgerlich-rechtlichen Prospekthaftung entwickelt wurden und auch auf die Prospekthaftung des WpPG ausstrahlen.

---

566 Siehe zum Haftungsregime die Übersicht in *Assmann* in Assmann/Schlitt/v. Kopp-Colomb WpPG u. VermAnlG, Vor. §§ 21 ff. WpPG Rn. 1 ff.; *Mülbert/Steup* in Habersack/Mülbert/Schitt Unternehmensfinanzierung, Rn. 41.13 ff. sowie *Groß* in ders. Kapitalmarktrecht, § 9 WpPG Rn. 92.

567 Siehe auch *Mülbert/Steup* in Habersack/Mülbert/Schitt Unternehmensfinanzierung, Rn. 41.19.

568 *Mülbert/Steup* in Habersack/Mülbert/Schitt Unternehmensfinanzierung, Rn. 41.17.

569 *Assmann* in Assmann/Schütze Kapitalanlagerecht, § 5 Rn. 28; *ders.* in Assmann/Schlitt/v. Kopp-Colomb WpPG u. VermAnlG, Vor. §§ 21 ff. WpPG Rn. 3; *Mülbert/Steup* in Habersack/Mülbert/Schitt Unternehmensfinanzierung, Rn. 41.155.

570 *Assmann* in Assmann/Schütze Kapitalanlagerecht, § 5 Rn. 32; *ders.* in Assmann/Schlitt/v. Kopp-Colomb WpPG u. VermAnlG, Vor. §§ 21 ff. WpPG Rn. 7; *Mülbert/Steup* in Habersack/Mülbert/Schitt Unternehmensfinanzierung, Rn. 41.17.

2. Prospekthaftung nach dem WpPG

Die Prospektverantwortlichen haften Anlegern gegenüber für schuldhaft fehlerhafte oder fehlende Wertpapierprospekte und/oder Wertpapier-Informationsblätter.[571] Mit Blick auf Prognosen ist dabei ausschließlich die Haftung wegen eines fehlerhaften Wertpapierprospekts relevant, da eine Prognoseberichterstattung im Wertpapier-Informationsblatt nicht erforderlich ist und bei einem fehlenden Prospekt ohnehin nicht stattfindet. Während der Begriff der Prospektverantwortlichen ehemals durch Rechtsprechung und Literatur konkretisiert wurde,[572] existiert heute eine Legaldefinition. Die Verantwortung für den Prospektinhalt haben danach – einzelfallabhängig – zumindest der Emittent, der Anbieter, der Zulassungsantragsteller oder der Garantiegeber ausdrücklich zu übernehmen (§ 8 Satz 1 WpPG).[573] Bei öffentlichen Angeboten sind dabei zwingend der Emittent und bei Börsenzulassungsprospekten zusätzlich auch die emissionsbegleitende Bank Prospektverantwortliche (§ 8 Sätze 2 und 3 WpPG).

Ein wesentlicher Grund für die besondere Vorsicht bei der Aufnahme von Prognosen in Wertpapierprospekte sind die einschneidenden Rechtsfolgen der Prospekthaftung.[574] Denn im Haftungsfall können die Erwerber der betreffenden

---

571 § 9 Abs. 1 Satz 1 WpPG für fehlerhafte Börsenzulassungsprospekte und § 10 WpPG für sonstige fehlerhafte Prospekte, insbesondere bei öffentlichen Angeboten von Wertpapieren, die noch nicht an einer inländischen Börse zugelassen sind (zum Anwendungsbereich dieser Vorschriften allgemein *Mülbert/Steup* in Habersack/Mülbert/Schitt Unternehmensfinanzierung, Rn. 41.14, 41.16); weiterhin § 14 WpPG bei gänzlich fehlendem Prospekt sowie §§ 11 und 15 WpPG für fehlerhafte bzw. fehlende Wertpapier-Informationsblätter; das Verschuldenserfordernis ergibt sich für fehlerhafte Prospekte aus § 12 Abs. 1 WpPG.

572 Siehe ausführlich etwa bei *Groß* in ders. Kapitalmarktrecht (Voraufl. 2016), § 21 WpPG Rn. 30 ff.; *Assmann* in Assmann/Schlitt/von Kopp-Colomb WpPG u. VermAnlG, § 21 WpPG Rn. 74 ff.; *Müller* in Nomos WpPG, § 21 WpPG Rn. 15 ff.; *Mülbert/Steup* in Assmann/Mülbert/Schlitt Unternehmensfinanzierung, Rn. 41.66 ff.; *Buck-Heeb/Dieckmann/Nieding* in Baas/Buck-Heeb/Werner Anlegerschutzgesetze, §§ 21-23 WpPG Rn. 49 ff.

573 Dazu bereits etwa *Groß* in ders. Kapitalmarktrecht, § 8 WpPG Rn. 1 f. sowie ausführlich § 9 Rn. 30 ff.; weiterhin *Heidelbach* in Schwark/Zimmer KMRK, § 8 WpPG Rn. 5 ff.

574 *Apfelbacher/Metzner*, BKR 2006, S. 81, 88; *Schlitt/Wilczek* in Habersack/Mülbert/Schlitt Kapitalmarktinformation, § 5 Rn. 89; *Alfes/Wieneke in* Holzborn WpPG, Mindestangaben für das Registrierungsformular für Aktien (Modul) Rn. 65; *Schlitt* in Assmann/Schlitt/von Kopp-Colomb WpPG/VermAnlG, Mindestangaben für das

Wertpapiere von den Prospektverantwortlichen gesamtschuldnerisch die Übernahme der erworbenen Wertpapiere gegen Erstattung des Erwerbspreises fordern und die mit dem Erwerb verbundenen Kosten verlangen (§ 9 Abs. 1 Satz 1 WpPG).[575] Selbst wenn der Erwerber selbst nicht mehr Inhaber der Wertpapiere ist, muss der Unterschiedsbetrag zwischen dem durch den Ausgabepreis begrenzten Erwerbspreis und dem Veräußerungspreis zzgl. der Veräußerungskosten ersetzt werden (§ 9 Abs. 2 WpPG).[576]

a) Fehlerhaftigkeit/Anforderungen an die Prognoseberichterstattung

aa) Prospektfehler

Ein Prospekt ist fehlerhaft, wenn die für die Beurteilung der Wertpapiere wesentlichen Angaben unrichtig oder unvollständig sind.[577] Dabei kommt es nicht isoliert auf einzelne Angaben, sondern darauf an, dass der Prospekt hinsichtlich der Vermögens-, Ertrags- und Liquiditätslage des Emittenten ein unzutreffendes Gesamtbild zeichnet.[578] Zu den wesentlichen Angaben zählen neben

---

Registrierungsformular für Aktien (Modul) Rn. 116; *Meyer* in Habersack/Mülbert/Schlitt Unternehmensfinanzierung, Rn. 36.57; vgl. auch *Klöhn*, WM 2010, S. 289, 294.

575 Vgl. zum Umfang des Schadensersatzanspruches bereits nach der Neufassung des WpPG *Groß* in ders. Kapitalmarktrecht, § 9 WpPG Rn. 86 f.

576 Siehe ausführlich zum Anspruchsinhalt bei Erwerbern, die nicht länger Inhaber der Wertpapiere sind etwa *Assmann* in Assmann/Schlitt/von Kopp-Colomb WpPG u. VermAnlG, § 21 WpPG Rn. 124 ff.; *Bearbeiter* in FrankKomm WpPG u. EU-ProspektVO, § 21 WpPG Rn. 110 ff.; *Mülbert/Steup* in Habersack/Mülbert/Schlitt Unternehmensfinanzierung Rn. 41.135 ff.; *Buck-Heeb/Dieckmann/Nieding* in Baas/Buck-Heeb/Werner Anlegerschutzgesetze, §§ 21-23 WpPG Rn. 60 ff.

577 *Assmann* in Assmann/Schlitt/von Kopp-Colomb WpPG u. VermAnlG, § 21 WpPG Rn. 35; *Groß* in ders. Kapitalmarktrecht, § 9 WpPG Rn. 39.

578 BGH v. 14.6.2007 – III ZR 125/06, ZIP 2007, S. 1993, 1994 Rz. 9; BGH v. 28.2.2008 – III ZR 149/07, VuR 2008, S. 178 Rz. 8; BGH v. 31.5.2010 – II ZR 30/09, ZIP 2010, S. 1397 Rz. 11; BGH v. 18.9.2012 – XI ZR 344/11, ZIP 2012, S. 2199, 2201 Rz. 23 = AG 2012, 874; BGH v. 5.3.2013 – II ZR 252/11, ZIP 2013, S. 773 Rz. 14; BGH v. 24.4.2014 – III ZR 389/12, NJW-RR 2014, S. 1075, 1076 Rz. 12). OLG Frankfurt a.M. v. 1.2.1994 – 5 U 213/92, ZIP 1994, S. 282, 284 = AG 1994, 184; OLG Frankfurt a.M. v. 17.3.1999 – 21 U 260/97, ZIP 1999, S. 1005, 1007 = AG 1999, S. 325; LG Frankfurt/M. v. 7.10.1997 – 3/11 O 44/96, WM 1998, S. 1181, 1184 = AG 1998, S. 488; BGH v. 14.6.2007 – III ZR 125/06, ZIP 2007, S. 1993 Rz. 9; *Wackerbarth* in Holzborn WpPG, § 23 WpPG Rn. 69; *Assmann* in Assmann/Schütze Kapitalanlagerecht, § 5 Rn. 143; *Groß* in ders. Kapitalmarktrecht (Voraufl. 2016), § 21 WpPG Rn. 40; *Groß*, AG 1999, S. 202; *Kind* in Arndt/Voß, § 13 VerkProspG Rn. 19; *Pankoke* in Just/Voß/Ritz/Zeising,

Tatsachen auch Werturteile und Prognosen.[579] Denn der Prospekt soll gerade auch ein Urteil über die Zukunftsaussichten des Emittenten ermöglichen und entsprechend Angaben zur Geschäftsentwicklung enthalten, die prognostischer und wertender Natur sind.[580] Während Tatsachen unrichtig sind, wenn sie nachweislich unwahr sind, also bei Billigung des Prospekts mit den wirklichen Verhältnissen nicht übereinstimmen,[581] gilt für Prognosen ein anderer Maßstab. Prognosen sind bereits dann unrichtig, wenn sie nicht ausreichend durch Tatsachen gestützt und – aus *ex-ante*-Perspektive – kaufmännisch nicht vertretbar sind.[582] Diese Beurteilung aus der *ex-ante*-Perspektive bedeutet jedoch auch,

---

§ 44 BörsG, § 13 VerkProspG Rn. 36; *Assmann* in Assmann/Schlitt/von Kopp-Colomb WpPG u. VermAnlG, § 21 WpPG Rn. 36, 66 ff.; *Seiler/Singhof* in FrankKomm WpPG u. EU-ProspektVO, § 21 WpPG Rn. 46; *Harrer* in Dirnhausen/Eckstein Beck'sches Hdb. der AG, § 20 Rn. 322; *Mülbert/Steup* in Habersack/Mülbert/Schlitt Unternehmensfinanzierung, Rn. 41.47; *Groß* in ders. Kapitalmarktrecht, § 9 WpPG Rn. 40; *Heidelbach* in Schwark/Zimmer KMRK, § 9 WpPG Rn. 17.

579 Siehe aus der Rechtsprechung BGH v. 12.7.1982 – II ZR 175/81, WM 1982, S. 862, 865; ferner BGH v. 27.10.2009 – XI ZR 337/08, WM 2009, S. 2303; OLG Frankfurt a.M. v. 21.6.2011 – 5 U 103/10, AG 2011, S. 920 sowie aus der Literatur *Assman* in Assmann/Schütze Kapitalanlagerecht, § 5 Rn. 48, 140; *Groß* in ders. Kapitalmarktrecht (Voraufl. 2016), § 21 WpPG Rn. 40; *Müller* in Nomos WpPG, § 21 WpPG Rn. 5; *Seiler/Singhof* in FrankKomm WpPG u. EU-ProspektVO, § 21 WpPG Rn. 45; *Harrer* in Dirnhausen/Eckstein Beck'sches Hdb. der AG, § 20 Rn. 322; *Mülbert/Steup* in Habersack/Mülbert/Schlitt Unternehmensfinanzierung, Rn. 41.40; *Groß* in ders. Kapitalmarktrecht, § 9 WpPG Rn. 40.

580 *Schwark* in Schwark/Zimmer KMRK (Voraufl. 2010) §§ 44, 45 BörsG Rn. 24; *Groß* in ders. Kapitalmarktrecht (Voraufl. 2016), § 21 WpPG Rn. 52; *Seiler/Singhof* in FrankKomm WpPG u. EU-ProspektVO, § 21 Rn. 45; *Mülbert/Steup* in Habersack/Mülbert/Schlitt Unternehmensfinanzierung, Rn. 41.40.

581 *Assmann* in Assmann/Schlitt/von Kopp-Colomb WpPG u. VermAnlG, § 21 WpPG Rn. 50.

582 BGH v. 12.7.1982 – II ZR 175/81, ZIP 1982, S. 923, 924; OLG Düsseldorf v. 5.4.1984 – 6 U 239/82, WM 1984, S. 586, 592; OLG Frankfurt a.M. v. 1.2.1994 – 5 U 213/92, ZIP 1994, S. 282, 284; *Habersack* in Habersack/Mülbert/Schlitt Kapitalmarktinformation, § 29 Rn. 18; *Wackerbarth* in Holzborn WpPG, §§ 21-23 WpPG Rn. 69; *Assmann* in Assmann/Schütze Kapitalanlagerecht, § 5 Rn. 50, 144; *Groß* in ders. Kapitalmarktrecht (Voraufl. 2016), § 21 WpPG Rn. 44; *Assmann* in Assmann/Schlitt/von Kopp-Colomb WpPG u. VermAnlG, § 21 WpPG Rn. 50; *Krämer* in Marsch-Barner/Schäfer Hdb. börsennotierte AG, § 10 Rn. 322; *Müller* in Nomos WpPG, § 21 WpPG Rn. 8; *Seiler/Singhof* in FrankKomm WpPG u. EU-ProspektVO, § 21 WpPG Rn. 68; *Harrer* in Dirnhausen/Eckstein Beck'sches Hdb. der AG, § 20 Rn. 322, 328; *Kumpan* in

dass die Prospektverantwortlichen nicht dafür einzustehen haben, ob das Prognoseergebnis tatsächlich eintritt.[583] In dem Zusammenhang formuliert *Fleischer* treffend: „*Emittenten sind keine Propheten, Prognosen keine Garantieversprechen*".[584] Das Eintrittsrisiko tragen vielmehr die Anleger.[585]

bb) Anforderungen an die Prognoseberichterstattung

(1) Grundzüge der Rechtsprechung

Noch vor Inkrafttreten des europäischen Prospektregimes, verlangte der BGH in seiner *BuM*-Entscheidung von den Prospekterstellern eine generelle Zurückhaltung bei der Aufnahme zukunftsbezogener Angaben in Wertpapierprospekte.[586] Diesem häufig kritisierten[587] Ansatz des BGH wurde teilweise entgegengehalten, eine generelle Zurückhaltung bei der Aufnahme zukunftsgerichteter Informationen sei nicht mit der besonderen Bedeutung dieser Angaben für Anleger vereinbar.[588] Der BGH hat seine strenge Auffassung daraufhin insoweit aufgeweicht, als dass er nun auch optimistische Erwartungen als Prognosegrundlage zulässt, solange die die Erwartungen rechtfertigenden Tatsachen sorgfältig ermittelt sind und die darauf gestützte Prognose vertretbar ist.[589] Sicherheitsabschläge aufgrund der allgemeinen Unsicherheit von Prognosen seien bei der Prognoseerstellung nicht länger erforderlich.[590] Obgleich sich diese Rechtsprechung im

---

Baumbach/Hopt HGB, § 21 WpPG Rn. 3; *Mülbert/Steup* in Habersack/Mülbert/Schlitt Unternehmensfinanzierung, Rn. 41.43.

583 BGH v. 27.10.2009 - XI ZR 337/08, WM 2009, S. 2303, 2305; vgl. statt aller aus dem Schrifttum *Veil*, AG 2006, S. 690, 696.

584 *Fleischer*, AG 2006, S. 7 f.

585 So ausdrücklich BGH v. 27.10.2009 - XI ZR 337/08, WM 2009, S. 2303, 2305.

586 BGH v. 12.7.1982 - II ZR 175/81, WM 1982, S. 862, 865; *Seiler/Singhof* in FrankKomm WpPG u. EU-ProspektVO, § 21 WpPG Rn. 68; differenzierend *Veil*, AG 2006, S. 690, 693 f., der insbesondere betont, das Urteil sei nicht so zu interpretieren, dass auf Prognosen grundsätzlich eher verzichtet werden sollte oder für eine Prognoseveröffentlichung eine besonders hohe Wahrscheinlichkeit zu fordern sei.

587 *Fingerhut/Voß* in Just/Voß/Ritz/Zeising WpPG, Anhang I EU-ProspektVO Rn. 189.

588 *Siebel/Gebauer*, WM 2001, S. 173, 175; *Schwark* in Schwark/Zimmer KMRK (Voraufl. 2010), §§ 44, 45 BörsG Rn. 23; *Hamann*, in Schäfer/Hamann, Kapitalmarktgesetze, §§ 44, 45 BörsG Rn. 143; i.E. so auch *Groß* in ders. Kapitalmarktrecht (Voraufl. 2016), § 21 WpPG Rn. 52, der darauf verweist, dass die Aufnahme von Prognosen in der Prospektverordnung vorgesehen ist.

589 BGH v. 27.10.2009 - XI ZR 337/08, WM 2009, S. 2303, 2305 auch unter Verweis auf BGH v. 21.3.2006, WM 2006, S. 851, 853 und BGH v. 18.7.2008, S. 1798 f.

590 BGH v. 27.10.2009 - XI ZR 337/08, WM 2009, S. 2303, 2305

konkreten Fall auf die bürgerlich-rechtliche Prospekthaftung bezog, lässt sie sich wegen ihrer zur Prospekthaftung allgemein formulierten Begründung ebenfalls für die spezialgesetzliche Prospekthaftung fruchtbar machen.[591]

(2) Weiterentwicklung der Rechtsprechungsgrundsätze durch die Literatur

Auch diese neue vom BGH geforderte (bloße) Vertretbarkeitskontrolle ist in der Literatur wegen des dadurch (vermeintlich) verminderten Anlegerschutzes teilweise auf Kritik gestoßen.[592] Teile dieser Kritik beziehen sich speziell auf die Auswirkungen der Rechtsprechung auf die bürgerlich-rechtliche Prospekthaftung und entwickeln diese fort. Da die hierzu vorgebrachten Erwägungen zum Anlegerschutz auch mit Blick auf die spezialgesetzliche Prospekthaftung relevant werden, sollen sie hier ebenfalls berücksichtigt werden.

Bemängelt werden zunächst systematische Wertungsunterschiede zur spezialgesetzlichen Prospekthaftung; denn bei der Prospekterstellung nach den speziellen prospektrechtlichen Vorschriften würden die Anleger bereits dadurch geschützt, dass die zugrundeliegenden Annahmen offenzulegen seien und ein Wirtschaftsprüferbericht eingeholt werden müsse.[593] Wegen der relativ geringen Treffsicherheit von Prognosen,[594] sollten Anleger – wenn Emittenten schon nicht länger zurückhaltend mit ihren Prognosen sein müssten – auch bei der bürgerlich-gesetzlichen Prospekthaftung insbesondere darüber informiert werden, auf welcher Tatsachengrundlage eine Prognose beruhte, wie sie berechnet wurde, wie breit das Spektrum der vertretbaren Prognosen ist und wo in diesem Spektrum sich die Prognose bewegte.[595] Der Vorschlag, ein solches Spektrum anzugeben, beruht insbesondere auf der Erwägung, dass Punktprognosen für unkundige Leser den Eindruck einer sehr genauen Vorhersage erwecken könnten.[596] Eine große Rolle spiele dabei auch, dass Anleger kognitionspsychologisch

---

591 Vgl. bereits zur Rechtslage nach Inkrafttreten des neuen Prospektregimes nur *Oulds* in Kümpel/Mülbert/Früh/Seyfried Bank- und Kapitalmarktrecht, Rn. 15.801 ff.; *Groß* in ders. Kapitalmarktrecht, § 9 WpPG Rn. 40, die im Rahmen der spezialgesetzlichen Prospekthaftung nach § 9 WpPG ebenfalls auf die BuM-Rechtsprechung zurückgreifen. Zum alten Prospektregime etwa *Müller* in ders. WpHG, § 21 WpHG Rn. 8; *Mülbert/Steup* in Habersack/Mülbert/Schlitt Unternehmensfinanzierung, Rn. 41.42 ff.

592 Ausführlich und kritisch zu dem Urteil aus 2009 *Klöhn*, WM 2010, S. 289 ff.

593 *Klöhn*, WM 2010, S. 289, 291; die Einholung eines Wirtschaftsprüferberichts ist heute freilich nicht länger erforderlich.

594 *Fleischer*, AG 2006, S. 2, 11; *Klöhn*, WM 2010, S. 289, 292.

595 *Klöhn*, WM 2010, S. 289, 292; sehr ähnlich auch *Fleischer*, AG 2006, S. 7, 14.

596 *Fleischer*, AG 2006, S. 7, 14.

dazu neigten, zu optimistisch zu denken, sich selbst zu überschätzen und Risiken nicht hinreichend zu berücksichtigen.[597] Als geeignetes Mittel gegen die aus diesem Phänomen resultierende Gefahr für die Anleger werden etwa ausdrückliche Warnhinweise vorgeschlagen.[598]

Diese Erwägungen wurden in der jüngeren Literatur auch zur spezialgesetzlichen Prospekthaftung des WpPG aufgegriffen und weiter konkretisiert. Danach sollten die Prospektverantwortlichen stets deutlich machen, welche Umstände das Prognoseergebnis ändern können.[599] Insbesondere sollten solche Umstände angegeben werden, nach denen es absehbar und wahrscheinlich ist, dass die Fortsetzung der bisherigen Entwicklung gefährdet sein könnte.[600] Um Anlegern weiterhin die mit einer Prognose einhergehende Unsicherheit zu verdeutlichen, sei (entgegen der Rechtsprechung) außerdem ein Hinweis auf die Eintrittswahrscheinlichkeit sowie die potenziellen Risiken bei Nichteintritt erforderlich.[601] Diese Hinweise sollten ausdrücklich im Prospekttext selbst erfolgen, etwa in Überschriften oder anderweitig hervorgehobenen Stellen. Eine Kenntlichmachung lediglich in Fußnoten sei hier unzureichend, da ein durchschnittlicher Leser dies leicht übersehen könne.[602]

(3) Abwägung

Im Ergebnis ist dem BGH jedenfalls darin zuzustimmen, dass eine generelle Zurückhaltung bei der Aufnahme von Prognosen in Prospekten nicht

---

597 *Klöhn*, WM 2010, S. 289, 293 unter Verweis auf *Irwin*, 21 J. Personality 329 (1953); *Weinstein*, 39 J. Pers. & Soc. Psychol. 806 (1980); *Kunda*, 53 J. Pers. & Soc. Psychol. 636 (1987); *Weinstein/Klein*, 15 J. Soc. & Clin. Psychol. 1 (1996); *Thaler*, 14(1) J. Econ. Persp. 133 (2000); ebenso *Fleischer*, AG 2006, S. 7, 14; *Veil*, AG 2006, S. 690, 694 betont hingegen, dass Anleger durch zusätzliche Informationen in die Lage versetzt werden könnten, auch einen besonders ausgeprägten Optimismus der Geschäftsleitung herauszufiltern.

598 *Fleischer*, AG 2006, S. 7, 13; *Klöhn*, WM 2010, S. 289, 295 f.

599 So auch *Seiler/Singhof* in FrankKomm WpPG u. EU-ProspektVO, § 21 WpPG Rn. 68.

600 So etwa das LG Nürnberg-Fürth, 25.7.2013 - 6 O 6321/12, Rn. 121 (zit. nach juris); *Seiler/Singhof* in FrankKomm WpPG u. EU-ProspektVO, § 21 WpPG Rn. 69.

601 *Groß* in ders. Kapitalmarktrecht (Voraufl. 2016), § 21 WpPG Rn. 52; *Mülbert/Steup* in Habersack/Mülbert/Schlitt Unternehmensfinanzierung, Rn. 41.46; ähnlich bereits *Veil*, AG 2006, S. 690, 694, der auf die Möglichkeit verweist, die Prognoseberichterstattung durch Zusatzinformationen (etwa zu getroffenen Annahmen oder einem Sachverständigengutachten) handhabbar zu machen.

602 *Mülbert/Steup* in Habersack/Mülbert/Schlitt Unternehmensfinanzierung, Rn. 41.46.

erforderlich sein kann. Dafür spricht neben dem besonderen Investoreninteresse an zukunftsgerichteten Informationen insbesondere, dass nach dem heute geltenden Prospektregime die Aufnahme von Gewinnprognosen in bestimmten Fällen zwingend vorgeschrieben ist.[603] Freilich sollten Anleger jedoch vor zu euphemistischen Prognosen durch die Prospektverantwortlichen geschützt werden. Geeignetes Mittel ist hier die durch die Literatur vorgeschlagene (und für Gewinnprognosen teilweise nun durch die Delegierte Verordnung (EU) 2019/980 vorgesehene[604]) Prognoseerläuterung unter Berücksichtigung der zugrundeliegenden Annahmen, der Rechenmethoden sowie der Beschreibung einer Prognosespanne, gegebenenfalls unter Nennung verschiedener Alternativszenarien. Denn dadurch wird es Anlegern auch bei optimistischen Prognosen ermöglicht, sich selbst ein zutreffendes Bild von den Zukunftsaussichten des Emittenten bzw. der Entwicklung der Wertpapiere zu machen.[605] Dem entsprechen i.Ü. auch die gesetzlichen inhaltlichen Vorgaben an Gewinnprognosen (oben, III.2.b)). Wie gezeigt wurde, sind nicht nur Annahmen zu erläutern und Faktoren zu benennen, die inner- oder außerhalb des Einflussbereichs des Emittenten liegen; Emittenten haben gezielt auf Umstände hinzuweisen, die das Prognoseergebnis besonders beeinflussen können. Die Vorschläge aus dem Schrifttum gehen allerdings insoweit über die gesetzlichen Anforderungen hinaus, als sie ausdrücklich auch die Rechenmethoden betreffen und Alternativszenarien verlangen, wo eine hohe Unsicherheit besteht.

Außerdem können derartige Erläuterungen und Risikohinweise bereits bei der Prospekterstellung zur Selbstkontrolle der Prospektverantwortlichen dienen. Obgleich sich einige der Vorschläge aus der Literatur ausdrücklich auf die bürgerlich-rechtliche Prospekthaftung beziehen,[606] lassen sie sich auch auf die spezialgesetzliche Prospekthaftung anwenden. Denn zwar wird zurecht darauf hingewiesen, das System von Prospektverordnung und WpPG enthalte bereits spezielle Maßgaben für die Aufnahme von Gewinnprognosen, die eine ausführliche Anlegerinformation gewährleisten sollen.[607] Doch gelten diese Anforderungen nach dem Gesetzeswortlaut lediglich für *Gewinn*prognosen. Da es (insbesondere wegen des Wesentlichkeitsgrundsatzes) jedoch auch geboten

603 Siehe dazu oben unter D.III.1.b); so bereits zum alten Recht *Seiler/Singhof* in Frank-Komm WpPG u. EU-ProspektVO, § 21 WpPG Rn. 68.

604 Siehe dazu ausführlich oben, D.III.1.b).

605 Ähnlich noch zur Rechtslage vor Inkrafttreten der neuen Prospektverordnung bereits *Veil*, AG 2006, S. 690, 694.

606 So jedenfalls *Klöhn*, WM 2010, S. 289 ff.

607 *Klöhn*, WM 2010, S. 289, 291.

sein kann, darüber hinaus zukunftsgerichtete Aussagen in Prospekte aufzunehmen,[608] besteht auch innerhalb des spezialgesetzlichen Prospektregimes Bedarf nach einer erweiterten Prognosebegründung für alle übrigen Prognosen. Nach hier vertretener Auffassung sollten Marktteilnehmer sich bei der Prognoseerstellung zusätzlich an den berufsrechtlichen Standards der Wirtschaftsprüfer zur Prospektprüfung orientieren,[609] auch wenn diese speziell für Gewinnprognosen erstellt wurden und Wirtschaftsprüferberichte selbst für diese nicht länger erforderlich sind. Denn, wie unter IV.4. gezeigt, ergeben sich aus diesen Standards wertvolle Hinweise für eine gute Prognoseerstellung.[610] Freilich ist nicht geregelt, dass eine Befolgung dieser Standards automatisch zu fehlerfreien Prognosen führt und so eine mögliche Prospekthaftung ausschließt. Prognosen dürfen danach jedoch u.a. nicht auf verfehlten Erfahrungssätzen aufbauen, nicht gegen Denkgesetze verstoßen oder in ihrer Ableitung fehlerhaft sein. Verstoßen Emittenten gegen diese Grundsätze, stellen die Prognosen nicht nur aus betriebswirtschaftlicher, sondern auch aus kapitalmarktrechtlicher Sicht unrichtige Angaben dar,[611] sodass die Grundsätze für eine fehlerfreie Prognoseerstellung zwingend befolgt werden müssen.

b) Verschulden

aa) Grundsatz

Die Prospekthaftung wegen fehlerhafter oder unvollständiger Wertpapierprospekte erfordert ein Verschulden. Wer nachweisen kann, dass er die Unrichtigkeit oder Unvollständigkeit der Prospektangaben nicht kannte und diese Unkenntnis nicht auf Vorsatz oder grober Fahrlässigkeit beruht, ist von der Haftung ausgeschlossen (§ 12 Abs. 1 WpPG).[612] Obgleich die Beschränkung auf Vorsatz oder grobe Fahrlässigkeit zunächst verhältnismäßig milde erscheint, ist grobe Fahrlässigkeit bereits dann anzunehmen, wenn ein Prospektverantwortlicher konkrete Anhaltspunkte für die Unrichtigkeit von Prospektangaben vorlagen, die Zweifel an der Richtigkeit der Angaben hätte wecken müssen, ohne dass er diesen nachgegangen ist.[613] Damit ist der Verschuldensmaßstab eher vergleichbar

---

608 Siehe dazu oben D.III.1.b).

609 *Fleischer*, AG 2006, S. 7, 15.

610 *Fleischer*, AG 2006, S. 7, 15.

611 *Fleischer*, AG 2006, S. 7, 15.

612 Zur Neufassung des WpPG bereits *Groß* in ders. Kapitalmarktrecht, § 9 WpPG Rn. 73.

613 *Assmann* in Assmann/Schütze Kapitalanlagerecht § 5 Rn. 182; *Assmann* in Assmann/Schlitt/von Kopp-Colomb WpPG u. VermAnlG, § 23 WpPG Rn. 111; *Seiler/Singhof*

mit der zivilrechtlichen einfachen Fahrlässigkeit,[614] wobei freilich – je nach Rolle bei der Transaktion – zwischen den Beteiligten (Emittent, Emissionsbanken, sachkundigen Dritten oder sonstigen Prospektveranlassern wie Großaktionären) unterschieden werden muss.[615]

bb) Anwendung auf Prognosen

Hinsichtlich des Sorgfaltsmaßstabs speziell für Prognosen finden sich gegenüber sonstigen Prospektangaben keine besonderen Einschränkungen. Daher gilt, dass die Prospektverantwortlichen bei der Prospekterstellung nach Maßgabe der unter a) ausgeführten Anforderungen streng darauf zu achten haben, ob etwa die zugrundeliegenden Annahmen richtig ermittelt und sämtliche wesentliche, das Prognoseergebnis gefährdende, Faktoren hinreichend berücksichtigt wurden. Fraglich könnte indes sein, wie es sich auf das Verschulden des Emittenten bei einer fehlerhaften Gewinnprognose auswirkt, wenn der Emittent zuvor einen Wirtschaftsprüferbericht eingeholt hat.

Wie unter III.2.c) beschrieben, ist es den Prospektverantwortlichen auch ohne gesetzliche Verpflichtung nach wie vor gestattet, Wirtschaftsprüferberichte einzuholen und gegebenenfalls auch im Prospekt zu veröffentlichen. Mit dem Wirtschaftsprüferbericht erlangen die Prospektverantwortlichen die Bewertung eines unabhängigen Experten, in der sie sich die Qualität der Prognose (-erstellung) gewissermaßen bestätigen lassen. Es ließe sich argumentieren, dass die Prospektverantwortlichen eine etwaige Unrichtigkeit der Prospektangaben (also der Prognose) dann nicht kennen mussten und zwar unabhängig davon, ob der Wirtschaftsprüferbericht im Prospekt veröffentlicht oder lediglich zu internen Zwecken erstellt wird. Dem oben genannten Sorgfaltsmaßstab könnte damit bereits Genüge getan sein,[616] womit die Einholung eines Wirtschaftsprüferberichts zur Exkulpation führen würde.

---

in FrankKomm WpPG u. EU-ProspektVO, § 23 WpPG Rn. 7; *Groß* in ders. Kapitalmarktrecht, § 9 WpPG Rn. 73.

614 *Assmann* in Assmann/Schlitt/von Kopp-Colomb WpPG u. VermAnlG, § 23 WpPG Rn. 107; *Seiler/Singhof* in FrankKomm WpPG u. EU-ProspektVO, § 23 WpPG Rn. 7.

615 Zu den Pflichten der einzelnen Beteiligten ausführlich *Groß* in ders. Kapitalmarktrecht (Voraufl. 2016), § 21 WpPG Rn. 76 ff.; *Seiler/Singhof* in FrankKomm WpPG u. EU-ProspektVO, § 23 WpPG Rn. 11 ff. sowie *Mülbert/Steup* in Habersack/Mülbert/Schlitt Unternehmensfinanzierung, Rn. 41.110 ff.; knapper *Müller* in Nomos WpPG, § 23 WpPG Rn. 4; *Groß* in ders. Kapitalmarktrecht, § 9 WpPG Rn. 76 ff.

616 Knapp zur Problematik auch *Seiler/Singhof* in FrankKomm WpPG u. EU-ProspektVO, § 21 WpPG Rn. 70.

Mit Blick auf den für die Fehlerfreiheit einer Prognose geltenden Sorgfaltsmaßstab (also eine ausreichende Tatsachengrundlage sowie die kaufmännische Vertretbarkeit), kann es nach hier vertretener Auffassung für eine Exkulpation jedoch nicht entscheidend sein, ob die Prospektverantwortlichen ein entsprechendes Sachverständigengutachten eingeholt haben. Vielmehr muss es dafür auf den genauen Gegenstand der Prüfung ankommen. Nur wenn die zur Unrichtigkeit führenden Faktoren geprüft und für gut befunden wurden, könnte dies für eine Exkulpation der Prospektverantwortlichen sprechen, die so darauf vertrauen durften, eine den rechtlichen Anforderungen entsprechende Prognose abgegeben zu haben.

Da viele der *Stakeholder* erwarten, dass insbesondere emissionsbegleitende Banken weiterhin Wirtschaftsprüferberichte nach dem Vorbild der alten Prospektverordnung verlangen werden,[617] sollte im Ausgangspunkt von einem Prüfprogramm ausgegangen werden, das sich an den Vorgaben der alten Prospektverordnung orientiert. Wie unter III.2.a) erwähnt, bezieht sich der Wirtschaftsprüferbericht ausschließlich darauf, dass die Prognose nach Auffassung der Prüfer auf der angegebenen Grundlage ordnungsgemäß erstellt wurde und die verwendete Rechnungslegungsgrundlage mit den Rechnungslegungsstrategien des Emittenten konsistent ist (etwa Anhang 1 Ziff. 13.2. Verordnung (EG) Nr. 809/2004). Geprüft wird also die Methodik der Prognoseerstellung. Die der Prognose zugrundeliegenden Annahmen bzw. die Tatsachengrundlage werden dabei nicht berücksichtigt. Genau hierauf basieren jedoch die zukunftsgerichteten Aussagen, sodass über die „Richtigkeit“ der Prognose im Sinne einer hinreichenden Tatsachengrundlage von den Wirtschaftsprüfern keine Aussage getroffen wird. Daher kommt eine automatische Enthaftung des Emittenten durch die Einholung eines Wirtschaftsprüferberichts nicht in Betracht,[618] wenn die Unrichtigkeit einer Prognose auf den zugrundeliegenden Annahmen oder der Tatsachengrundlage beruht. Beruht die Unrichtigkeit jedoch auf den vom Wirtschaftsprüfer geprüften methodischen Aspekten, ist dies nach richtiger Auffassung bei der Frage, ob die Prospektverantwortlichen auf Grundlage des Wirtschaftsprüferberichts bei der Prospektveröffentlichung im Einzelfall tatsächlich grob fahrlässig gehandelt haben, zugunsten der Prospektverantwortlichen zu berücksichtigen.[619] Auch dies spricht aus hier vertretener Sicht dafür, die Annahmen wenigstens einer Plausibilitätsprüfung unterziehen zu lassen,

617 Dazu oben unter D.III.2.c).
618 So auch *Seiler/Singhof* in FrankKomm WpPG u. EU-ProspektVO, § 21 WpPG Rn. 70.
619 *Seiler/Singhof* in FrankKomm WpPG u. EU-ProspektVO, § 21 WpPG Rn. 68.

da dann ein entsprechendes Testat bestünde und eine Exkulpation in Betracht käme. Mit Blick auf die methodische Korrektheit der Prognoseerstellung kann die Einholung eines Wirtschaftsprüferberichts somit zur Exkulpation der Prospektverantwortlichen führen.

c) *Zwischenergebnis*

Durch die in der Literatur aufgestellten detaillierten Anforderungen an die Prognoseberichterstattung in Wertpapierprospekten werden die durch die Rechtsprechung ausgearbeiteten Grundsätze sinnvoll ergänzt. Dabei gilt im Ausgangspunkt die Grundformel, dass Prognosen, um nicht fehlerhaft zu sein, auf eine Tatsachenbasis gestützt und kaufmännisch vertretbar sein müssen. Um Anlegern ein treffendes Bild von den Zukunftsaussichten zu ermöglichen, sollte einerseits die entsprechende Tatsachenbasis (inklusive der zugrundeliegenden Annahmen) ausführlich beschrieben werden. Andererseits macht es die Offenlegung der Rechenmethoden, der möglichen Spannen sowie der Risiken bei Nichteintritt des Prognoseergebnisses möglich zu beurteilen, ob eine Prognose auch kaufmännisch vertretbar ist. Außerdem bietet es sich an, zukunftsgerichtete Informationen ausdrücklich als solche hervorzuheben[620] und entsprechende Warnhinweise anzugeben. Dadurch sinkt zugleich das Risiko, dass Anleger die im Prospekt enthaltenen zukunftsgerichteten Informationen falsch bewerten und später – falls das Prognoseergebnis nicht eintritt – Schadensersatz verlangen.

Berücksichtigen die Prospektverantwortlichen diese Maßgaben, besteht kein Grund, mit der Aufnahme von Prognosen besonders zurückhaltend zu sein. Im Gegenteil können so auch optimistische Prognosen einen bedeutenden Mehrwert für die Anleger bieten, wenn diese gleichzeitig in die Lage versetzt werden, den Weg und die Methodik der Prognoseerstellung nachzuvollziehen. Möchten Emittenten ihren Anlegern also eine attraktive Informationsbasis für ihre Anlageentscheidung liefern und gleichzeitig das eigene Haftungsrisiko minimieren, empfiehlt sich gewissermaßen die „Flucht nach vorne" durch eine möglichst umfängliche Darstellung.

Wurde eine fehlerhafte Prognose im Prospekt veröffentlicht, ist für das erforderliche Verschulden entscheidend, ob den jeweiligen Prospektverantwortlichen Anhaltspunkte für die Unrichtigkeit des Prospekts vorlagen. Wurde ein Wirtschaftsprüferbericht eingeholt, durch den die Prognose geprüft wird, kommt

---

620 Gewinnprognosen werden freilich ohnehin unter der speziellen Überschrift in den Prospekt aufgenommen.

eine Exkulpation insofern in Betracht, als die Fehlerquelle Gegenstand der positiv ausgefallenen Prüfung war.

3. Haftung des Wirtschaftsprüfers

Es wurde bereits angesprochen, dass nach dem alten Prospektregime auch für Wirtschaftsprüfer Haftungsrisiken bestanden, wenn Gewinnprognosen in Prospekte aufgenommen wurden.[621] Da diese Wirtschaftsprüferhaftung erst durch die Rechtsprechung entwickelt wurde, sollen zunächst die wesentlichen Leitgedanken des maßgeblichen BGH-Urteils[622] sowie die Kritik aus dem Schrifttum dazu erläutert werden (unten, a)). Anschließend wird untersucht, inwieweit das Urteil auch nach Inkrafttreten der Verordnung (EU) 2017/1129 und der flankierenden Delegierten Verordnungen noch relevant ist (unten, b)). Die daraus gewonnenen Erkenntnisse sollen als Zwischenergebnis zusammengefasst werden (unten, c)).

a) Die Wirtschaftsprüferhaftung vor Inkrafttreten der neuen Prospektverordnung

aa) Das Leiturteil des BGH

Der dem Leiturteil[623] zugrundeliegende Sachverhalt lässt sich wie folgt zusammenfassen: das beklagte Wirtschaftsprüfungsunternehmen wurde von einem Emittenten beauftragt, die Rechnungslegungsgrundlagen zu prüfen, die den im Wertpapierprospekt (Aktienemission) enthaltenen Gewinnprognosen zugrunde lagen. Das Wirtschaftsprüfungsunternehmen testierte dem Emittenten in seinem ebenfalls im Prospekt veröffentlichten Prüfbericht, dass die Gewinnprognosen in Übereinstimmung mit den angegebenen Grundlagen ordnungsgemäß aufgestellt wurden und im Einklang mit den Rechnungslegungsstrategien des Emittenten standen. Nachdem Anleger Aktien des Emittenten erworben hatten, die geplante Aktienemission jedoch fehlschlug und der Emittent insolvent wurde, verlangte die Klägerin Schadensersatz von dem beauftragten Wirtschaftsprüferunternehmen.[624]

---

621 Oben unter D.III.2.c)cc)(4).

622 BGH, Urt. v. 24. April 2014 – III ZR 156/13 –, WM 2014, S. 935 ff.; ausführlich besprochen von *Ebke*, ZGR 2015, S. 325 ff.

623 BGH, Urt. v. 24. April 2014 – III ZR 156/13 –, WM 2014, S. 935 ff.; ausführlich besprochen von *Ebke*, ZGR 2015, S. 325 ff.

624 BGH v. 24. April 2014 – III ZR 156/13 –, WM 2014, S. 935 ff. Rn. 1 f.

Im Ergebnis bestätigte der BGH die vorinstanzliche Entscheidung des OLG Düsseldorf[625], eine Haftung aus einem Vertrag mit Schutzwirkung zugunsten Dritter anzunehmen.[626] Dabei bezog er sich vorrangig auf die besonderen Voraussetzungen der Sachverständigenhaftung,[627] wonach etwa auch Wirtschaftsprüfer gegenüber Dritten haften könnten, denen gegenüber der Auftraggeber von einem bestellten Gutachten bestimmungsgemäß Gebrauch macht.[628] Wesentlich sei, dass die sachkundige Stellungnahme oder Begutachtung bezwecke, das Vertrauen des Dritten zu erwecken und erkennbar eine Entscheidungsgrundlage mit wirtschaftlichen Folgen zu werden.[629]

Zum konkreten Fall führte der BGH aus, insbesondere die im Gutachten enthaltenen Angaben über dessen Zweck, der Inhalt des Gutachtens sowie die eigenen Angaben des Gutachters zu Inhalt und Umständen der Auftragserteilung seien maßgeblich gewesen.[630] Zwar argumentierte die Beklagte, dass das Gutachten nach den Allgemeinen Auftragsbedingungen für Wirtschaftsprüfer und Wirtschaftsprüfergesellschaften (kurz: „AAB") nicht hätte weitergegeben werden dürfen bzw. bei Weitergabe eine Haftung hätte ausscheiden müssen.[631] Hinsichtlich der Auftragsgrundlage erklärte das Gericht jedoch, das Gutachten sei gerade erstellt worden, um im Prospekt veröffentlicht und an Dritte weitergegeben zu werden. Weiterhin wurde das Gutachten verfasst, um die prospektrechtlichen Anforderungen zur Aufnahme von Gewinnprognosen im Prospekt zu erfüllen,

625 OLG Düsseldorf v. 5. April 2013 – I-17 U 185/11.

626 BGH v. 24. April 2014 – III ZR 156/13 –, WM 2014, S. 935 ff. Rn. 8.

627 Danach können Dritte dann in einen vertraglichen Schutzbereich einbezogen werden, wenn sie bestimmungsgemäß von der Hauptleistung berührt werden, der Vertragsgläubiger ein Interesse am Schutz des Dritten hat und Inhalt und Zweck des Vertrags erkennen lassen, dass diesen Interessen Rechnung getragen werden soll, bzw. die Parteien den Willen haben, zugunsten der Dritten eine Schutzpflicht des Schuldners zu begründen, dazu BGH v. 24. April 2014 – III ZR 156/13 –, WM 2014, S. 935 ff. Rn. 11 unter Verweis auf BGH v. 2. Juli 1996 – X ZR – 104/94, BGHZ 133, S. 168, 172 f.; BGH v. 7. Mai 2009 – III ZR 277/08, BGHZ 181, S. 12 m.w.N.

628 BGH v. 24. April 2014 – III ZR 156/13 –, WM 2014, S. 935 ff. Rn. 12 unter Verweis auf BGH v. 20. April 2004 – X ZR 250/02, BGHZ 159, S. 1, 5.

629 BGH v. 24. April 2014 – III ZR 156/13 –, WM 2014, S. 935 ff. Rn. 14 unter Verweis auf BGH v. 20. April 2004 – X ZR 250/02, BGHZ 159, S. 1, 5; BGH v. 6. April 2006 – III ZR 256/04, BGHZ 167, S. 155 und BGH v. 7. Mai 2009 – III ZR 277/08, BGHZ 181, S. 12.

630 BGH v. 24. April 2014 – III ZR 156/13 –, WM 2014, S. 935 ff. Rn. 16.

631 Dieses Argument entkräftend BGH v. 24. April 2014 – III ZR 156/13 –, WM 2014, S. 935 ff. Rn. 18 f.

und habe diesen Auftragsinhalt auch wiedergegeben (§ 7 WpPG a.F. iVm Art. 3 und Anhang I Nr. 13.2 Verordnung (EG) Nr. 809/2004).[632] Entsprechend habe das Gutachten gerade dem den prospektrechtlichen Vorschriften zugrundeliegenden Anlegerschutz gedient,[633] woran die AAB nichts änderten.[634] Nach weiteren Ausführungen, u.a. zur Schutzbedürftigkeit der Klägerin,[635] widmete sich der BGH auch dem erforderlichen Zurechnungszusammenhang zwischen Pflichtverletzung und Schaden. Hierzu erkannte es zwar an, das Gutachten sei lediglich hinsichtlich der Gewinnprognose und nicht für den gesamten Prospektinhalt erstellt worden. Jedoch seien Gewinnprognosen für Anleger ganz besonders bedeutsam und bildeten einen zentralen Baustein für die Anlageentscheidung. Folglich liege der Schaden bereits im Erwerb der Anlage, ohne dass es darauf ankäme, weshalb diese später wertlos geworden sei.[636]

bb) Literaturstimmen und Würdigung

Das Urteil wurde in der Literatur teilweise kritisch aufgenommen.[637] Es zeige zunächst, dass Wirtschaftsprüfer (oder andere Experten) sehr sorgfältig arbeiten müssten, wenn sie Materialen zu Wertpapierprospekten beisteuerten.[638] Dabei sei zu hoffen, dass die Rechtsprechung künftig vor allem bei leicht fahrlässigen Pflichtverletzungen der Experten im Sinne praktischer Konkordanz entscheiden und mit Augenmaß vorgehen werde.[639] Bemängelt wurde inhaltlich insbesondere, dass ein besonderes Vertrauen der Wirtschaftsprüfer grundsätzlich nur bei persönlichem Kontakt zwischen Wirtschaftsprüfern und Anlegern angenommen werden sollte. Daran fehlte es im betreffenden Fall. Wenn der BGH überdies annehme, die Abgabe des Prüfberichts diene Werbezwecken, verkenne dies die prospektrechtlichen Vorgaben (§ 7 WpPG a.F. iVm Art. 3 und Ziff. 13.2 Anhang I Verordnung (EG) Nr. 809/2004), für die Werbezwecke unerheblich

---

632 BGH v. 24. April 2014 – III ZR 156/13 –, WM 2014, S. 935 ff. Rn. 16.

633 BGH v. 24. April 2014 – III ZR 156/13 –, WM 2014, S. 935 ff. Rn. 17.

634 Dieses Argument entkräftend BGH v. 24. April 2014 – III ZR 156/13 –, WM 2014, S. 935 ff. Rn. 18 f.

635 BGH v. 24. April 2014 – III ZR 156/13 –, WM 2014, S. 935 ff. Rn. 20 ff.

636 BGH v. 24. April 2014 – III ZR 156/13 –, WM 2014, S. 935 ff. Rn. 24.

637 Kritisch insbesondere *Seiler/Singhof* in FrankKomm WpPG u. EU-ProspektVO, § 21 WpPG Rn. 101 f.; eher neutral dazu *Müller*, EWiR 2014, S. 483 f. sowie *Ebke*, ZGR 2015, S. 325, 344 f.; positiv zum Urteil *Juretzek*, DStR 2014, S. 1515 f.

638 *Müller*, EWiR 2014, S. 483 f.; *Ebke*, ZGR 2015, S. 325, 344 f.

639 *Ebke*, ZGR 2015, S. 325, 344 f.

seien.[640] Wirtschaftsprüfer würden sich zudem gegenüber einer unabsehbar großen Zahl Dritter haftbar machen können.[641]

Die inhaltliche Kritik am Urteil kann nicht überzeugen. Zunächst ist nicht ersichtlich, weshalb ein persönlicher Kontakt des Wirtschaftsprüfers zu den Anlegern vorausgesetzt werden sollte. Denn der BGH begründet die Haftung nicht mit einem besonderen (persönlichen) Vertrauen der Anleger, sondern mit dem allgemeinen und für den Sachverständigen erkennbaren Vertrauen in ein Sachverständigengutachten.[642] Er führt so, wie auch in der Literatur zugunsten dieser Rechtsprechung betont wird, tatsächlich konsequent die bisherige Rechtsprechung hinsichtlich der Haftung von Sachverständigen fort und wendet sie folgerichtig auch auf fehlerhafte Testate in Wertpapierprospekten an.[643] Ferner begründet der BGH seine Auffassung in keinem Satz damit, die Wirtschaftsprüferbescheinigung diene Werbezwecken. Vielmehr stützt er sich überzeugend auf den Schutzzweck der prospektrechtlichen Vorschriften (also den Anlegerschutz) sowie den Umstand, dass dem Wirtschaftsprüfer die Veröffentlichung des Gutachtens und auch das besondere entgegengebrachte Vertrauen der Anleger von vornherein bekannt war.[644]

b) *Folgen der Verordnung (EU) 2017/1129*

Da Emittenten nicht länger gezwungen sind, einen Wirtschaftsprüferbericht erstellen zu lassen, wenn sie Gewinnprognosen in den Prospekt aufnehmen möchten,[645] fragt sich, inwieweit die unter a) beschriebene Wirtschaftsprüferhaftung auch heute noch relevant werden kann. Diese Frage wird dann bedeutsam, wenn man mit einer Vielzahl der *Stakeholder* davon ausgeht, dass jedenfalls transaktionsbegleitende Banken auch künftig Wirtschaftsprüferberichte verlangen werden (zur internen Verwendung oder zur Veröffentlichung im Prospekt). Andernfalls scheidet eine Wirtschaftsprüferhaftung freilich von vornherein aus.

Ausgangspunkt ist, dass der Wirtschaftsprüferbericht gesetzlich nicht länger in einen Prospekt aufgenommen werden müssen. Auch wenn also weiterhin Wirtschaftsprüferberichte zur Veröffentlichung im Prospekt erstellt würden,

---

640 *Seiler/Singhof* in FrankKomm WpPG u. EU-ProspektVO, § 21 WpPG Rn. 102.

641 *Schlitt/Landschein*, ZBB 2019, S. 103, 107.

642 BGH v. 24. April 2014 – III ZR 156/13 –, WM 2014, S. 935 ff. Rn. 16, 18, 23.

643 *Juretzek*, DStR 2014, S. 1515 f. unter Verweis auf BGH v. 7. Mai 2009 – III ZR 277/08 = DStRE 2010, S. 193.

644 BGH v. 24. April 2014 – III ZR 156/13 –, WM 2014, S. 935 ff. Rn. 14, 24.

645 Dazu oben, D.III.2.b).

ließe sich fortan jedenfalls nicht länger argumentieren, Wirtschaftsprüfer würden wissentlich eine Aufgabe übernehmen, die das gesetzlich verankerte Ziel des Anlegerschutzes erfüllen soll. Dies bedeutet jedoch nicht, dass eine Haftung des Wirtschaftsprüfers automatisch ausscheidet. Denn obgleich sich der BGH in seinem Urteil mehrfach auf die (damaligen) gesetzlichen Vorschriften bezieht, liegt sein Argumentationsschwerpunkt anderswo. Maßgeblich für die Einbeziehung des Anlegers in den Schutzbereich des Auftragsverhältnisses zwischen Emittent und Wirtschaftsprüfer ist vielmehr, dass der Wirtschaftsprüfer wissentlich einen Bericht erstellt, der Anlegern als Entscheidungsgrundlage dienen und im Prospekt veröffentlicht werden soll. Dass hierzu eine gesetzliche Pflicht bestand, verwendet der BGH in seinem Urteil vorrangig als Argument dafür, dass dem Wirtschaftsprüfer diese Umstände bewusst gewesen sein müssten. Keinesfalls setzt er eine entsprechende gesetzliche Pflicht voraus, um die Haftung zu begründen. Darüber hinaus ist auch künftig davon auszugehen, dass Anleger dem Wirtschaftsprüferbericht als externem Sachverständigengutachten auch dann ein hohes Maß an Vertrauen schenken werden, wenn der Emittent den Bericht freiwillig in Auftrag gibt und veröffentlicht.

Folglich muss es auf den konkreten Vertrag zwischen Emittent und Wirtschaftsprüfer ankommen, wobei die vom BGH vorgeschlagenen Kriterien herangezogen werden können. Entscheidend sind also Zweck, Umstände des Zustandekommens sowie der Inhalt eines Gutachtens. Vereinbaren Emittent und Wirtschaftsprüfer, dass der Bericht für die Anleger in einen Prospekt aufgenommen werden soll, dürfte dem Wirtschaftsprüfer auch künftig die besondere Rolle des Berichts bei der Anlageentscheidung bewusst sein. Entsprechend könnten auch die Anleger als Dritte in den Schutzbereich des Vertrags einzubeziehen sein. Wird eine Veröffentlichung des Berichts im Prospekt hingegen vertraglich ausgeschlossen, scheidet eine Wirtschaftsprüferhaftung aus. Auch diese Konstellation ist denkbar; denn während Banken und Wirtschaftsprüfer als *Stakeholder* vermehrt davon ausgingen, dass Wirtschaftsprüferberichte zu Gewinnprognosen auch in Zukunft relevant sein werden, schienen diese Berichte für Investoren deutlich weniger bedeutsam zu sein.[646] Banken könnten also bei der Prospektveröffentlichung weiterhin von Emittenten verlangen, Wirtschaftsprüferberichte einzuholen, ohne diese aber zu veröffentlichen.

646 Vgl. dazu bereits unter D.III.2.c).

c) Zwischenergebnis

Durch die Verordnung (EU) 2017/1129 bzw. die Delegierte Verordnung (EU) 2019/1129 können Prospektverantwortliche und Wirtschaftsprüfer flexibler bei der Prospekterstellung vorgehen und Haftungsrisiken minimieren. Es liegt nun ganz bei den Beteiligten, ob überhaupt ein entsprechender Bericht verlangt wird und, falls ja, ob dieser auch veröffentlicht werden soll. Eine Wirtschaftsprüferhaftung kommt dabei lediglich in Betracht, wenn die Veröffentlichung des Sachverständigengutachtens zwischen Emittent und Wirtschaftsprüfer vereinbart wurde. Während teilweise kritisiert wurde, Anlegervertrauen könnte ohne die Veröffentlichung eines Berichts gefährdet werden, steht es Emittenten nach wie vor frei, diesem Verlangen bedarfsweise nachzukommen.

Aus Wirtschaftsprüfersicht dürfte die Neuregelung sehr zu begrüßen sein. Denn da es nun einzig auf den konkreten Vertragsinhalt zwischen ihnen und dem Emittenten ankommt, kann ihnen nicht länger vorgehalten werden, sie hätten trotz entgegenstehender Vereinbarung (etwa in den AAB) mit einer Veröffentlichung ihres Berichts rechnen müssen.

VI. Steuerung des Prospektinhalts durch Regelpublizität?

Sofern Emittenten vermeiden möchten, eine Gewinnprognose in einen künftigen Prospekt aufzunehmen, darf auch ihr Prognosebericht im (Konzern-) Lagebericht keine dann noch aktuelle Gewinnprognose im prospektrechtlichen Sinn enthalten. Denn diese wäre zwingend nach den strengen prospektrechtlichen Vorschriften auch im Prospekt zu veröffentlichen.[647] Damit stellt sich die Frage, ob unter dem neuen Prospektregime Formulierungen denkbar sind, die zwar einerseits die Anforderungen des DRS 20 an die Prognoseberichterstattung erfüllen, andererseits aber keine Gewinnprognosen im prospektrechtlichen Sinne darstellen.

1. Vermeidung durch entsprechende Formulierungen/ Disclaimer

Welche Formulierungen von der ESMA als Gewinnprognosen eingeordnet werden, ergibt sich vorrangig aus ihren aktualisierten *Questions & Answers* zu prospektrechtlichen Fragestellungen (dazu bereits oben, II.1.). Diese Formulierungen müssten entsprechend vermieden werden. Gleichzeitig müssen Emittenten bei

647 Zur Aufnahmepflicht bereits oben D.III.1.b).

der Prognoseberichterstattung im (Konzern-)Lagebericht jedoch den DRS 20 berücksichtigen, wonach lediglich Punktprognosen, Intervallprognosen sowie qualifiziert-komparative Prognosen zulässig sind (DRS 20.130). Wie unter II.2. gezeigt, sieht die ESMA – sofern sich daraus der prognostizierte Gewinn eines Unternehmens ableiten lässt – in den vom DRS 20 zugelassenen Formulierungen stets eine Gewinnprognose. Somit ist es Emittenten, die sich an die Vorgaben des DRS 20 halten, nicht möglich, bei Prognosen bzgl. des Geschäftsergebnisses im (Konzern-)Lagebericht Formulierungen zu wählen, die zwar dem DRS 20 entsprechen, jedoch nicht als Gewinnprognose im prospektrechtlichen Sinne in einen Prospekt aufgenommen werden müssten.

Fraglich ist, ob Emittenten diese Aufnahmepflicht durch einen Disclaimer vermeiden können, wonach eine Aussage ausdrücklich keine Gewinnprognose darstellt, um diese Aussage dem Anwendungsbereich der prospektrechtlichen Anforderungen an Gewinnprognosen zu entziehen. Nach Auffassung der ESMA ist dies nicht möglich.[648] Beispiele für solche wirkungslosen Disclaimer könnten etwa lauten:[649]

- *„Dieser Prospekt enthält keine Gewinnprognose oder schätzung."*
- *„Nichts in diesem Dokument ist dazu bestimmt, eine Gewinnprognose darzustellen, und nichts sollte als Gewinnprognose ausgelegt werden."*
- *„Die vorherige Aussage ist nicht so zu interpretieren, dass X's zukünftige Gewinne pro Aktie notwendig gleich oder größer sein werden, als die historischen Gewinne pro Aktie."*

Dieser Einschätzung ist zuzustimmen. Denn könnten Emittenten mittels eines solchen Disclaimers ihrer Aufnahmepflicht entgehen, würde das Ziel des neuen Prospektregimes konterkariert, ausstehende und noch gültige Gewinnprognosen wegen ihres hohen Werts für Investoren stets in den Prospekt einzubeziehen. Entsprechend scheidet die Möglichkeit aus, die prospektrechtlichen Anforderungen dadurch zu vermeiden, dass der Aussagegehalt einer Prognose im (Konzern-)Lagebericht nachträglich durch einen Disclaimer relativiert wird.

2. Zwischenergebnis

Emittenten, die bei der (Konzern-)Lageberichterstattung den DRS 20 beachten und Prognosen zu wesentlichen Finanzkennzahlen aufstellen, können es bei der

648 ESMA31-62-780, S. 84.

649 Die Beispiele entstammen ESMA31-62-780, S. 84 und wurden aus dem Englischen übersetzt.

Prognoseberichterstattung im (Konzern-)Lagebericht nicht länger vermeiden, eine Gewinnprognose im prospektrechtlichen Sinne zu veröffentlichen. Ist diese zur Zeit der Prospekterstellung noch gültig, ist sie entsprechend in den Prospekt aufzunehmen. Bei der (Konzern-)Lageberichterstattung sollten daher bereits auch die prospektrechtlichen Anforderungen an die Erstellung und Aufnahme von Gewinnprognosen soweit wie möglich berücksichtigt werden. Freilich können Emittenten zur Zeit der Finanzberichterstattung nicht immer vorhersehen, dass im neuen Geschäftsjahr eine prospektpflichtige Transaktion (z.B. eine Kapitalerhöhung) durchgeführt werden wird. Eine bzgl. einer konkreten späteren Prospekterstellung vorausschauende Finanzberichterstattung ist daher nicht immer möglich. Zum einen können Prognosen durch eine solche Transaktion jedoch ungültig werden und somit nicht länger prospektpflichtig sein. Zum anderen können insbesondere Emittenten, die regelmäßig prospektpflichtige Transaktionen durchführen, bei der Prognoseberichterstattung grundsätzlich darauf achten, auch die prospektrechtlichen Vorgaben mitzuberücksichtigen. Da sich die prospekt- und handelsrechtlichen Anforderungen an die Prognoseberichterstattung teilweise überschneiden oder ergänzen (dazu bereits unter IV.), ergeben sich zugunsten der Emittenten dabei zugleich Synergieeffekte.

E. Prognosen und Ad-hoc-Mitteilungen

Dieser Teil widmet sich Veröffentlichungspflichten von Prognosen im Rahmen der Ad-hoc-Publizitätspflicht, da sich für Emittenten hier wesentliche Fragen nach dem richtigen Veröffentlichungszeitpunkt oder ggf. einer möglichen Selbstbefreiung stellen. Die praktische Bedeutung dieser Fragen wird im Schrifttum etwa durch den Hinweis verdeutlicht, dass ungefähr jede dritte veröffentlichte Ad-hoc-Mitteilung von DAX-Emittenten die Anpassung einer Ergebnisprognose oder die Vorabveröffentlichung von Finanzinformationen betrifft.[650] So wundert es nicht, dass die Ad-hoc-Publizitätspflicht auch als „*wahres Eldorado für Prognosen*" beschrieben wird.[651]

Während die Ad-hoc-Publizitätspflicht einen integralen Bestandteil des Anlegerschutzes darstellt,[652] steht sie seit jeher in einem Spannungsverhältnis zu den Investor Relations Aktivitäten von Emittenten.[653] Denn einerseits stellt die Veröffentlichung von Prognosen einen wichtigen Bestandteil der Investor Relations Aktivitäten dar,[654] wobei aus Anlegersicht insbesondere Aussagen zur erwarteten Entwicklung von Gewinn und Umsatz besonders relevant sind.[655] Andererseits herrscht seitens der Emittenten eine gewisse Zurückhaltung, Geschäftszahlen öffentlich bekannt zu machen, wenn sie sich nicht so positiv entwickelt haben, wie Emittent und Anleger es sich zuvor erhofft hatten.[656]

Folgend sollen zunächst überblicksartig der Zweck und die allgemeinen Voraussetzungen der Ad-hoc-Publizitätspflicht vorgestellt werden (unten, I.). Schwerpunktmäßig werden in diesem Abschnitt die Besonderheiten der Ad-hoc-Publizitätspflicht bei der Anwendung auf Prognosen untersucht (unten, II.).

---

650 *Merkner/Sustmann/Retsch*, AG 2019, S. 621, 630.

651 *Veil*, AG 2006, S. 690 f.

652 *Hopt/Kumpann* in Schimansky/Bunte/Lwowski Bankrecht, § 107 Rn. 3, 133; *Klöhn* in ders. MAR, 1. Aufl. 2018, Vorb. Art. 7 MAR Rn. 30; *Schäfer* in Marsch-Barner Schäfer, Hdb. börsennotierte AG, § 12, Rn. 12.1; *Meyer* in Kümpel/Mülbert/Früh/Seyfried Bank- und Kapitalmarktrecht, Rn. 12.334.

653 *Vaupel/Oppenauer*, AG 2019, S. 502, 504; *Schlitt/Mildner* in FS 25 Jahre WpHG, 2019, S. 355.

654 *Schlitt/Mildner* in FS 25 Jahre WpHG, 2019, S. 355 f.

655 Für die Bedeutung von Prognosen für das Kursbeeinflussungspotential etwa *BaFin*, Emittentenleitfaden Modul C, Ziff. I.2.1.5.1 sowie *Assmann* in *Assmann/Schneider/Mülbert* Wertpapierhandelsrecht, Art. 7 MAR Rn. 29 f.

656 *Schlitt/Mildner* in FS 25 Jahre WpHG, 2019, S. 355 f.

Sofern eine veröffentlichungspflichtige Insiderinformation vorliegt, fragt sich weiter, zu welchem Zeitpunkt der Emittent sie zu veröffentlichen hat (unten, III.) und wann möglicherweise eine Selbstbefreiung, also ein Aufschub der Veröffentlichung, in Betracht kommt (vgl. Art. 17 Abs. 4 und 5 MAR) (unten, IV.).

I. Allgemeines zur Ad-hoc-Publizitätspflicht

1. Zweck der Ad-hoc-Publizitätspflicht

Die Ad-hoc-Publizitätspflicht ergänzt als anlassbezogene Sekundärmarktpublizität[657] die Regelpublizität, indem sie Emittenten[658] verpflichtet, Insiderinformationen, die ihn unmittelbar betreffen, unverzüglich zu veröffentlichen (Art. 17 Abs. 1 Satz 1 MAR).[659] Dabei findet die Ad-hoc-Publizitätspflicht parallel zur Regelpublizität Anwendung; Ad-hoc-Mitteilungen sind daher auch dann unverzüglich bekanntzumachen, wenn die entsprechenden Informationen gleichsam zeitnah in einem Finanzbericht (oder einem Wertpapierprospekt) veröffentlicht werden.[660]

---

657 So *Klöhn* in ders. MAR, Art. 17 MAR Rn. 1.

658 Genauer: Emittenten, die für ihre Finanzinstrumente eine Zulassung zum Handel an einem geregelten Markt in einem Mitgliedstaat beantragt oder erhalten haben, bzw. im Falle von Instrumenten, die nur auf einem multilateralen oder organisierten Handelssystem gehandelt werden, für Emittenten, die für ihre Finanzinstrumente eine Zulassung zum Handel auf einem multilateralen oder organisierten Handelssystem in einem Mitgliedstaat erhalten haben oder die für ihre Finanzinstrumente eine Zulassung zum Handel auf einem multilateralen Handelssystem in einem Mitgliedstaat beantragt haben (Art. 17 Unterabs. 3 MAR).

659 Neben dieser allgemeinen Ad-hoc-Publizitätspflicht bestehen weitere Spezialregelungen zur anlassbezogenen Publizität: die Publizität kraft selektiver Offenlegung von Insiderinformationen (Art. 17 Abs. 8 MAR) sowie die Pflicht zur Ad-hoc-Publizität nach Wegfall von Selbstbefreiungsvoraussetzungen. (Art. 17 Abs. 7 MAR). Da sich speziell für Prognosen bei diesen Spezialregelungen keine Besonderheiten ergeben, bleiben sie hier unberücksichtigt.

660 Für den Finanzbericht *BaFin,* Emittentenleitfaden Modul C, Ziff. 1.3.2.2.6; aus dem Schrifttum *Cahn/Götz,* AG 2007, S. 221 f.; *Hopt/Kumpann* in Schimansky/Bunte/Lwowski Bankrecht, § 107 Rn. 134; *Klöhn* in ders. MAR, Art. 17 MAR Rn. 38; *Veil/Brüggemeier* in Meyer/Veil/Rönnau Marktmissbrauchsrecht, § 10 Rn. 12; *Assmann* in Assmann/Schneider/Mülbert Wertpapierhandelsrecht, Art. 17 MAR Rn. 9; *Kumpan/Misterek* in Schwark/Zimmer KMRK, Art. 7 MAR Rn. 23; Gleiches muss freilich auch für bei der Prospekterstellung aufgestellte Prognosen gelten.

Zudem bildet die Ad-hoc-Publizitätspflicht das funktionale Äquivalent der aus anderen Rechtsordnungen bekannten *timely* bzw. *continuous disclosure requirements.*[661] Primäres Ziel ist dabei der Marktschutz, während der Aktionärsschutz, also die Verbesserung der Corporate Governance, lediglich sekundär bezweckt wird.[662] Als bloße Nebenwirkung („Reflex") des Marktschutzes fördert die Ad-hoc-Publizitätspflicht auch den individuellen Anlegerschutz.[663] Bzgl. des Marktschutzes werden verschiedene Aspekte betont, denen die Ad-hoc-Publizität zugutekommen soll: die Herstellung eines *level playing fields* unter den Anlegern, die Gewährung eines gleichberechtigten Informationszugangs (*equal access*),[664] eine verbesserte Markttransparenz,[665] die Bekämpfung von Insiderhandel,[666] eine verbesserte Integrität der Kapitalmärkte[667] sowie der Schutz des Anlegervertrauens.[668]

2. Voraussetzungen der Ad-hoc-Publizitätspflicht

Ein Emittent, der die Zulassung des Finanzinstruments zum Handeln beantragt oder genehmigt hat,[669] hat Insiderinformationen, die ihn unmittelbar betreffen, unverzüglich zu veröffentlichen (Art. 17 Abs. 1 Satz 1 MAR). Entscheidendes Kriterium ist das Vorliegen einer Insiderinformation. Eine Insiderinformation ist nach der Grunddefinition der MAR[670] jede *„nicht öffentlich bekannte präzise Informationen, die direkt oder indirekt einen oder mehrere Emittenten oder ein oder mehrere Finanzinstrumente betreffen und die, wenn sie öffentlich bekannt würden, geeignet wären, den Kurs dieser Finanzinstrumente oder den Kurs damit*

---

661 *Klöhn* in ders. MAR, Art. 17 MAR Rn. 1.

662 *Klöhn* in ders. MAR, Art. 17 MAR Rn. 5.

663 OLG Düsseldorf AG 2011, S. 706 ff. Rn. 117 ff. (IKB); *Frowein* in Habersack/Mülbert/Schlitt Kapitalmarktinformation, § 10 Rn. 3; *Ihrig*, ZHR 181 (2017), S. 381, 390; *Klöhn* in ders. MAR, Art. 17 MAR Rn. 5; *Meyer* in Kümpel/Mülbert/Früh/Seyfried Bank- und Kapitalmarktrecht, Rn. 12.334.

664 Vgl. Erwägungsgrund 24 Satz 3 MAR.

665 Vgl. Erwägungsgrund 2 MAR.

666 Vgl. Erwägungsgrund 49 MAR.

667 Vgl. Erwägungsgrund 2 MAR.

668 Vgl. Erwägungsgrund 55 MAR; zu diesen Aspekten insgesamt *Klöhn* in ders. MAR, Vor Art. 17 MAR Rn. 39 unter Verweis auf verschiedene internationale Publikationen.

669 Erwägungsgrund 49 MAR.

670 *Klöhn* in ders. MAR, Art. 7 MAR Rn. 3.

verbundener derivativer Finanzinstrumente erheblich zu beeinflussen" (Art. 7 Abs. 1 lit. a) MAR).[671]

Der Begriff der „präzisen Information" ist legaldefiniert und soll unpräzise und vage Informationen aus dem Tatbestand der Insiderinformation ausklammern.[672] Danach ist eine Information präzise, wenn eine Reihe von Umständen gemeint ist, die (i) bereits gegeben sind oder (ii) bei denen man vernünftigerweise erwarten kann, dass sie in Zukunft gegeben sein werden, oder ein Ereignis, das (iii) bereits eingetreten ist oder (iv) von dem vernünftigerweise erwartet werden kann, dass es in Zukunft eintreten wird, sofern die Information spezifisch genug ist, um einen Schluss auf die möglichen Auswirkungen dieser Umstände oder Ereignisse auf die Kurse der Finanzinstrumente oder damit verbundener derivativer Finanzinstrumente zuzulassen (Art. 7 Abs. 2 Satz 1 MAR).[673]

---

671 Zwar gelten in der MAR für Warenderivate, Emissionszertifikate und darauf beruhende Auktionsobjekte sowie Personen, die mit der Ausführung von Aufträgen in Bezug auf Finanzinstrumente beauftragt sind als Regelbeispiele für Insiderinformationen zwar dem Wortlaut nach abweichende Tatbestandsmerkmale (Art. 7 Abs. 1 lit. b)-d) MAR). Doch soll die zuvor genannte Grunddefinition für die Zwecke dieser Arbeit genügen. Auf die Funktion dieser besonderen Fallgruppen als Regelbeispiele verweisend etwa *Krause* in Meyer/Veil/Rönnau Marktmissbrauchsrecht, § 6 Rn. 3.

672 *Krause* in Meyer/Veil/Rönnau Marktmissbrauchsrecht, § 6 Rn. 26.

673 Während letztere Einschränkung vermuten lassen könnte, bereits im Rahmen der Prüfung des Tatbestandsmerkmals der präzisen Information käme es auf die Kursspezifität der Information an, kommt diesem Merkmal neben dem Erfordernis des Kursbeeinflussungspotentials keine tatbestandsbegrenzende Wirkung zu (*Krause* in Meyer/Veil/Rönnau Marktmissbrauchsrecht, § 6 Rn. 28; zur Rechtslage vor Inkrafttreten der MAR *Mennicke/Jakouvou* in Fuchs WpHG, § 13 Rn. 28; *Klöhn*, NZG 2015, S. 809 f.; die eigenständige Bedeutung des Tatbestandsmerkmals betonend dagegen *Assmann* in Assmann/Schneider/Mülbert Wertpapierhandelsrecht, Art. 7 MAR Rn. 13. Denn eine kursrelevante Information, die nicht auch so spezifisch wäre, dass sie einen Schluss auf ihre Kursrelevanz zuließe, gibt es nicht (*Krause* in Meyer/Veil/Rönnau Marktmissbrauchsrecht, § 6 Rn. 28; zur Rechtslage vor Inkrafttreten der MAR etwa *Mennicke/Jakouvou* in Fuchs WpHG, § 13 WpHG Rn. 28; *Klöhn*, NZG 2015, S. 809 f.). Nach richtiger Auffassung sollen lediglich offensichtlich irrelevante Informationen herausgefiltert werden, die von vornherein keinen Rückschluss auf mögliche Auswirkungen auf den Kurs zulassen (EuGH v. 11.3.2015 – Rs. C-628/13, ECLI:EU:C:2015:162 = NZG 2015, S. 432 ff. – *Lafonta*; *Krause* in Meyer/Veil/Rönnau Marktmissbrauchsrecht, § 6 Rn. 28 f.; *Hilgendorf/Kusche* in Park Kapitalmarktstrafrecht, Art. 7 MAR Rn. 21; zur Rechtslage vor Inkrafttreten der MAR *Mennicke/Jakouvou* in Fuchs WpHG, § 13 WpHG Rn. 28; *Klöhn*, NZG 2015, S. 809 f.).

Weiteres zentrales Tatbestandsmerkmal von Insiderinformationen ist das Kursbeeinflussungspotential, durch das Bagatellfälle ausgeklammert werden sollen.[674] Eine Information kommt lediglich dann als Insiderinformation in Betracht, wenn sie – wäre sie öffentlich bekannt – geeignet wäre, den Kurs des betreffenden Finanzinstruments oder damit verbundener Finanzinstrumente erheblich zu beeinflussen (Art. 7 Abs. 1 lit. a) MAR). Maßgeblich ist dabei, ob ein verständiger Anleger die Information wahrscheinlich als Teil seiner Anlageentscheidungen nutzen würde (Art. 7 Abs. 4 Satz 1 MAR). Diese Frage ist in objektiver *ex-ante*-Prognose unter Einbeziehung aller Umstände des Einzelfalls zu beurteilen,[675] wobei bei Informationen über künftige Umstände auch deren Eintrittswahrscheinlichkeit zu berücksichtigen sein kann.[676] Weitere zu berücksichtigende Umstände sind etwa die Größe und Struktur eines Unternehmens, dessen Branche, die Wettbewerbssituation usw.[677]

---

674 *BaFin*, Emittentenleitfaden Modul C, Ziff. I.2.1.4.2; *Hopt/Kumpan* in Schimansky/Bunte/Lwowski Bankrecht, § 107 Rn. 54; zum alten Recht etwa *Frowein* in Habersack/Mülbert/Schlitt Kapitalmarktinformation, § 10 Rn. 22; *Mennicke/Jakovou* in Fuchs WpHG, § 13 WpHG Rn. 131.

675 *Hopt/Kumpan* in Schimansky/Bunte/Lwowski Bankrecht, § 107 Rn. 54, 56; *Klöhn* in ders. MAR, Art. 7 MAR Rn. 176; *Krause* in Meyer/Veil/Rönnau Marktmissbrauchsrecht, § 6 Rn. 101; *Assmann* in Assmann/Schneider/Mülbert Wertpapierhandelsrecht, Art. 7 MAR Rn. 78 ff.; *Hilgendorf/Kusche* in Park Kapitalmarktstrafrecht, Art. 7 MAR Rn. 68 f.; zur Rechtslage vor Inkrafttreten der MAR bereits EuGH v. 28.6.2012 – Rs. C-19/11, ECLI:EU:C:2012:397 = NJW 2012, S. 2787 Leitsatz 2 – *Geltl*; BGH v. 27.1.2010 – 5 StR 224/09 = NZG 2010, S. 349 f. Rn. 15; *Mennicke/Jakovou* in Fuchs WpHG, § 13 WpHG Rn. 132.

676 Zwar ist auch nach Inkrafttreten der MAR umstritten, ob der Probability/Magnitude-Tests bei der Beurteilung des Kursbeeinflussungspotential entscheidend sein soll. Dies wird wohl herrschend abgelehnt, *Krause* in Meyer/Veil/Rönnau Marktmissbrauchsrecht, § 6 Rn. 112; *Assmann* in Assman/Schneider/Mülbert Wertpapierhandelsrecht, Art. 7 MAR Rn. 80; *Kumpan* in VGR Gesellschaftsrecht in der Diskussion 2018, Rn. 14 ff.; a.A. *Klöhn* in ders. MAR, Art. 7 MAR Rn. 204 ff., 217; *Hopt/Kumpan* in Schimansky/Bunte/Lwowski Bankrecht, § 107 Rn. 55; *Vaupel/Oppenauer*, AG 2019, S. 502, 507. Doch wird auch von den ablehnenden Stimmen gleichzeitig anerkannt, dass zu den „Umständen des Einzelfalls" auch die Eintrittswahrscheinlichkeit einer Information zählen kann, *Krause* in Meyer/Veil/Rönnau Marktmissbrauchsrecht, § 6 Rn. 113; *Assmann* in Assmann/Schneider/Mülbert Wertpapierhandelsrecht, Art. 7 MAR Rn. 80; *Hilgendorf/Kusche* in Park Kapitalmarktstrafrecht, Art. 7 MAR Rn. 75.

677 *BaFin*, Emittentenleitfaden Modul C, Ziff. I.3.2.2.7; *Assmann* in Assmann/Schneider/Mülbert Wertpapierhandelsrecht, Art. 7 MAR Rn. 89.

Daneben wird gesondert darauf hingewiesen, dass bei gestreckten Geschehensverläufen jeder Zwischenschritt für sich genommen eine Insiderinformation darstellen kann, wenn die entsprechenden Voraussetzungen erfüllt werden (Art. 7 Abs. 2 Satz 2, Abs. 3 MAR).[678] Hierdurch wurden mit Einführung der MAR die wesentlichen Aussagen des *Geltl*-Urteils des EuGH[679] kodifiziert.

II. Veröffentlichungspflichten im Zusammenhang mit Prognosen

Wie erwähnt, ist zentrale Voraussetzung der Ad-hoc-Publizitätspflicht, dass eine Insiderinformation existiert. Entsprechend stellt sich die Frage, wann im Zusammenhang mit Prognosen Insiderinformationen vorliegen können. Neben dem klassischen Gegenstand von Insiderinformationen (den dem Beweis zugänglichen Tatsachen der Vergangenheit und Gegenwart[680]) kommen als Insiderinformationen auch subjektive Tatsachen wie Werturteile, Einschätzungen, Absichten, Prognosen, Gerüchte und Rechtsauffassungen in Betracht.[681] In den vorigen Abschnitten wurde bereits gezeigt, dass Emittenten Prognosen insbesondere im Rahmen der Regelpublizität sowie der Prospekterstellung aufstellen (oben, C. und D.).

Fraglich ist zunächst, wann bei Prognosen eine Ad-hoc-Publizitätspflicht vorliegt. Dabei kommen drei Anknüpfungspunkte in Betracht: der Prognoseinhalt,

---

678 Speziell zu Zwischenschritten als ad-hoc-veröffentlichungspflichtigen Insiderinformationen bereits nach Inkrafttreten der MAR ausführlich *Vetter/Engel/Lauterbach*, AG 2019, S. 160 ff.

679 EuGH v. 28.6.2012 – Rs. C-19/11, ECLI:EU:C:2012:397 = NJW 2012, S. 2787 ff. – *Geltl.*

680 *Krause* in Meyer/Veil/Rönnau Marktmissbrauchsrecht, § 6 Rn. 32; *Assmann* in Assmann/Schneider/Mülbert Wertpapierhandelsrecht, Art. 7 MAR Rn. 16; *Hilgendorf/Kusche* in Park Kapitalmarktstrafrecht, Art. 7 MAR Rn. 23; *Kumpan/Misterek* in Schwark/Zimmer KMRK, Art. 7 MAR Rn. 63; ausführlich erläutert auch von *Klöhn* in ders. MAR, Art. 7 MAR Rn. 30 ff.; zum alten Recht *Assmann* in Assmann/Schneider WpHG, § 13 Rn. 12; *Mennicke/Jakouvou* in Fuchs WpHG, 2. Aufl. 2016, § 13 Rn. 32; *Schwark/Kruse* in Schwark/Zimmer KMRK (Voraufl. 2010), § 13 WpHG Rn. 8.

681 *BaFin*, Emittentenleitfaden Modul C, Ziff. I.2.1.5.1 und III.7.1; *Schlitt* in Habersack/Mülbert/Schlitt Rn. 38.11; *Hopt/Kumpan* in Schimansky/Bunte/Lwowski Bankrecht, § 107 Rn. 44; *Krause* in Meyer/Veil/Rönnau Marktmissbrauchsrecht, § 6 Rn. 35; *Assmann* in Assmann/Schneider/Mülbert Wertpapierhandelsrecht, Art. 7 MAR Rn. 19 ff.; *Hilgendorf/Kusche* in Park Kapitalmarktstrafrecht, Art. 7 MAR Rn. 23; *Kumpan/Misterek* in Schwark/Zimmer KMRK, Art. 7 MAR Rn. 82 ff.; zur Rechtslage vor Inkrafttreten der MAR etwa *Mennicke/Jakouvou* in Fuchs WpHG, § 13 Rn. 39.

die der Prognose zugrundeliegenden Informationen (z.B. ein Verfahrensstand, Plandaten oder Berechnungen) sowie das Bestehen einer Prognose als solcher (dazu unten, 1.).[682] Weiterhin ist zu untersuchen, wie sich Prognosen auf die Ad-hoc-Publizitätspflichten bzgl. zeitlich nach der Prognoseveröffentlichung eintretender Umstände auswirken können. Denn Prognosen prägen typischerweise die Markterwartung bzgl. der Kursentwicklung der Wertpapiere eines Emittenten.[683] Veröffentlicht ein Emittent eine Prognose (z.B. zur Umsatzentwicklung), können später eintretende Ereignisse (z.B. der Fortfall eines großen Auftrags) entweder auf einer Linie mit dieser Prognose liegen oder aber davon abweichen und so die Marktteilnehmer überraschen.[684] Entsprechend beeinflussen Prognosen möglicherweise auch die Insiderqualität dieser später eintretenden Ereignisse (unten 2.).[685] Da sich die Markterwartung auch durch Äußerungen Dritter zu veröffentlichten Prognosen verändern kann, wird ebenfalls untersucht, wann eine so geänderte Markterwartung zu einer Ad-hoc-Publizitätspflicht führt (unten, 3.).

1. Ad-hoc-Publizitätspflichten bei Prognosen

Der mit Abstand relevanteste der drei genannten Anknüpfungspunkte ist der Prognoseinhalt als Information über künftige Umstände, da er für die Anlageentscheidung die größte Bedeutung aufweist (unten, a)). Obgleich die Information über das Bestehen einer Insiderinformation als solcher regelmäßig mangels Kursbeeinflussungspotential keine Insiderinformation darstellt,[686] soll dennoch kurz geschildert werden, wann auch hier eine Ad-hoc-Publizitätspflicht denkbar ist (unten, b)). Demgegenüber ergeben sich für die einer Prognose zugrundeliegenden Informationen (also der Prognosegrundlage) keinerlei Besonderheiten gegenüber allen sonstigen Informationen des Emittenten, sodass sie hier nicht weiter berücksichtigt werden. Bei der Prüfung von Prognosen ergeben sich lediglich bzgl. der Tatbestandsmerkmale der präzisen Information sowie des

682 Zu diesen Fallgruppen *Klöhn* in ders. MAR, Art. 7 MAR Rn. 70 ff.; *Krause* in Meyer/Veil/Rönnau Marktmissbrauchsrecht, § 6 Rn. 72; *Assmann* in Assmann/Schneider/Mülbert Wertpapierhandelsrecht, Art. 7 MAR Rn. 28 ff.; zum alten Recht *Mennicke/Jakouvou* in Fuchs WpHG, § 13 Rn. 39a.

683 *Schlitt/Mildner* in FS 25 Jahre WpHG, 2019, S. 355, 363.

684 *Schlitt/Mildner* in FS 25 Jahre WpHG, 2019, S. 355, 363.

685 *Schlitt/Mildner* in FS 25 Jahre WpHG, 2019, S. 355, 363.

686 So zutreffend *Assmann* in Assmann/Schneider/Mülbert Wertpapierhandelsrecht, Art. 7 MAR Rn. 28.

Kursbeeinflussungspotentials Besonderheiten, sodass folgend jeweils nur diese Merkmale untersucht werden sollen.

a) *Ad-hoc-Publizitätspflicht aufgrund des Prognoseinhalts (künftige Umstände)*

aa) *Präzise Information*

Um als präzise Information in Betracht zu kommen, müssen zukunftsgerichtete und subjektive Tatsachen – also auch Prognosen – gegenüber dem Beweis zugänglichen gegenwärtigen Tatsachen weitergehende Anforderungen erfüllen.[687] Damit eine Information über einen künftig gegebenen Umstand oder ein künftig eintretendes Ereignis als präzise eingestuft werden kann, muss vernünftigerweise zu erwarten sein, dass der Umstand oder das Ereignis in Zukunft gegeben sein bzw. eintreten werden (Art. 7 Abs. 2 Satz 1 MAR).[688] Sie sind bei der Prüfung von bereits existierenden, häufig ihnen zugrundeliegenden, Tatsachen wie einem aktuellen Verfahrensstand, Plandaten, Berechnungen o.Ä. abzugrenzen.[689] Außerdem sind sie von der gegenwärtigen Tatsache abzugrenzen, dass ein bestimmter Plan oder ein Vorhaben etc. gefasst wurde.[690]

Entscheidend für die Qualifikation des Prognoseinhalts als präzise Information ist nach beinahe einhelliger Auffassung die überwiegende Eintrittswahrscheinlichkeit des prognostizierten Umstands oder Ereignisses

---

687 Ausführlich dazu *Hopt/Kumpan* in Schimansky/Bunte/Lwowski Bankrecht, § 107 Rn. 44 f.; *Klöhn* in ders. MAR, Art. 7 MAR Rn. 70 ff., 92 ff., 217 ff.; *Krause* in Meyer/Veil/Rönnau Marktmissbrauchsrecht, § 6 Rn. 35 ff., 57 ff.; *Schlitt* in Habersack/Mülbert/Schlitt Unternehmensfinanzierung, Rn. 38.11 ff., 38.22 ff.; *Assmann* in Assmann/Schneider/Mülbert Wertpapierhandelsrecht, Art. 7 MAR Rn. 19 ff., 28 ff., 46, 80; *Hilgendorf/Kusche* in Park Kapitalmarktstrafrecht, Art. 7 MAR Rn. 24 ff.

688 Nach deutschem Recht war vor Inkrafttreten der MAR länger umstritten, ob und unter welchen Umständen zukünftige Umstände oder Ereignisse als Insidertatsachen in Betracht kamen, vgl. dazu etwa die Darstellung von *Schwark/Kruse* in Schwark/Zimmer KMRK (Voraufl. 2010), § 13 WpHG Rn. 9 ff.

689 *Krause* in Meyer/Veil/Rönnau Marktmissbrauchsrecht, § 6 Rn. 58; zur Rechtslage vor Inkrafttreten der MAR *Assmann* in Assmann/Schneider WpHG, § 13 WpHG Rn. 21; *Klöhn* in KölnKomm-WpHG, § 13 WpHG Rn. 67; *Mennicke/Jakouvou* in Fuchs WpHG, § 13 WpHG Rn. 61, 65a.

690 *Krause* in Meyer/Veil/Rönnau Marktmissbrauchsrecht, § 6 Rn. 58; zum alten Recht BHG v. 25.2.2008 – II ZB 7/09 = NZG 2013, S. 708, 711 Rn. 19 – *Geltl*; *Mennicke/Jakovou* in Fuchs WpHG, § 13 WpHG Rn. 61.

(„50% + x Formel").[691] Zwar war vor Inkrafttreten der MAR umstritten, ob bei der Prüfung dieses Tatbestandsmerkmals der aus dem US-amerikanischen Kapitalmarktrecht bekannte Probability/Magnitude-Test angewendet werden sollte, wonach Präzision bzw. Eintrittswahrscheinlichkeit und Kursbeeinflussungspotential einer Information wechselseitig zu berücksichtigen sind und die Insiderqualität einer Information somit als „Saldo" dieser Merkmale zu bestimmen ist.[692] Jedoch ist dieser Streit durch die MAR richtigerweise obsolet geworden, da der der europäische Gesetzgeber nun ausdrücklich bestimmt hat, dass zukünftige Ereignisse Insiderinformationen darstellen, wenn bei umfassender Würdigung aller relevanten Faktoren eine „realistische Wahrscheinlichkeit" besteht, während die Anforderungen an die Eintrittswahrscheinlichkeit nicht von der erwarteten Kursrelevanz des künftigen Ereignisses abhängig sind (Erwägungsgrund 16 Sätze 2 und 3 MAR).[693]

Ausdrücklich bejaht die BaFin eine präzise Information bei Sachverhalten, in denen Emittenten eine Prognose aufgrund konkreter Anhaltspunkte für den

---

691 EuGH, Urt. v. 28.6.2012 – Rs. C-19/11 = ZIP 2012, S. 1282 ff.; BGH, Urt. v. 25.2.2008 – II ZB 9/07 = AG 2008, S. 380 ff.; *BaFin*, Emittentenleitfaden Modul C, Ziff. I.2.1.2; *Klöhn* in ders. MAR, Art. 7 MAR Rn. 70, 97; *Schlitt* in Habersack/Mülbert/Schlitt Unternehmensfinanzierung, Rn. 38.23; *Hilgendorf/Kusche* in Park Kapitalmarktstrafrecht, Art. 7 MAR Rn. 27; *Meyer* in Kümpel/Mülbert/Früh/Seyfried Bank- und Kapitalmarktrecht, Rn.12.346; *Kumpan/Misterek* in Schwark/Zimmer KMRK, Art. 7 MAR Rn. 162; zur Rechtslage vor Inkrafttreten der MAR etwa *Seibt/Huizinga*, CFL 2010, S. 289, 295; Bingel, AG 2012, S. 685, 689; obgleich *Assmann* in Assmann/Schneider/Mülbert Wertpapierhandelsrecht, Art. 7 MAR Rn. 29 dieses Erfordernis nicht ausdrücklich erwähnt, wird es dennoch nicht bestritten. *Vetter/Engel/Lauterbach*, AG 2019, S. 160 ff. sowie *Merkner/Sustmann/Retsch*, AG 2019, S. 621, weisen darauf hin, dass die BaFin bzgl. Zwischenschritten bei M&A-Transaktionen nun davon ausgeht, dass eine Insiderinformation nicht erst zu dem Zeitpunkt entsteht, wenn aus Sicht eines verständigen Anlegers eine hinreichende Wahrscheinlichkeit für das Zustandekommen der Transaktion besteht. Daraus schließen sie, dass die BaFin aktuell einen Paradigmenwechsel dahingehend vollzieht, dass nicht länger an der 50 % + x-Formel festgehalten wird.

692 Vgl. zur Erläuterung der Probability/Magnitude-Formel statt aller *Krause* in Meyer/Veil/Rönnau Marktmissbrauchsrecht, § 6 Rn. 110 ff.

693 Dazu *Klöhn*, AG 2016, S. 423, 428; *Poelzig*, NZG 2016, S. 528, 532; *Hopt/Kumpan* in Schimansky/Bunte/Lwowski Bankrecht, § 107 Rn. 46; *Krause* in Meyer/Veil/Rönnau Marktmissbrauchsrecht, § 6 Rn. 64 f.; *Klöhn* in ders. MAR, Art. 7 MAR Rn. 93 f.; ebenfalls darauf verweisend, dass es auf eine möglichst umfassende Würdigung aller relevanten Faktoren ankommt *Kumpan/Misterek* in Schwark/Zimmer KMRK, Art. 7 MAR Rn. 162.

weiteren Geschäftsverlauf erstellen.[694] Diese abstrakte Formulierung lässt sich dahingehend interpretieren, dass eine Information jedenfalls dann präzise ist, wenn Ereignisse eintreten oder bevorstehen, aus denen sich bereits konkret und quantifizierbar Auswirkungen auf die Geschäftsentwicklung ableiten lassen (z.B. Unterzeichnung eines Großauftrags, Anstieg oder Abfall eines bestimmten Rohstoffpreises oder erfolgreiche Anmeldung eines Patents). Davon abzugrenzen sind allgemeine Erwartungen und längerfristige Planungen, die für den Anleger noch keine hinreichenden Rückschlüsse bzgl. der tatsächlichen weiteren Entwicklungen beim Emittenten zulassen. Entsprechend stellen etwa Planungen mit einem Zeithorizont von drei oder mehr Jahren oder interne Planungen im Sinne von Zielvorgaben keine präzisen Informationen dar.[695] Hier zeigt sich gewissermaßen ein Gleichlauf zu den zum Prospektrecht gezeigten Grundsätzen, wonach Zielvorgaben, Planrechnungen sowie Projektionen mangels hinreichender Eintrittswahrscheinlichkeit idR keine veröffentlichungspflichtigen Gewinnprognosen darstellen.[696] Beschlossene (Kurzfrist-)Planungen können richtigerweise jedoch grundsätzlich insiderrelevante Prognosen darstellen,[697] sofern die übrigen Voraussetzungen erfüllt sind.

bb) Kursbeeinflussungspotential

Wie erwähnt, sind bei der erforderlichen *ex-ante*-Bewertung aus Sicht eines verständigen Anlegers sämtliche Umstände des Einzelfalls zu berücksichtigen.[698] Für die Frage, ob ein Prognoseinhalt geeignet ist, den Kurs eines Finanzinstruments erheblich zu beeinträchtigen, kommt es konkret darauf an, ob der Prognoseinhalt der Markterwartung entspricht oder aber erheblich von ihr abweicht.[699] Vor diesem Hintergrund bestehen insbesondere zwei Regelfälle, in denen ein Prognoseinhalt typischerweise ein erhebliches Kursbeeinflussungspotential aufweist.

---

694 *BaFin,* Emittentenleitfaden Modul C, Ziff. 1.2.1.5.1.

695 *BaFin,* Emittentenleitfaden Modul C, Ziff. 1.2.1.5.1.

696 Dazu ausführlich oben, D.III.1.a)bb)(2) und D.III.1.b)cc).

697 *Schlitt* in Habersack/Mülbert/Schlitt Unternehmensfinanzierung, Rn. 38.13.

698 Oben, E.I.2.

699 Vgl. *BaFin,* Emittentenleitfaden Modul C, Ziff. 1.2.1.5.1; *Seibt/Wunsch,* Der Konzern 2009, S. 195, 210; Einzelheiten zur Markterwartung insb. bei *Klöhn* in ders. MAR, Art. 7 MAR Rn. 179 ff.

(1) *Abweichen von der allgemeinen Markterwartung oder zurückliegenden Geschäftsergebnissen*

Zunächst soll eine preiserhebliche Information vorliegen, wenn ein prognostizierter Umstand von der Markterwartung oder (wenn keine solche besteht) zurückliegenden Geschäftsergebnissen abweicht.[700] Um die Markterwartung zu ermitteln, wurde im Modul C des Emittentenleitfadens ein Benchmarktest eingeführt, der nicht nur für Geschäftszahlen, sondern auch für Prognosen gilt.[701] Die Markterwartung bestimmt sich danach zunächst anhand eigener veröffentlichter Prognosen des Emittenten. Dem ist zuzustimmen, da Investoren freilich sehr darauf achten, wie Emittenten selbst ihre Zukunftsaussichten einschätzen. Fehlt es an einer konkreten Prognose, ist weiter auf eine quantitativ nachvollziehbare Markterwartung abzustellen, die insbesondere aus dem Mittelwert aktueller Analystenschätzungen abgeleitet werden kann (sog. Consensusschätzung). Nur wenn es auch an einer solchen Markterwartung fehlt, ist auf die Geschäftszahlen des vergleichbaren Vorjahreszeitraums abzustellen.[702]

Dies leuchtet ein, da sich Investoren bei ihrer Anlageentscheidung maßgeblich davon leiten lassen, wie sie die Zukunftsaussichten eines Emittenten einschätzen und sie dafür – sofern noch keine Prognose des Emittenten selbst veröffentlicht wurde – insbesondere auf Analystenbewertungen oder zurückliegende Geschäftsergebnisse stützen.[703] Neben aktuellen Pressemitteilungen und/oder Ad-hoc-Mitteilungen bilden die bisherigen Geschäftszahlen einen ganz entscheidenden Anhaltspunkt für die Bewertung einer Anlagemöglichkeit. Insbesondere ermöglichen es die Zusammenschau und der Vergleich verschiedener zurückliegender Geschäftsergebnisse, Trends auszumachen und so auf eine mögliche künftige Kursentwicklung zu schließen.

---

700 *BaFin*, Emittentenleitfaden Modul C, Ziff. I.2.1.5.1; *Meyer* in Kümpel/Mülbert/Früh/Seyfried Bank- und Kapitalmarktrecht, Rn. 12.346; während die ESMA selbst keine Schwellenwerte nennt, bei denen eine Abweichung erheblich ist, finden sich diesbezüglich im Schrifttum Vorschläge. Danach soll als Daumenregel gelten: weichen Prognosen in Höhe von 10% von relevanten Finanzdaten ab (z.B. EBIT, EBITDA, Earnings per Share), sollen sie noch im Toleranzbereich der Markterwartung liegen, *Seibt/Huizinga*, CFL 2010, S. 289, 295.

701 *BaFin*, Emittentenleitfaden Modul C, Ziff. I.2.1.5.1, der auf Ziff. I.2.1.5.2 verweist.

702 *BaFin*, Emittentenleitfaden Modul C, Ziff. I.2.1.5.2.

703 *Schlitt/Mildner* in FS 25 Jahre WpHG, 2019, S. 355, 365.

Während es damit in vielen Fällen kursrelevant sein wird, wenn Prognosen stark von den bisherigen Geschäftszahlen abweichen,[704] sind von diesem Grundsatz Ausnahmen denkbar. Denn aus der Formulierung der BaFin ergibt sich, dass vorrangig auf die allgemeine Markterwartung abzustellen ist.[705] Sofern sich diese Markterwartung ursprünglich auf zurückliegende Geschäftszahlen gestützt hat, später jedoch aufgrund zwischenzeitlich eingetretener Umstände auf einer Linie mit der zu veröffentlichenden Prognose liegt, ist die Prognose daher nicht kursrelevant und muss nicht ad-hoc veröffentlicht werden.[706]

Fraglich ist in dem Zusammenhang, ab welchem Abweichungsgrad von einer kursrelevanten Information auszugehen ist. Während BaFin und ESMA keine Schwellenwerte nennen,[707] wird im Schrifttum teilweise als „Daumenregel" für eine erste Einschätzung vertreten, dass Prognoseabweichungen von 10% bei relevanten Finanzkennzahlen (z.B. EBIT, EBITDA, Earnings per Share) noch im Toleranzbereich der Markterwartung liegen sollen.[708] Richtigerweise wird jedoch einschränkend hinzugefügt, dass Abweichungen stets einzelfallabhängig betrachtet werden müssen.[709] Eine starre Grenze verbietet sich.

(2) Abweichen von zuvor veröffentlichten Prognosen

Auch bei der Anpassung oder Änderung bestehender Prognosen ist in der Regel von einer kursrelevanten Information auszugehen.[710] Denn hat ein Emittent eine Prognose veröffentlicht (z.B. zur Umsatzentwicklung), beeinflusst dies

704 In der Praxis wird dieser Zeitpunkt häufig erst eintreten, wenn auch stabile vorläufige Geschäftszahlen für das abgelaufene Geschäftsjahr vorliegen.

705 Nur bei „*Fehlen einer solchen*" allgemeinen Markterwartung, ist auf zurückliegende Geschäftszahlen abzustellen, *BaFin,* Emittentenleitfaden Modul C, Ziff. 1.2.1.5.1.

706 So auch *Merkner/Sustmann/Retsch*, AG 2019, S. 621, 630; *Schlitt/Mildner* in FS 25 Jahre WpHG, 2019, S. 355, 365; zur Thematik weiterhin unten unter E.II.2.

707 Dies wurde auch im Zuge der Stellungnahmen zur Konsultation 14/2019 teilweise kritisiert, siehe Stellungnahme Deutscher Anwaltverein zu Konsultation 14/2019, S. 10 sowie Stellungnahme White & Case zu Konsultation 14/2019, S. 7.

708 *Seibt/Huizinga*, CFL 2010, S. 289, 295.

709 *Seibt/Huizinga*, CFL 2010, S. 289, 295; zu Ad-hoc-Publizitätspflichten auch in Abhängigkeit vom Urheber der abweichenden Markterwartung ausführlich unten unter E.II.3.

710 *BaFin,* Emittentenleitfaden Modul C, Ziff. 1.2.1.5.1; siehe aus der Literatur zur Rechtslage seit Inkrafttreten der MAR nur *Veil/Brüggemeier* in Meyer/Veil/Rönnau Marktmissbrauchsrecht, § 10 Rn. 85 f. sowie *Assmann* in Assmann/Schneider/Mülbert Wertpapierhandelsrecht, Art. 7 MAR Rn. 30; *Schlitt/Mildner* in FS 25 Jahre WpHG, 2019, S. 355, 365 f.

die Markterwartung, sofern die Marktteilnehmer nicht an der Richtigkeit der Prognose zweifeln.[711] Kommt es unterjährig zu unerwarteten Entwicklungen (z.B. Einbrüche bei den Verkaufszahlen oder Bildung erheblicher Rückstellungen[712]), aufgrund derer eine bereits veröffentlichte Prognose nicht länger aufrechterhalten werden kann, fußt die Markterwartung fortan auf unzutreffenden Informationen. Demzufolge ist eine Information über derartige Entwicklungen kursrelevant und kann – sofern sie nicht öffentlich ist – eine Insiderinformation darstellen.[713] Sind die neuen Umstände der Marktöffentlichkeit hingegen bereits hinreichend bekannt und ziehen Anleger selbst den Schluss, dass eine zuvor veröffentlichte Prognose ungültig wird, kann es auch in diesen Fällen an der Kursrelevanz fehlen. Dabei können freilich auch Informationen über die zur Abweichung führenden Umstände selbst insiderrelevant sein.[714]

Jedoch führt nicht jede Abweichung von veröffentlichten Prognosen zu einer Ad-hoc-Publizitätspflicht, denn dem Emittenten wird nicht abverlangt, die Zukunft genau vorherzubestimmen. Nur erhebliche Abweichungen werden von der BaFin als kursrelevant eingestuft.[715] Hat ein Emittent bei seiner ursprünglichen Prognose als auch bei deren Aktualisierung einen Korridor z.B. bzgl. des erwarteten Geschäftsergebnisses angegeben („von bis"), kommt es auf den Mittelwert der alten sowie der aktualisierten Prognose an.[716]

Um ihren insiderrechtlichen Pflichten nachzukommen, müssen Emittenten veröffentlichte Prognosen fortlaufend überprüfen und gegebenenfalls entsprechende Ad-hoc-Mitteilungen veröffentlichen.[717] Daraus folgt

711 *Schlitt/Mildner* in FS 25 Jahre WpHG, 2019, S. 355, 366.

712 Speziell auf die Bildung von Rücklagen verweist *Merkner/Sustmann/Retsch*, AG 2019, S. 621, 630.

713 *Schlitt/Mildner* in FS 25 Jahre WpHG, 2019, S. 355, 366.

714 *BaFin,* Emittentenleitfaden Modul C, Ziff. 1.2.1.5.1.

715 *BaFin,* Emittentenleitfaden Modul C, Ziff. 1.2.1.5.2.

716 *BaFin,* Emittentenleitfaden Modul C, Ziff. 1.2.1.5.2; zustimmend auch *Merkner/Sustmann/Retsch*, AG 2019, S. 621, 630; kritisch aber ohne nähere Begründung Stellungnahme Die Deutsche Kreditwirtschaft zu Konsultation 14/2019, S. 7 f. (sämtliche Stellungnahmen zu Konsultation 14/2019 sind abrufbar unter https://www.bafin.de/SharedDocs/Veroeffentlichungen/DE/Konsultation/2019/kon_14_19_modul_c_des_elf.html, zuletzt abgerufen am 17. November 2019 um 18:51 Uhr); differenzierend Stellungnahme Deutsches Aktieninstitut zu Konsultation 14/2019, S. 14.

717 *BaFin,* Emittentenleitfaden Modul C, Ziff. 1.2.1.5.1; *Meyer* in Kümpel/Mülbert/Früh/Seyfried Bank- und Kapitalmarktrecht, Rn. 12.346.

gewissermaßen eine Pflicht zur dauernden Beobachtung des Marktes sowie der eigenen Geschäftsentwicklung.[718]

b) Ad-hoc-Pflicht aufgrund des Bestehens einer Prognose als solcher (bereits existierende Umstände)

Auch das Wissen darüber, dass bestimmte Personen (insb. der Vorstand des Emittenten) eine Prognose aufgestellt haben, kann – theoretisch – als solches insiderrechtlich relevant sein.[719] Denkbar ist etwa, dass Mitarbeiter oder Investoren (z.B. im Rahmen von internen Berechnungen oder Unternehmenspräsentationen) bekannt wird, dass eine Prognose existiert, ohne jedoch deren genauen Inhalt zu kennen. Da das Bestehen der Prognose dem Beweis ohne weiteres zugänglich ist, handelt es sich dabei um eine präzise Information über einen gegenwärtigen Umstand.[720]

Im Schrifttum wird teilweise angemerkt, die Information, dass jemand eine Prognose aufgestellt hat, sei regelmäßig nicht kursrelevant, sodass letztlich keine Insiderinformation vorläge.[721] Andere wiederum betonen, aus der Tatsache, dass der Vorstand auf eine bestimmte Prognose baue, könnten möglicherweise Rückschlüsse über eine erfolgte oder bevorstehende Veränderung der Unternehmenspolitik geschlossen werden.[722] Wann jedoch allein aus der Tatsache, dass

---

718 So auch *Assmann* in Assmann/Schneider/Mülbert Wertpapierhandelsrecht, Art. 7 MAR Rn. 30 sowie Art. 17 MAR Rn. 115; *Kumpan/Misterek* in Schwark/Zimmer KMRK, Art. 7 MAR Rn. 83; ablehnend Stellungnahme Deutsches Aktieninstitut zu Konsultation 14/2019, S. 13.

719 *Klöhn* in ders. MAR, Art. 7 MAR Rn. 72; allgemein zu Werturteilen, Meinungen, Einschätzungen und Rechtsauffassungen auch *Krause* in Meyer/Veil/Rönnau Marktmissbrauchsrecht, § 6 Rn. 37; obgleich regelmäßig kein Kursbeeinflussungspotential vorliege *Assmann* in Assmann/Schneider/Mülbert Wertpapierhandelsrecht, Art. 7 MAR Rn. 28.

720 *Assmann* in Assmann/Schneider/Mülbert Wertpapierhandelsrecht, Art. 7 MAR Rn. 28.

721 *Assmann* in Assmann/Schneider/Mülbert Wertpapierhandelsrecht, Art. 7 MAR Rn. 28.

722 *Klöhn* in ders. MAR, Art. 7 MAR Rn. 72; *Kumpan/Misterek* in Schwark/Zimmer KMRK, Art. 7 MAR Rn. 83. Aus der MAR ließe sich möglicherweise ableiten, wann die Information, dass eine Prognose besteht, als solche kursrelevant sein kann. Dort wird in den Erwägungsgründen ausgeführt, Analysen und Bewertungen könnten Insiderinformationen darstellen, wenn die Verbreitung und Veröffentlichung der Informationen (i) vom Markt routinemäßig erwartet und diese Veröffentlichung und Verbreitung (ii) (gewöhnlich) zur Preisbildung beitragen würden (Erwägungsgrund 28 Satz 2 MAR). Obgleich solche Analysen und Bewertungen, wie Prognosen, stark

eine Prognose aufgestellt wurde, derartige Rückschlüsse über eine geänderte Unternehmenspolitik gezogen werden können, wird nicht weiter ausgeführt. Nach hier vertretener Ansicht wäre dafür zumindest erforderlich, dass bekannt ist, worauf sich die Prognose bezieht. Dann ergäbe sich das Kursbeeinflussungspotential allerdings nicht lediglich aus der Tatsache, dass die Prognose aufgestellt wurde, sondern letztlich aus deren Inhalt. Im Ergebnis ist daher der erstgenannten Auffassung zuzustimmen, wonach eine Information über das Bestehen einer Prognose als solcher regelmäßig nicht kursrelevant ist und daher keine Insiderinformation darstellt.

2. Ausscheiden einer Ad-hoc-Publizitätspflicht durch zuvor veröffentlichte Prognose

Wie gezeigt, kommt es für das Kursbeeinflussungspotential einer Information maßgeblich auf die bestehende Markterwartung an. Insbesondere Informationen über Abweichungen von Geschäftsergebnissen von Vorjahreszahlen, Brüche zur historischen Geschäftsentwicklung (z.B. plötzlicher Wachstumsstopp oder Turnaround nach mehreren Verlustquartalen) oder sonstige deutliche Abweichungen von der Markterwartung sind dabei grundsätzlich kursrelevant.[723] Diese Beispiele beruhen darauf, dass die jeweilige Information den Markt typischerweise überrascht. Veröffentlicht ein Emittent jedoch (unterjährig, z.B. in einem Wertpapierprospekt) eine Prognose, in der die üblicherweise kursrelevanten Umstände bereits antizipiert werden, kann sich der Markt auf eine abweichende Entwicklung einstellen und seine Erwartungen entsprechend anpassen. Entsprechend entfällt auch die Kursrelevanz dieser Informationen.[724]

Einschränkend ist zu ergänzen, dass eine Prognose die Markterwartung freilich nur bzgl. solcher Umstände beeinflussen kann, auf die sie sich konkret bezieht. Hat ein Emittent etwa eine Jahresprognose veröffentlicht, ohne sich auf die unterjährigen Perioden zu beziehen, beeinflusst er mit seiner Prognose lediglich die Markterwartung bzgl. des Jahresergebnisses, nicht jedoch zwingend auch bzgl. der unterjährigen Geschäftsergebnisse (z.B. bei Quartalsmeldungen).[725]

---

subjektiv geprägt sind, hat die MAR jedoch wohl andere Fälle im Blick. Denn während Prognosen unternehmensintern erstellt werden, stammen Analysen und Bewertungen von Dritten (z.B. von Analysten oder Ratingagenturen).

723 So zu Geschäftszahlen *BaFin*, Emittentenleitfaden Modul C, Ziff. I.2.1.5.2; ausführlich dazu *Schlitt/Mildner* in FS 25 Jahre WpHG, 2019, S. 355, 359 ff.

724 *Schlitt/Mildner* in FS 25 Jahre WpHG, 2019, S. 355, 367.

725 Vgl. *BaFin*, Emittentenleitfaden Modul C, Ziff. I.2.1.5.2.

Weichen die unterjährigen Ergebnisse später von der Markterwartung ab, kann unter Umständen selbst dann eine Ad-hoc-Publizitätspflicht entstehen, wenn der Emittent am Ergebnis seiner Jahresprognose weiterhin festhält.[726]

3. Ad-hoc-Publizitätspflicht aufgrund abweichender oder fehlerhafter Werturteile

Anknüpfungspunkt für eine Ad-hoc-Publizitätspflicht war in den beiden vorigen Abschnitten stets die durch eine Prognoseveröffentlichung oder zuvor veröffentlichte Geschäftszahlen seitens des Emittenten geprägte Markterwartung. Nun sollen Fälle untersucht werden, in denen die Bewertung der Zukunftsaussichten eines Emittenten durch die Marktteilnehmer aufgrund von Äußerungen Dritter (z.B. Banken oder Analysten) oder aus sonstigen Gründen von einer veröffentlichten Prognose dieses Emittenten abweicht. Zunächst fragt sich, ob Emittenten verpflichtet sind, die Markterwartung bzgl. veröffentlichter Prognosen mittels einer Ad-hoc-Mitteilung zu korrigieren, wenn Äußerungen oder Bewertungen Dritter zu den Zukunftsaussichten des Emittenten erheblich vom Prognoseinhalt abweichen (unten, a)).[727] In diesem Zusammenhang fragt sich weiter, ob es zu einer Ad-hoc-Publizitätspflicht führen kann, wenn der Emittent seine Prognose trotz einer deutlich abweichenden oder fehlerhaften Markterwartung weiterhin aufrechterhält (unten, b)).[728]

a) Äußerungen Dritter

Äußern sich Dritte zu den Zukunftsaussichten eines Emittenten, kann sich dies auf die Markterwartung bzgl. der künftigen Entwicklung des Unternehmens auswirken (z.B. in Ratings, Analysen oder Researchberichten).[729] Weichen diese Äußerungen erheblich von veröffentlichten Prognosen des Emittenten ab, kann entsprechend auch die Markterwartung von der entsprechenden Prognose divergieren. Da die Äußerungen Dritter den Emittenten jedoch grundsätzlich lediglich mittelbar betreffen und eine Ad-hoc-Publizitätspflicht die unmittelbare Betroffenheit eines Emittenten voraussetzt, scheidet eine Ad-hoc-Publizitätspflicht

---

726 *BaFin*, Emittentenleitfaden Modul C, Ziff. I.2.1.5.2.

727 Zu dieser Fallgruppe bereits *BaFin*, Emittentenleitfaden 2013, Ziff. IV.2.2.9.2.

728 *BaFin*, Emittentenleitfaden Modul C, Ziff. I.2.1.5.2; ebenfalls diskutiert bei *Schlitt/Mildner* in FS 25 Jahre WpHG, 2019, S. 355, 367 f.

729 *Seibt/Huizinga*, CFL 2010, S. 289, 296; *Schlitt/Mildner* in FS 25 Jahre WpHG, 2019, S. 355, 367.

hier regelmäßig aus.[730] Dies gilt auch dann, wenn der Dritte konkrete Schätzungen zu Geschäftszahlen o.Ä. nennt.[731]

Trotz dieses Grundsatzes fragt sich, ob Äußerungen Dritter ausnahmsweise auch zu einer unmittelbaren Betroffenheit des Emittenten und damit einer Ad-hoc-Publizitätspflicht führen können. Bereits in der letzten Fassung des Emittentenleitfadens (2013) vertrat die BaFin die Ansicht, Emittenten hätten die Markterwartung grundsätzlich dann nicht im Wege der Ad-hoc-Mitteilung zu korrigieren, wenn die Emittenten weiterhin an ihrer Prognose festhielten.[732] Daraus ergibt sich im Umkehrschluss, dass eine Ad-hoc-Publizitätspflicht vorliegen kann, sofern der Emittent seine Prognose aufgrund der Äußerungen Dritter prüft und zu dem Schluss kommt, sie abändern oder verwerfen zu müssen.[733] Dies leuchtet unter dem Gesichtspunkt der unmittelbaren Betroffenheit des Emittenten ein; denn liegen Umstände vor, aufgrund derer der Emittent seine eigenen Erwartungen anpassen muss, stammt diese Anpassung aus der Sphäre des Emittenten und betrifft ihn unmittelbar.

Schließlich können sich Äußerungen Dritter auch auf die weitere Geschäftsentwicklung des Emittenten auswirken. Beispielsweise kann eine Absenkung des Ratings zu erhöhten Refinanzierungskosten führen.[734] Diese Folgeumstände betreffen den Emittenten ebenfalls unmittelbar, sodass eine Ad-hoc-Publizitätspflicht nicht ausgeschlossen ist.[735]

b) Aufrechterhalten einer Prognose trotz abweichender Markterwartung

Fraglich ist, ob eine Ad-hoc-Publizitätspflicht auch dann entstehen kann, wenn ein Emittent an einer veröffentlichten Prognose festhält, obgleich die Markterwartung von ihr abweicht. Im Rahmen ihrer Konsultation des Modul C des

---

730 *BaFin*, Emittentenleitfaden Modul C, Ziff. I.3.2.2.3 sowie in der Vorauflage *BaFin*, Emittentenleitfaden 2013, Ziff. 2.2.9.2; *Schlitt/Mildner* in FS 25 Jahre WpHG, 2019, S. 355, 367 f.; im Ergebnis ebenfalls *Seibt/Huizinga*, CFL 2010, S. 289, 296.

731 *BaFin*, Emittentenleitfaden Modul C, Ziff. I.3.2.2.3.

732 *BaFin*, Emittentenleitfaden 2013, Ziffer IV.2.2.9.2; so auch *Meyer* in Kümpel/Mülbert/Früh/Seyfried Bank- und Kapitalmarktrecht, Rn. 12.346.

733 Siehe allgemein zum Kursbeeinflussungspotential bei Prognoseänderungen oben, E.II.1.a)bb).

734 *BaFin*, Emittentenleitfaden Modul C, Ziff. I.3.2.2.3.

735 *BaFin*, Emittentenleitfaden Modul C, Ziff. I.3.2.2.3; *Schlitt/Mildner* in FS WpHG 25 Jahre, 2019, S. 355, 368.

Emittentenleitfadens ging die BaFin zunächst davon aus, dass eine Ad-hoc-Publizitätspflicht bestehen könnte, wenn der Emittent selbst Signale an den Markt ausgesendet habe, die zu der abweichenden oder fehlerhaften Markterwartung geführt hätten.[736] Wäre dies der Fall, sollte die abweichende oder fehlerhafte Markterwartung in der Sphäre des Emittenten wurzeln und ihn daher unmittelbar betreffen. Somit wäre er verpflichtet, die Markterwartung mittels einer Ad-hoc-Mitteilung zu korrigieren.[737]

Diese Auffassung der BaFin ist im Rahmen der Konsultation zum Modul C des neuen Emittentenleitfadens zurecht mehrfach kritisiert worden[738] und ist auch nicht in die endgültige Fassung des Emittentenleitfadens übernommen worden. Es könnte für Emittenten schwere negative Folgen haben, würde man bereits das Aufrechterhalten einer Prognose bei abweichender Markterwartung als Insiderinformation einstufen. Denn selbst wenn der Emittent nicht selbst zu der abweichenden Markterwartung beigetragen hätte, unterläge er bei Kenntnis der abweichenden Markterwartung dem Insiderhandelsverbot, bis er die Markterwartung korrigiert hätte.[739] Dadurch wären betroffene Emittenten zeitweise nicht mehr kapitalmarktfähig und könnten etwa auch keine Anleihen mehr begeben.[740] Um Insiderhandelsverbote zu vermeiden, müssten Emittenten die Markterwartung daher auch dann korrigieren, wenn sie die abweichende Markterwartung nicht selbst verursacht hätten und somit auch nicht ad-hoc-pflichtig wären. Die Folge wäre eine übersteigerte Pflicht des Emittenten, die Markterwartung ständig zu beobachten,[741] zumal völlig unklar wäre, anhand welcher Quellen ein Gesamtbild der Markterwartung ermittelt werden sollte.[742] Eine Prognose

736 *BaFin*, Konsultation 14/2019, Ziff. I.3.2.2.3; *Meyer* in Kümpel/Mülbert/Früh/Seyfried Bank- und Kapitalmarktrecht, Rn. 12.346.

737 *BaFin*, Konsultation 14/2019, Ziff. I.3.2.2.3; *Meyer* in Kümpel/Mülbert/Früh/Seyfried Bank- und Kapitalmarktrecht, Rn. 12.346.

738 *Merkner/Sustmann/Retsch*, AG 2019, S. 621, 631; Stellungnahme Die Deutsche Kreditwirtschaft zu Konsultation 14/2019, S. 7 f.; Stellungnahme Noerr zu Konsultation 14/2019, S. 7, wo bereits grundsätzlich die Auslegung der Art. 7 und 17 MAR beanstandet wird; Stellungnahme Deutsches Aktieninstitut zu Konsultation 14/2019, S. 3, 13 f.; zur Rezeption insgesamt ausführlich *Kumpan/Misterek*, EuZW 2019, S. 961 ff.

739 *Merkner/Sustmann/Retsch*, AG 2019, S. 621, 631.

740 *Merkner/Sustmann/Retsch*, AG 2019, S. 621, 631.

741 *Merkner/Sustmann/Retsch*, AG 2019, S. 621, 631; Stellungnahme Die Deutsche Kreditwirtschaft zu Konsultation 14/2019, S. 7 f.

742 Stellungnahme Die Deutsche Kreditwirtschaft zu Konsultation 14/2019, S. 8.

ist außerdem stets wirksam, solange sie nicht widerrufen wurde.[743] Daher kann im bloßen Aufrechterhalten der Prognose bereits keine neue (Insider-)Information liegen.[744] Schließlich stellt sich, wenn ein Emittent irreführende Signale an den Markt sendet, weniger die Frage nach einer Ad-hoc-Publizitätspflicht, als vielmehr nach einer möglichen Marktmanipulation (Art. 12 MAR).[745]

III. Zeitpunkt der Veröffentlichung

Liegt im Zusammenhang mit einer Prognose eine Insiderinformation vor, hat der Emittent diese unverzüglich zu veröffentlichen (Art. 17 Abs. 1 Satz 1 MAR). Da es sich bei zukunftsbezogenen Informationen jedoch stets um unsichere Sachverhalte handelt, fragt sich, inwieweit der Emittent – auch wenn bereits eine hinreichend präzise Information vorliegt – vor der Veröffentlichung noch weitere Aufklärung bzgl. der Tatsachengrundlage betreiben oder etwa Zahlenwerke verifizieren darf. Dies gilt insbesondere für Prognoseanpassungen, da diese regelmäßig das Ergebnis einer originären, auf vielfältigen Begründungsansätzen und häufig unsicherer Tatsachengrundlage beruhenden Einschätzung des Vorstands sind.[746]

Es ist anerkannt, dass ein Emittent einen von ihm erkannten aber noch unsicheren oder unklaren insiderrelevanten Sachverhalt weiter aufzuklären hat.[747] Durch die dadurch benötigte Zeit, verschiebt sich der Veröffentlichungszeitpunkt

743 So wörtlich sowohl Stellungnahme Die Deutsche Kreditwirtschaft zu Konsultation 14/2019, S. 8 sowie Stellungnahme Deutsches Aktieninstitut zu Konsultation 14/2019, S. 14.

744 *Merkner/Sustmann/Retsch*, AG 2019, S. 621, 631; Stellungnahme Die Deutsche Kreditwirtschaft zu Konsultation 14/2019, S. 7 f.; Stellungnahme Deutsches Aktieninstitut zu Konsultation 14/2019, S. 14.

745 *Merkner/Sustmann/Retsch*, AG 2019, S. 621, 631, die auch darauf verweisen, dass die BaFin in diesem Zusammenhang selbst auf das Marktmanipulationsverbot hinweist.

746 *Krämer/Kiefner*, AG 2016, S. 621, 623; dazu auch *Kumpan/Misterek* in Schwark/Zimmer KMRK, Art. 7 MAR Rn. 75.

747 ESMA/2016/162, Rn. 67; aus dem Schrifttum ausführlich etwa *Klöhn*, AG 2016, S. 423, 430; *Krämer/Kiefner*, AG 2016, S. 621, 623; *Klöhn* in *ders.* MAR Art. 17 MAR Rn. 122; *Assmann* in Assmann/Schneider/Mülbert Wertpapierhandelsrecht, Art. 17 MAR Rn. 66; *Meyer* in Kümpel/Mülbert/Früh/Seyfried Bank- und Kapitalmarktrecht, Rn. 12.347; *Kumpan/Misterek* in Schwark/Zimmer KMRK, Art. 7 MAR Rn. 73; zur Rechtslage vor Inkrafttreten der MAR etwa *Frowein* in Habersack/Mülbert/Schlitt Kapitalmarktinformation, § 10 Rn. 128; *Zimmer/Kruse* in Schwark/Zimmer KMRK (Voraufl. 2010), § 15 WpHG Rn. 49.

entsprechend nach hinten. Einfallstor für diese verzögerte Veröffentlichung ist die Pflicht zur lediglich „unverzüglichen“ Veröffentlichung der Insiderinformation.[748] Eine Veröffentlichung geschieht demnach auch dann unverzüglich, wenn der Emittent zuvor noch weitere Sachverhaltsaufklärung betreiben musste. Zur Begründung wird insbesondere das Marktinteresse an „harten“ also weitestgehend verifizierten Informationen genannt.[749] Dem ist zuzustimmen, da der Markt kein größeres Interesse daran haben kann, unausgereifte Informationen zu erhalten, die zudem ggf. später durch weitere (nachgeschobene) Angaben ergänzt werden müssen.

Begrenzt wird die Pflicht zur Sachverhaltsaufklärung durch das Marktinteresse an einer möglichst schnellen Veröffentlichung der Information.[750] Entsprechend muss der Emittent eine Abwägungsentscheidung treffen, wobei maßgeblich (anders als bei einer Selbstbefreiung nach Art. 17 Abs. 4 MAR[751]) nicht das Emittenteninteresse, sondern das Marktinteresse ist.[752] Wegen des hohen Marktinteresses an einer möglichst schnellen Veröffentlichung von Insiderinformationen, wird eine weitere Sachverhaltsaufklärung regelmäßig nur zeitlich stark beschränkt zulässig sein.

Nach diesen Grundsätzen lassen sich auch ad-hoc-pflichtige Prognosen bzw. Prognoseänderungen handhaben. Denn auch wenn bestimmte, der Prognose zugrundeliegende, Ereignisse (z.B. Finanzzahlen oder Veränderungen der Auftragslage) sowie die Notwendigkeit einer Prognoseanpassung bereits hinreichend bekannt sind, kann eine weitere Sachverhaltsaufklärung geboten sein, um im Interesse des Kapitalmarkts eine aussagekräftige Ad-hoc-Mitteilung veröffentlichen zu können. Emittenten, die diesen Weg beschreiten, müssen jedoch fortlaufend das Ergebnis ihrer Abwägungsentscheidung überwachen, um zu vermeiden, zu spät zu veröffentlichen. Dabei muss maßgeblich sein, dass zu jeder Zeit der Nutzen des Kapitalmarkts an einer weiteren Sachverhaltsbewertung den Nutzen einer sofortigen Veröffentlichung des unvollständig

---

748 ESMA/2016/162, Rn. 67; *Klöhn*, AG 2016, S. 423, 430; *Krämer/Kiefner*, AG 2016, S. 621, 623; *Klöhn* in *ders.* MAR Art. 17 MAR Rn. 122; *Assmann* in Assmann/Schneider/Mülbert Wertpapierhandelsrecht, Art. 17 MAR Rn. 66; *Meyer* in Kümpel/Mülbert/Früh/Seyfried Bank- und Kapitalmarktrecht, Rn. 12.347.

749 *Klöhn* in *ders.* MAR Art. 17 MAR Rn. 122.

750 *Klöhn* in *ders.* MAR Art. 17 MAR Rn. 124; *Kumpan/Misterek* in Schwark/Zimmer KMRK, Art. 7 MAR Rn. 73; so bereits zum alten Recht *Voß* in Just/Voß/Ritz/Becker WpHG, § 15 WpHG Rn. 101.

751 Zur Selbstbefreiung sogleich E.IV.

752 *Klöhn* in *ders.* MAR Art. 17 MAR Rn. 125.

aufgeklärten Sachverhalts übersteigt.[753] Obgleich gesetzlich keine entsprechende Pflicht besteht, haben Emittenten ihre Entscheidung zur weiteren Sachverhaltsaufklärung detailliert zu dokumentieren und fortlaufend zu aktualisieren. Denn andernfalls lässt sich nach der Veröffentlichung nicht nachweisen, dass der Emittent seine Ad-hoc-Publizitätspflicht zunächst rechtzeitig erkannt und sich anschließend bewusst durch eine Abwägungsentscheidung, die das Marktinteresse hinreichend berücksichtigt, zur weiteren Sachverhaltsaufklärung entschieden hat.

IV. Aufschub der Veröffentlichung

Sofern Emittenten im Zusammenhang mit einer Prognose ad-hoc-pflichtig sind, fragt sich weiter, unter welchen Voraussetzungen die entsprechende Veröffentlichung gegebenenfalls für einen bestimmten Zeitraum aufgeschoben werden kann („Selbstbefreiung", Art. 17 Abs. 4 MAR). Da der sofortigen Veröffentlichung von Insiderinformationen berechtigte Interessen des Emittenten entgegenstehen können, wird Emittenten das Recht eingeräumt, die Veröffentlichung der jeweiligen Insiderinformation unter strengen Voraussetzungen und auf eigene Verantwortung zu verzögern.[754] Insbesondere wenn eine Insiderinformation (künftige) Geschäftszahlen betrifft, kann Emittenten daran gelegen sein, eine Bekanntgabe hinauszuzögern.[755]

1. Voraussetzungen der Selbstbefreiung

Eine eigenverantwortliche Selbstbefreiung setzt voraus, dass die sofortige Veröffentlichung der Insiderinformation (i) geeignet wäre, berechtigte Interessen des Emittenten zu beeinträchtigen, der Aufschub (ii) nicht geeignet wäre, die Öffentlichkeit irrezuführen und der Emittent (iii) die Geheimhaltung der Insiderinformation für die Zeit des Aufschubs sicherstellen kann (Art. 17 Abs. 1 Satz 4 MAR[756]).[757] Da das Emittenteninteresse an einer Selbstbefreiung in einem

---

753 *Klöhn* in *ders.* MAR Art. 17 MAR Rn. 125.

754 Bis zum Inkrafttreten der MAR waren die Voraussetzungen der Selbstbefreiung in § 15 Abs. 3 WpHG a.F. geregelt, der auf Art. 6 Abs. 2 Marktmissbrauchsrichtlinie fußte.

755 *Schlitt/Mildner* in FS 25 Jahre WpHG, 2019, S. 355, 369.

756 Auf nationaler Ebene werden die MAR-Vorschriften durch die WpAV sowie den Emittentenleitfaden der BaFin weiter konkretisiert.

757 Neben der Möglichkeit zur Selbstbefreiung wegen eigener Interessen der Emittenten und Teilnehmern am Markt für Emissionszertifikate, besteht seit Inkrafttreten der MAR ein Sondertatbestand zur Selbstbefreiung für Emittenten, bei denen es sich um

Spannungsverhältnis zum Informationsinteresse der Anleger steht,[758] sind die Voraussetzungen für die Selbstbefreiung streng. Liegt nur eine der genannten Voraussetzungen nicht vor oder fällt nachträglich weg, ist die zurückgehaltene Insiderinformation so schnell wie möglich zu veröffentlichen. Daher müssen Emittenten während der Selbstbefreiung fortlaufend prüfen, ob sämtliche Voraussetzungen zu jedem Zeitpunkt gegeben sind.[759]

2. Berechtigtes Interesse des Emittenten

Sowohl in den Erwägungsgründen der MAR als auch in den flankierenden Leitlinien der ESMA[760] werden Regelbeispiele für Sachverhalte genannt, in denen das Emittenteninteresse eine Selbstbefreiung grundsätzlich rechtfertigen kann.[761] Dabei geht es stets um Fälle, in denen die sofortige Veröffentlichung einer Insiderinformation unternehmerische Ziele oder Entwicklungen vereiteln, gefährden oder erheblich beeinträchtigen würden.[762] Werden etwa

---

ein Kreditinstitut oder ein Finanzinstitut handelt (Art. 17 Abs. 5 MAR; Kreditinstitut und Finanzinstitut sind definiert in Art. 2 Abs. 1 Nr. 3 und 4 MAR iVm Art. 4 Abs. 1 Nr. 1 und 26 der Verordnung (EU) Nr. 575/2013 des Europäischen Parlaments und des Rates vom 26. Juni 2013 über Aufsichtsanforderungen an Kreditinstitute und Wertpapierfirmen und zur Änderung der Verordnung (EU) Nr. 648/2012). Hintergrund ist in diesem Fall nicht ein eigenes Interesse dieser Emittenten an der Verzögerung der Veröffentlichung, sondern die Wahrung der Stabilität des Finanzsystems. Dieser Sonderfall bleibt in dieser Arbeit unberücksichtigt, da sich keine Besonderheiten für Prognosen ergeben.

758 Siehe zur Bedeutung der grundsätzlich sofortigen Bekanntgabe von Insiderinformationen nur Erwägungsgrund 49 MAR.

759 *Klöhn* in ders. MAR, Art. 17 MAR, Rn. 299 f.; *Veil/Brüggemeier* in Meyer/Veil/Rönnau Marktmissbrauchsrecht, § 10 Rn. 138; *Assmann* in Assmann/Schneider/Mülbert Wertpapierhandelsrecht, Art. 17 MAR Rn. 136; *Schlitt* in Habersack/Mülbert/Schlitt Unternehmensfinanzierung, Rn. 38.85.

760 ESMA/2016/1478.

761 Dazu zählen etwa laufende Verhandlungen oder geplante M&A-Transaktionen, die durch eine Ad-hoc-Mitteilung beeinträchtigt werden könnten, Organentscheidungen, sofern die Zustimmung eines relevanten Organs noch unsicher ist, die Gefährdung geistigen Eigentums bei Forschungsergebnissen oder ausstehende staatliche Genehmigungen, Erwägungsgrund 50 MAR; ESMA/2016/1478, S. 4 f.

762 So ausdrücklich *Hopt/Kumpan* in Schimansky/Bunte/Lwowski Bankrecht, § 107, Rn. 152; ausführlich zu den Fallgruppen *Klöhn* in ders. MAR, Art. 17 MAR Rn. 198 ff.; *Veil/Brüggemeier* in Meyer/Veil/Rönnau, Marktmissbrauchsrecht, Art. 17 MAR Rn. 96 ff.; *Meyer* in Kümpel/Mülbert/Früh/Seyfried Bank- und Kapitalmarktrecht, Rn. 12.350 ff.

im Zuge von Verhandlungen insiderrelevante Prognosen weitergegeben und würde eine Veröffentlichung die Verhandlungen gefährden, kann der Emittent die Veröffentlichung – vorbehaltlich der übrigen Selbstbefreiungsvoraussetzungen – aufschieben.[763] Während speziell zu berechtigten Interessen bei Insiderinformationen bzgl. Prognosen ansonsten keine konkreteren Anhaltspunkte ersichtlich sind, finden sich im Schrifttum einige Ansätze, die auch im Zusammenhang mit Prognosen fruchtbar gemacht werden können.

a) Effektive und verlässliche Öffentlichkeitsarbeit

Ein berechtigtes Interesse könnte vorliegen, wenn eine Prognose nach ihrer Erstellung ohnehin zeitnah in einem Finanzbericht veröffentlicht wird. Zwar führt die bevorstehende Veröffentlichung von Finanzberichten nicht dazu, dass Ad-hoc-Mitteilungspflichten bzgl. der im Finanzbericht enthaltenen Informationen von vornherein ausscheiden.[764] Doch könnte sich daraus möglicherweise ein berechtigtes Emittenteninteresse ergeben, mit der Prognoseveröffentlichung bis zur Veröffentlichung des jeweiligen Finanzberichts abzuwarten. So könnten es Emittenten vermeiden, den Kapitalmarkt innerhalb eines kurzen Zeitraums mehrfach mit denselben Informationen zu versorgen.

aa) Meinungsstand

In der Literatur wird dazu vereinzelt vertreten, es bestehe ein berechtigtes Emittenteninteresse an effektiver und verlässlicher Öffentlichkeitsarbeit durch ausführliche Erläuterung der Geschäftszahlen außerhalb knapper Ad-hoc-Mitteilungen.[765] Denn wenn unerwartete Ergebnisse stets an dem Tag ad-hoc publiziert werden müssten, an dem sie dem Emittenten bekannt werden, könne regelmäßig nur die bloße Tatsache der Abweichung von den Erwartungen ohne die für das Verständnis notwendigen Erklärungen abgegeben werden. Eine solche Information sei nicht geeignet, Informationseffizienz herzustellen und beschwöre die Gefahr einer Fehldeutung durch die Anleger hinauf.[766] Dadurch sei ein kurzfristiger Aufschub der Veröffentlichung insiderrelevanter

763 So bereits *Seibt/Huizinga*, CFL 2010, S. 289, 298, die in dem Zusammenhang darauf verweisen, der Vorstand des Emittenten fixiere mit der Weitergabe von Prognosen an Dritte seine Finanzdaten, sodass dadurch eine Ad-hoc-Publizitätspflicht entstehen könne.

764 Dazu bereits ausführlich oben, E.I.1.

765 *Cahn/Götz*, AG 2007, S. 221, 225.

766 Zum alten Recht *Cahn/Götz*, AG 2007, S. 221, 224 f.

Geschäftszahlen und Prognosen berechtigt, wenn die Regelberichterstattung mit ausführlicher Darstellung unmittelbar bevorstehe.[767]

Herrschend wird diese Auffassung jedoch abgelehnt.[768] Ein „Eigeninteresse an einer geordneten Informationspolitik" bestehe nicht.[769] Vielmehr nehme der Emittent bei der Erfüllung seiner Publizitätspflichten Marktinteressen wahr, wobei die beste Informationspolitik stets darin bestünde, Ad-hoc-Meldungen unverzüglich zu veröffentlichen.[770]

bb) Abwägung und Zwischenergebnis

Der letztgenannten Auffassung ist zuzustimmen. Obgleich eine sofortige Veröffentlichung für Emittenten möglicherweise nachteilig sein kann, ist es gerade Sinn und Zweck der Ad-hoc-Publizität, den Markt zu dem Zeitpunkt über kursrelevante Informationen zu unterrichten, zu dem dem Emittenten die Information bekannt wird. Daneben ist bereits gezeigt worden, dass die Ad-hoc-Pflicht als zweite Säule der Sekundärmarktinformation dazu dient, den Kapitalmarkt neben der Regelpublizität laufend mit Informationen zu versorgen.[771] Dem widerspräche es, wenn man ein berechtigtes Emittenteninteresse immer dann anerkennen würde, wenn eine Veröffentlichung im Rahmen der Regelpublizität bevorsteht.[772] Aus diesen Gründen scheidet ein Aufschub der Ad-hoc-Mitteilung aufgrund eines zeitnah zu veröffentlichenden Finanzberichts aus.

b) Weitere Analyse und Bewertung

Ein berechtigtes Interesse könnte weiter vorliegen, wenn Emittenten ihre Prognose oder eine Prognoseänderung erst weiter analysieren und bewerten möchten.[773] Zwar wird Emittenten bereits bei der Ermittlung von Insiderinformationen

---

767 Zum alten Recht *Cahn/Götz*, AG 2007, S. 221, 225.

768 *Klöhn* in *ders.* MAR, Art. 17 MAR Rn. 244; *Schlitt* in Habersack/Mülbert/Schlitt Unternehmensfinanzierung, Rn. 38.80; zum alten Recht *BaFin*, Emittentenleitfaden 2013, Ziff. IV.2.2.9; *Krämer/Heinrich*, ZIP 2009, S. 1737, 1740; a.A. jedoch ohne nähere Begründung zu Prognosen; *Asmmann* in Assmann/Schneider/Mülbert Wertpapierhandelsrecht, Art. 17 MAR Rn. 114; zum alten Recht weiterhin *Cahn/Götz*, AG 2007, S. 221, 225.

769 *Klöhn* in *ders.* MAR, Art. 17 MAR Rn. 244.

770 *Klöhn* in *ders.* MAR, Art. 17 MAR Rn. 244.

771 Dazu oben, E.I.1.

772 *Schlitt/Mildner* in FS 25 Jahre WpHG, 2019, S. 355, 370.

773 *Krämer/Kiefner*, AG 2016, S. 621 f.; *Merkner/Sustmann/Retsch*, AG 2019, S. 621, 630; *Schlitt/Mildner* in FS 25 Jahre WpHG, 2019, S. 355, 371; auf diese Möglichkeit

das Recht eingeräumt, den jeweiligen Sachverhalt entsprechend aufzuklären,[774] sodass eine Selbstbefreiung zu diesem Zweck regelmäßig nicht notwendig sein wird.[775] Jedoch ist denkbar, dass Emittenten die wesentlichen Hintergründe der Prognose bzw. Prognoseänderung oder auch die möglichen Folgen für die weitere Geschäftsentwicklung noch nicht umfänglich ermitteln konnten.[776] Möchten Emittenten vermeiden, eine unvollständige und möglicherweise fehlinterpretationsanfällige Ad-hoc-Mitteilung bekanntzumachen, könnte sich daraus ein berechtigtes Interesse zum Aufschub zur weiteren Analyse und Bewertung ergeben. Zudem könnte eine (vorsorgliche) Selbstbefreiung eine höhere Sicherheit schaffen, die Ad-hoc-Mitteilung nicht zu spät bekanntzugeben.

aa) Meinungsstand

Ein entsprechendes Emittenteninteresse wird in der Literatur vereinzelt befürwortet.[777] Nach dieser Auffassung sei Emittenten vor einer Ad-hoc-Veröffentlichung ausreichend Zeit einzuräumen, um die möglichen Auswirkungen insiderrelevanter Finanzzahlen oder Prognoseänderungen näher zu untersuchen und in ihrer Ad-hoc-Mitteilung ausführlicher begründen zu können.[778] Begründet wird dieser Ansatz insbesondere mit dem Informationsinteresse des Kapitalmarkts.[779] Obgleich die Änderung einer Prognose zwar für sich genommen bereits insiderrelevant sei, wäre eine Veröffentlichung des Inhalts „*Der Vorstand hält an seiner Jahresprognose nicht mehr fest*" unzureichend und irreführend.[780] Vielmehr müssten sich aus der Ad-hoc-Mitteilung gerade auch das Ausmaß der Prognose- oder Ergebniskorrektur und die tragenden Gründe dafür ergeben. Um dies im Einzelnen analysieren zu können, bedürfe es in der Regel zwei Arbeitstage.[781] Entsprechend wird gefordert, dass ESMA und BaFin einen maximalen Selbstbefreiungszeitraum für diese Fälle festlegen sollten.[782]

---

aufmerksam machend, jedoch im Ergebnis indifferent *Veil/Brüggemeier* in Meyer/Veil/Rönnau Marktmissbrauchsrecht, § 10 Rn. 121.

774 Dazu ausführlich oben, E.III.

775 *Schlitt/Mildner* in FS 25 Jahre WpHG, 2019, S. 355, 371.

776 *Schlitt/Mildner* in FS 25 Jahre WpHG, 2019, S. 355, 371.

777 *Krämer/Kiefner*, AG 2016, S. 621 ff.; *Merkner/Sustmann/Retsch*, AG 2019, S. 621, 630; im Ergebnis auch *Schlitt/Mildner* in FS 25 Jahre WpHG, 2019, S. 355, 372.

778 *Krämer/Kiefner*, AG 2016, S. 621 f.; *Merkner/Sustmann/Retsch*, AG 2019, S. 621, 630.

779 *Krämer/Kiefner*, AG 2016, S. 621, 623; *Merkner/Sustmann/Retsch*, AG 2019, S. 621, 630.

780 *Krämer/Kiefner*, AG 2016, S. 621, 623.

781 *Krämer/Kiefner*, AG 2016, S. 621, 623.

782 *Krämer/Kiefner*, AG 2016, S. 621, 623.

Darüber hinaus wird die Bedeutung des Aufsichtsrats sowie eines Audit Committees gerade bei Prognoseänderungen betont,[783] die freilich sehr kurzfristig eingeschaltet werden müssten. Im Ergebnis sei so – neben der Sachverhaltsaufklärung im Rahmen des durch das Kriterium „unverzüglich" eingeräumten Spielraums – auch eine zeitlich stark beschränkte Selbstbefreiung zuzulassen.[784]

Die Gegenauffassung beruft sich darauf, dass die Verwaltungspraxis der ESMA dem widerspreche,[785] ohne jedoch inhaltliche Argumente zu nennen. Letztere äußerte sich in ihrem Final Report zu Marktsondierungen und dem Aufschub der Veröffentlichung von Insiderinformationen wie folgt: *„to check the accounting information* […] *should not qualify as a legitimate reason to delay disclosure under Article 17(4) MAR"*.[786] Aus dieser Aussage leiten Vertreter der Gegenauffassung ab, dass die ESMA eine Selbstbefreiung zur Analyse und Bewertung von Finanzinformationen grundsätzlich ablehne.

bb) Abwägung und Zwischenergebnis

Der erstgenannten Auffassung ist darin zuzustimmen, dass dem Informationsinteresse des Kapitalmarkts insbesondere dann gedient wird, wenn kursrelevante Prognosen bzw. Prognoseänderungen ausführlich begründet und mögliche Auswirkungen ausführlich erläutert werden. Andersherum könnte es diesem Informationsinteresse sogar schaden, wenn durch kurze und isolierte Informationen ohne hinreichende Erläuterungen Fehlvorstellungen bei den Marktteilnehmern entstehen würden.[787] Obgleich Emittenten regelmäßig ohnehin genauere Angaben zu den Hintergründen einer Prognoseabweichung oder möglichen Folgen für die Unternehmensentwicklung machen,[788] könnte eine Selbstbefreiung in

783 *Krämer/Kiefner*, AG 2016, S. 621, 624; so auch *Kumpan/Misterek* in Schwark/Zimmer KMRK, Art. 7 MAR Rn. 75.

784 *Krämer/Kiefner*, AG 2016, S. 621, 624.

785 *Krämer/Kiefner*, AG 2016, S. 621 f.; *Veil/Brüggemeier* in Meyer/Veil/Rönnau Marktmissbrauchsrecht, § 10 Rn. 121; *Kumpan/Misterek* in Schwark/Zimmer KMRK, Art. 7 MAR Rn. 75; die auf ESMA/2016/1130, S. 53 f. Rn. 127 verweisen.

786 ESMA/2016/1130, S. 53 f. Rn. 127.

787 *Schlitt/Mildner* in FS 25 Jahre WpHG, 2019, S. 355, 372.

788 Beispielhaft können etwa die Ad-hoc-Mitteilungen zur Prognoseanpassung der Bastei Lübbe AG vom 1.12.2018 (abgerufen am 12.6.2019 unter https://www.luebbe.com/de/news/2018-02-01/dgap-adhoc-bastei-luebbe-ag-nimmt-ausserplanmaessige-abschreibungen-vor-und-passt-ergebnisprognose-an/id_a14b0c979518d6819632bb1c63d929cc, der Zalando SE vom 17.9.2018 (abgerufen am 12.6.2019 unter https://corporate.zalando.com/de/investor-relations/ad-hoc-mitteilungen) sowie der BMW Group vom 25.09.2018 (abgerufen am 12.6.2019 unter https://www.bmwgroup.com/

Einzelfällen möglicherweise zu einer besseren Kapitalmarktinformation führen. Dies darf freilich nicht dazu führen, dass Emittenten dem Kapitalmarkt auch bei komplexen Sachverhalten über längere Zeit Insiderinformationen vorenthalten. Denn, wie erwähnt, hat der Gesetzgeber die Wertung getroffen, dass eine gute Informationspolitik darin besteht, den Kapitalmarkt möglichst frühzeitig zu informieren. Insbesondere, wenn andernfalls der Aufsichtsrat oder ein Audit Committee nicht einbezogen werden könnten, sprechen jedoch gute Gründe dafür, eine zeitlich stark beschränkte Selbstbefreiung zuzulassen.

Einziges von der Gegenauffassung vorgebrachtes Argument ist die vermeintlich entgegenstehende Verwaltungspraxis der ESMA. Obgleich damit inhaltlich keine Einwände gegen ein berechtigtes Interesse bestehen, soll zumindest untersucht werden, ob sich die ESMA tatsächlich gegen ein berechtigtes Interesse zur weiteren Analyse und Bewertung ausspricht. Dies ist nach hier vertretener Ansicht nicht der Fall. Denn die ESMA bezieht sich speziell auf Konzernsachverhalte, in denen ein Mutterunternehmen bereits hinreichend präzise Finanzzahlen durch ein Tochterunternehmen erhält, die Insiderinformationen darstellen.[789]

---

content/dam/bmw-group-websites/bmwgroup_com/ir/downloads/de/2018/Adhoc/Prognose%C3%A4nderung%20-%20BMW%20Group%20passt%20Ausblick%20f%C3%BCr%20laufendes%20Gesch%C3%A4ftsjahr%20an,%2025.09.2018.pdf) genannt werden; so auch in *Schlitt/Mildner* in FS 25 Jahre WpHG, 2019, S. 355, 372.

789 Im Einzelnen: Die ESMA hält in ihrem Final Report zu Marktsondierungen und dem Aufschub der Veröffentlichung von Insiderinformationen zunächst fest, eine weitere Analyse der einer Muttergesellschaft von einem Tochterunternehmen zugetragenen Finanzinformationen sei stets dann unproblematisch, wenn diese Informationen aus Sicht der Muttergesellschaft nicht hinreichend präzise seien. Denn dann läge bereits keine Insiderinformation vor. Diese Aussage ist zutreffend, da hier mangels Insiderinformation überhaupt keine Ad-hoc-Mitteilungspflicht besteht und es auf ein berechtigtes Interesse des Emittenten zur Selbstbefreiung von vornherein nicht ankommt. Anschließend betont die ESMA, sobald eine Insiderinformation vorliege, bestehe kein einen Aufschub rechtfertigendes berechtigtes Emittenteninteresse, wenn das Mutterunternehmen die Zahlen gerne weiter prüfen würde. Bei der Interpretation dieser Auffassung der ESMA ist zu berücksichtigen, dass sich die ESMA speziell auf Konzernsachverhalte bezieht, in denen ein Mutterunternehmen bereits hinreichend präzise Finanzzahlen durch ein Tochterunternehmen erhält, die Insiderinformationen darstellen. In dem von der ESMA gewählten Beispiel ergibt sich aus dem Kontext jedoch, dass sie mit „*check*" die Genauigkeit der Finanzzahlen und deren Glaubwürdigkeit meint. Dem ist zuzustimmen, da Finanzzahlen, die bereits so präzise sind, dass sie Insiderqualität aufweisen, nicht weiter verifiziert werden müssen (siehe dazu ESMA/2016/1130, S. 53 f. Rn. 127).

Dann soll es nicht zulässig sein, die Veröffentlichung aufzuschieben, um die Finanzzahlen noch einmal selbst zu überprüfen. Aus dem Kontext ergibt sich jedoch, dass die ESMA mit „*check*" die Genauigkeit der Finanzzahlen und deren Glaubwürdigkeit meint.[790] Hiermit sagt die ESMA jedoch weder etwas darüber aus, welchen Inhalt die Ad-hoc-Meldung im Einzelfall haben sollte, noch, ob die Analyse der Hintergründe oder Folgen der präzisen Finanzzahlen einen Aufschub der Veröffentlichung rechtfertigen könnte. Nach richtiger Auffassung widerspricht die ESMA daher nicht grundsätzlich einer Selbstbefreiung zur näheren Analyse und Bewertung der Hintergründe und Folgen von Finanzzahlen oder Prognoseänderungen.[791]

Im Ergebnis ist ein berechtigtes Emittenteninteresse zur weiteren Analyse und Bewertung bei Prognosen und Prognoseänderungen anzuerkennen, auch wenn es wegen der zulässigen vorherigen Sachverhaltsaufklärung darauf häufig nicht ankommen wird. Wegen des Kapitalmarktinteresses an einer zeitnahen Ad-hoc-Veröffentlichung käme eine Selbstbefreiung – vorbehaltlich der übrigen Selbstbefreiungsvoraussetzungen – jedoch lediglich zeitlich stark eingeschränkt in Betracht.[792]

3. Nicht zur Irreführung der Öffentlichkeit geeignet

Eine Selbstbefreiung ist nur zulässig, wenn dadurch keine Irreführung der Öffentlichkeit droht (Art. 17 Abs. 4 Satz 1 lit. b) MAR). Eine Irreführung droht, wenn die Selbstbefreiung wahrscheinlich zu Fehlvorstellungen bei den Marktteilnehmern führen würde.[793] Entsprechend dürfen Emittenten sich nicht in Widerspruch zu noch nicht veröffentlichten Insiderinformationen äußern,

---

790 Ähnlich interpretieren wohl auch *Hopt/Kumpan* in Schimansky/Bunte/Lwowski Bankrecht, § 107 Rn. 150.

791 So bereits *Schlitt/Mildner* in FS 25 Jahre WpHG, 2019, S. 355, 372 f.; dem widerspricht nach hier vertretener Ansicht auch nicht der Entwurf des betreffenden Final Reports, der zwar davon ausgeht, dass vorrangig das Kriterium der „unverzüglichen" Bekanntmachung einschlägig sei und davon Abstand nimmt, die Liste der Regelbeispiele berechtigter Interessen entsprechend zu erweitern, jedoch nicht kategorisch ausschließt, dass im Einzelfall auch eine Selbstbefreiung zulässig sein könnte, ESMA/2016/162, Rn. 67.

792 *Schlitt/Mildner* in FS 25 Jahre WpHG, 2019, S. 355, 373.

793 *Klöhn* in KölnKomm-WpHG, § 15 Rn. 297; *Veil/Brüggemeier* in Meyer/Veil/Rönnau Marktmissbrauchsrecht, § 10 Rn. 123.

wobei sie grundsätzlich eine *„no comment policy"* verfolgen können.[794] Die von der ESMA verlautbarten Leitlinien zum Aufschub der Veröffentlichung von Insiderinformationen[795] enthalten mehrere Regelbeispiele, bei denen eine Irreführung der Öffentlichkeit droht. Danach dürfen die Insiderinformationen nicht wesentlich von früheren Ankündigungen, bekanntgegebenen finanziellen Zielen oder von der Markterwartung abweichen, wenn diese Erwartungen auf Signalen beruhen, die der Emittent selbst an den Markt gesendet hat (z.B. während Interviews oder Roadshows).[796] Dem ist uneingeschränkt zuzustimmen, da Marktteilnehmer – wie gezeigt – insbesondere darauf achten, wie Emittenten selbst ihre Lage einschätzen. Zunächst eine bestimmte Markterwartung hervorzurufen und später entgegenstehende Insiderinformationen zurückzuhalten wäre stark widersprüchlich und würde sehr wahrscheinlich Fehlvorstellungen hervorrufen.

Obgleich die ESMA sich nicht explizit auf Prognosen bezieht, lassen sich sämtliche Regelbeispiele auch auf Prognosen anwenden. Denn veröffentlichte Prognosen stellen Ankündigungen iSd Leitlinien dar, können sich (auch) auf finanzielle Ziele beziehen und beeinflussen typischerweise die Markterwartung.[797] Daraus ergibt sich für Prognosen, dass die zurückgehaltene Insiderinformation keiner bereits veröffentlichten Prognose wesentlich widersprechen oder diese ungültig machen darf.[798] Vor diesem Hintergrund muss eine Selbstbefreiung bzgl. Insiderinformationen im Zusammenhang mit Prognosen regelmäßig ausscheiden. Denn sowohl der Prognoseinhalt als auch Prognoseänderungen sind insbesondere dann insiderrelevant, wenn sie von zuvor veröffentlichten Prognosen, der Markterwartung oder Geschäftsergebnissen abweichen.[799] Somit decken sich die Voraussetzungen der Qualifikation einer Prognose bzw. Prognoseänderung als Insiderinformation mit den genannten Regelbeispielen,

---

794 Vgl. zur Rechtslage seit Inkrafttreten der MAR bereits *Hopt/Kumpan* in Schimansky/Bunte/Lwowski Bankrecht, § 107 Rn. 156; *Klöhn* in ders. MAR, Art. 17 MAR Rn. 259; *Kumpan* in Baumbach/Hopt Handelsgesetzbuch, Art. 17 MAR Rn. 19; *Veil/Brüggemeier* in Meyer/Veil/Rönnau Marktmissbrauchsrecht, § 10 Rn. 129; *Schlitt* in Habersack/Mülbert/Schlitt Unternehmensfinanzierung, Rn. 38.83; dass eine *„no comment policy"* bei sich auf die zurückgehaltene Insiderinformation beziehenden Gerüchten nun unzulässig ist, wird unter E.IV.4. erläutert.

795 ESMA/2016/1478.

796 ESMA/2016/1478, S. 5 f. Rn. 9 lit. a.-c; vgl. auch *BaFin*, Emittentenleitfaden Modul C, Ziff. I.2.1.5.1; kritisch *Krämer/Kiefner*, AG 2016, S. 621, 623.

797 Zur Markterwartung ausführlich oben, E.II.1.a)bb).

798 *Schlitt/Mildner* in FS 25 Jahre WpHG, 2019, S. 355, 373.

799 Dazu ausführlich oben, E.II.1.a)bb).

bei denen die Öffentlichkeit irregeführt zu werden droht. Selbst wenn also ausnahmsweise ein berechtigtes Interesse an einer Selbstbefreiung besteht, muss der Emittent die Prognose oder Prognoseänderung unverzüglich veröffentlichen, um die Öffentlichkeit nicht irrezuführen.

Emittenten haben möglicherweise notwendige Analysen und Bewertungen zum Sachverhalt oder zu Hintergründen und Folgen von Prognosen und Prognoseänderungen daher vorrangig im Rahmen der „unverzüglichen" Ad-hoc-Veröffentlichung vorzunehmen (dazu oben, III.). Für alle übrigen Insiderinformationen gilt, dass sie jedenfalls dann nicht zurückgehalten werden dürfen, wenn sie einer Prognose widersprechen bzw. diese widerlegen.

4. Sicherstellung der Vertraulichkeit/Gerüchte

Obgleich eine Selbstbefreiung bei Prognosen oder Prognoseänderungen wegen einer drohenden Irreführung der Öffentlichkeit regelmäßig ausscheidet, soll dennoch kurz die erforderliche Sicherstellung der Vertraulichkeit erläutert werden. Dabei soll insbesondere auf den Fortfall der Vertraulichkeit bei Gerüchten eingegangen werden. Ist die Vertraulichkeit einer zurückgehaltenen Insiderinformation nicht länger gewährleistet, muss der Emittent sie so schnell wie möglich bekanntmachen (Art. 17 Abs. 7 Unterabs. 1 MAR). Dabei werden ausdrücklich Sachverhalte eingeschlossen, bei denen ein Gerücht sich auf eine zurückgehaltene Insiderinformation bezieht, sofern das Gerücht *„ausreichend präzise ist, dass zu vermuten ist, dass die Vertraulichkeit dieser Information nicht mehr gewährleistet ist"* (Art. 17 Abs. 7 Unterabs. 2 MAR). Wird ein entsprechendes Gerücht in Umlauf gebracht, wird also unwiderleglich vermutet, dass die Insiderinformation nicht länger vertraulich ist.[800]

Ein Gerücht bezieht sich auf eine Insiderinformation, wenn sich das Gerücht durch die Veröffentlichung der Insiderinformation erledigen würde.[801] Schwieriger ist es zu beurteilen, wann ein Gerücht ausreichend präzise ist, um vermuten zu können, dass die jeweilige Insiderinformation nicht länger vertraulich ist. In dem Zusammenhang weist die BaFin richtig darauf hin, dass hier keine europaweit vereinheitlichte Definition besteht.[802] Sie selbst vertritt die Auffassung, dass ein Gerücht dann ausreichend präzise ist, wenn die daraus abzuleitende Information darauf schließen lässt, dass ein Informationsleck entstanden ist, also

---

800 ESMA/2015/1455, S. 53 Rn. 243; *Klöhn*, AG 2016, S. 423, 431; *Kumpan*, DB 2016, S. 2039, 2044; *Klöhn* in ders. MAR, Art. 17 MAR Rn. 290.

801 *Klöhn* in ders. MAR, Art. 17 MAR Rn. 288.

802 *BaFin*, Emittentenleitfaden Modul C, Ziff. I.3.3.1.4.

Teile der der Insiderinformation zugrunde liegenden Umstände kolportiert oder sogar Details oder die gesamte Information öffentlich bekannt werden. Nicht ausreichend präzise sollen demgegenüber willkürlich gestreute diffuse Informationen sein, die dem Emittenten bloß richtigstellende Informationen entlocken sollen.[803] Nach hier vertretener Ansicht sollte bei der Präzision eines Gerüchts weiterhin berücksichtigt werden, ob ein Gerücht hinreichend glaubwürdig ist.[804] Denn Marktteilnehmer werden einem unglaubwürdigen Gerücht nicht glauben und daher auch nicht vermuten, der Emittent verfüge über entsprechende unveröffentlichte Informationen.[805] Im hypothetischen Fall, dass ein bestimmter Marktteilnehmer (z.B. ein Finanzjournalist oder Analyst) bereits häufiger Gerüchte gestreut hat, die sich später als falsch herausgestellt haben, sollte daher auch die Herkunft des Gerüchts berücksichtigt werden. Daneben kann es auf die Tatsachengrundlage des Gerüchts, dessen Inhalt vor dem Hintergrund der wirtschaftlichen Situation und des Segments des Emittenten sowie der Verfassung der Märkte insgesamt ankommen.[806]

Sofern ein Gerücht die genannten Voraussetzungen erfüllt, muss der Emittent die zurückgehaltene Insiderinformation umgehend veröffentlichen. Die Aufnahme dieses Spezialtatbestands stellt gegenüber der Rechtslage vor Inkrafttreten der MAR eine praxisrelevante Neuerung dar. Denn während die BaFin ehemals zuließ, dass Emittenten auch bei entsprechenden Gerüchten eine „*no comment policy*" verfolgten, wurde dem nun ein gesetzlicher Riegel vorgeschoben.[807]

---

803 *BaFin*, Emittentenleitfaden Modul C, Ziff. I.3.3.1.4.

804 So bereits *Schlitt/Mildner* in FS 25 Jahre WpHG, 2019, S. 355, 374.

805 *Schlitt/Mildner* in FS 25 Jahre WpHG, 2019, S. 355, 374.

806 Diese genannten Umstände werden von der BaFin berücksichtigt, wenn sie prüfen, ob ein Gerücht so präzise ist, dass es selbst eine Insiderinformation darstellen kann, *BaFin*, Emittentenleitfaden Modul C, Ziff. I.2.1.4.4; zur Rechtslage vor Inkrafttreten der MAR bereits *BaFin*, Emittentenleitfaden 2013, Ziff. III.2.1.1.2; so auch *Schlitt/Mildner* in FS 25 Jahre WpHG, 2019, S. 355, 375.

807 ESMA70-145-111, Version 14, Stand: 29. März 2019, S. 13; *BaFin*, Emittentenleitfaden Modul C, Ziff. I.3.3.1.4; *Seibt* in Beck'sches Formularbuch M&A, Ziff. 4.2 Rn. 5; *Schlitt* in Habersack/Mülbert/Schlitt Unternehmensfinanzierung, Rn. 38.83; bereits vor Inkrafttreten der MAR vertraten *Fleischer/Schmolke*, AG 2007, S. 841, 849 ff., dass zwar eine allgemeine Kommentierungspflicht bzgl. Gerüchten nicht bestand und der Gesetzgeber nicht gut beraten wäre, eine solche Kommentierungspflicht einzuführen, im Fall der Selbstbefreiung jedoch dem Aufklärungsinteresse des Kapitalmarkts der Vorrang einzuräumen sei.

V. Zwischenergebnis

Im Zusammenhang mit Prognosen und Prognoseänderungen kommt es für etwaige Ad-hoc-Publizitätspflichten – neben einer überwiegenden Eintrittswahrscheinlichkeit – ganz wesentlich auf die Markterwartung an, die sich durch Verlautbarungen des Emittenten (z.B. durch vorherige Prognosen, Geschäftsergebnisse oder sonstige Kommunikation an den Markt) oder auf sonstige Weise (auch durch Äußerungen Dritter) herausgebildet hat. Dabei können Prognosen nicht nur Ad-hoc-Publizitätspflichten hervorrufen, sondern diese auch verhindern, wenn nach Veröffentlichung einer Prognose grundsätzlich nichtöffentliche und kursrelevante Umstände eintreten, die jedoch in der Prognose bereits vorhergesagt wurden, und der Markt daher nicht überrascht wird. Liegt eine veröffentlichungspflichtige Prognose oder Prognoseänderung vor, können Emittenten nur in zeitlich sehr eingeschränktem Rahmen noch weitere Analysen oder Bewertungen des Sachverhalts oder möglicher Folgen vornehmen. Denn sie müssen die Insiderinformation ohne schuldhaftes Zögern bekanntgeben, wobei eine Selbstbefreiung wegen einer andernfalls drohenden Irreführung der Öffentlichkeit regelmäßig nicht in Betracht kommen wird.

F. Zusammenfassung in Thesen

Folgend werden die wesentlichen Erkenntnisse der vorherigen Abschnitte als Gesamtergebnis in Thesen zusammengefasst.

I. Einführung

1. Prognosen und sonstige zukunftsgerichtete Aussagen (insb. Zielvorgaben, Planzahlen oder Projektionen) spielen im Unternehmensalltag von Emittenten eine große Rolle. Bei der kapitalmarktrechtlichen Prognoseberichterstattung sind insbesondere drei Anwendungsbereiche relevant: die Regelpublizität, die Prospekterstellung sowie die Ad-hoc-Publizitätspflicht. Bei der Aufstellung und Veröffentlichung von Prognosen stehen Emittenten bzgl. sämtlicher dieser Anwendungsbereiche in einem Spannungsfeld zwischen berechtigten Informationsinteressen der Marktteilnehmer und dem eigenen Interesse, Zeit- und Kostenaufwand sowie Risiken zu vermeiden. Zukunftsgerichtete Informationen sind für die Anlageentscheidung von Investoren besonders bedeutsam.
2. Durch die zahlreichen Veränderungen im Kapitalmarktrecht in den vergangenen Jahren, stellen sich für Emittenten wesentliche Anwendungsfragen bei der Prognoseberichterstattung. Einerseits kann unklar sein, wann Prognosen überhaupt erstellt und/oder veröffentlicht werden müssen. Andererseits bestehen Haftungs- bzw. Sanktionsrisiken bei gleichzeitig strengen Veröffentlichungs- und Sorgfaltsanforderungen.
3. Eine gute Prognoseberichterstattung setzt voraus, dass Emittenten Investoren mit den für sie relevanten zukunftsgerichteten Informationen versorgen und gleichzeitig ihren Zeit- und Kostenaufwand sowie Haftungsrisiken minimieren. Um eine gute Prognoseberichterstattung zu gewährleisten, müssen Emittenten zunächst die rechtlichen Anforderungen an die und die Spielräume bei der Prognoseberichterstattung kennen und beachten. Soweit sich rechtliche Vorgaben der unterschiedlichen Anwendungsbereiche überschneiden, sollten Emittenten versuchen Synergieeffekte zu nutzen, um Zeit und Kosten zu sparen.

II. Der Prognosebegriff im Kapitalmarktrecht

1. Während keine allgemeingültige juristische Definition des Prognosebegriffs existiert, bestehen für einzelne Anwendungsbereiche – namentlich der

(Konzern-)Lageberichterstattung sowie der Prospekterstellung – verbindliche (Legal-)Definitionen. Weiterhin bestehen diverse Definitionsansätze im Schrifttum, die insbesondere für sonstige Anwendungsbereiche von Prognosen herangezogen werden können. Neben der positiven Begriffsbestimmung ist der Prognosebegriff negativ von verwandten Begriffen abzugrenzen. Dazu zählen insbesondere harte Informationen (also Informationen, die auf ihre Richtigkeit überprüft werden können), Schätzungen, Trendinformationen sowie Gerüchte.

2. Im Rahmen der (Konzern-)Lageberichterstattung ist unter einer Prognose eine Aussage über die voraussichtlichen Entwicklungen und Ereignisse zu verstehen. Dabei ist zwischen Intervallprognosen (Angabe einer Bandbreite zwischen zwei Zahlenwerten), komparativen Prognosen (Angabe einer Veränderung im Vergleich zum Istwert der Berichtsperiode unter Angabe der Richtung dieser Veränderung), Punktprognosen (Angaben eines genauen Zahlenwertes), qualifiziert komparativen Prognosen (wie komparative Prognosen, wobei zusätzlich die Intensität der Veränderung anzugeben ist) sowie qualitativen Prognosen (allein verbal-argumentative Aussage) zu unterscheiden. Bei der (Konzern)Lageberichterstattung zulässige Prognosen enthalten dabei quantitative Aussagen und weisen – im Gegensatz zu rein qualitativen Aussagen – eine hinreichende Spezifizität sowie eine gewisse Eintrittswahrscheinlichkeit auf.
3. Prospektrechtlich ist legaldefiniert, was unter einer Gewinnprognose zu verstehen ist: eine Erklärung, in der ausdrücklich oder implizit eine Zahl oder eine Mindest- bzw. Höchstzahl für die wahrscheinliche Höhe der Gewinne oder Verluste im laufenden Geschäftsjahr oder zukünftigen Geschäftsjahren genannt wird, oder der Daten enthält, aufgrund derer die Berechnung einer solchen Zahl für künftige Gewinne oder Verluste möglich ist, selbst wenn keine bestimmte Zahl genannt wird und das Wort „Gewinn“ nicht erscheint.
4. Die dem Schrifttum entstammenden Definitionsansätze haben die wesentlichen Merkmale gemein. Die wesentlichen Merkmale einer Prognose sind danach neben dem Zukunftsbezug, dass sie hinreichend spezifisch sind, eine gewisse Eintrittswahrscheinlichkeit aufweisen und auf Basis von Erfahrungswerten bzw. objektivierbaren oder methodisch gewonnenen Urteilen sowie den aktuell verfügbaren Umweltinformationen erstellt werden.
5. Zur negativen Abgrenzung von Prognosen von verwandten Begriffen sind folgende Ergebnisse festzuhalten: Prognosen stellen weiche Informationen – im Gegensatz zu harten Informationen – dar, da es sich nicht um tatsächliche Umstände (gegenwärtig oder vergangen) handelt und sie so nicht auf ihre Richtigkeit überprüft werden können. Von Schätzungen unterscheiden sich

Prognosen dadurch, dass ihre Unsicherheit auf ihrer Zukunftsbezogenheit beruht und nicht darauf, dass bereits eingetretene Umstände noch nicht hinreichend bekannt sind. Während Trendinformationen vorrangig qualitativer Natur sind, sprechen quantitative Angaben für eine Prognose. Anders als Prognosen sind Gerüchte nicht zwingend zukunftsbezogen; letzteren ist vielmehr immanent, dass bereits Herkunft oder Grundlage fragwürdig sind.

6. Im Ergebnis handelt es sich bei Prognosen allgemein um Vorhersagen über künftige (und damit unsichere) Umstände, die hinreichend spezifisch (quantitativ) sind und eine gewisse Eintrittswahrscheinlichkeit aufweisen. Die Erklärung kann auch implizit auf künftige Ergebnisse schließen lassen und erhebt den Anspruch, verlässlich zu sein.

III. Prognoseberichte im Rahmen der Regelpublizität

1. Maßgeblicher Anwendungsfall der Prognoseberichterstattung im Rahmen der Regelpublizität ist der Prognosebericht/Chancen- und Risikobericht als Teil des (Konzern-)Lageberichts im Konzern- bzw. Jahresabschluss. Dabei ist die voraussichtliche Entwicklung mit ihren wesentlichen Chancen- und Risiken zu beurteilen und zu erläutern, wobei zugrundeliegende Annahmen anzugeben sind. Daneben können Prognoseberichte auch im Rahmen von (Konzern-)Zwischenberichten und Quartalsfinanzberichten bzw. Quartalsmitteilungen eine Rolle spielen. Die Prognoseberichterstattung wird durch den DRS 20 für den Konzernlagebericht zwingend vorgeschrieben, wobei empfohlen wird, den DRS 20 auch für die Lageberichte des Jahresfinanzberichts anzuwenden. Gleiches gilt durch den DRS 16 für (Konzern-)Zwischenlageberichte.
2. Für die Prognoseberichterstattung gelten die Grundsätze der Lageberichterstattung, aus denen sich folgende Anforderungen ergeben: Aus dem Vollständigkeitsgrundsatz folgt, dass Risiken auch dann im Lagebericht genannt werden müssen, wenn sie sich bereits aus dem (Konzern-)Abschluss ergeben oder wenn die Veröffentlichung bestimmter Informationen nachteilig wäre. Dies gilt auch in wirtschaftlich angespannten Lagen; da hier ein besonders hohes Informationsinteresse des Kapitalmarkts besteht, kann tendenziell sogar noch eine ausführlichere Berichterstattung geboten sein. Der Wahrheitsgrundsatz gebietet, dass Prognosen schlüssig und willkürfrei zu erstellen sind, wobei positive sowie negative Aspekte ausgewogen darzustellen und die zugrunde liegenden Annahmen anzugeben sind. Außerdem dürfen Prognosen nicht dazu missbraucht werden, das Unternehmensimage durch besonders positive Äußerungen zu verbessern. Aus dem Klarheitsgrundsatz ergibt sich, dass Prognosen als solche kenntlich zu machen sind.

Der Stetigkeitsgrundsatz verlangt, dass die gewählte Aufbauform bzgl. des Prognose- sowie Chancen- und Risikoberichts grundsätzlich auch künftig beibehalten werden sollte.

3. Der Bestandteile der Prognoseberichterstattung können räumlich getrennt (z.B. zunächst der alleinstehende Prognosebericht und anschließend der Chancen- und Risikobericht) oder integriert (Prognosebericht mit ausführlichen Erklärungen zu Chancen und Risiken an einschlägiger Stelle) dargestellt werden. Beide Aufbauvarianten sind zulässig. Während ein getrennter Aufbau zur Übersichtlichkeit beitragen kann (z.B. wenn viele verschiedene Chancen und Risiken bestehen), bietet sich ein integrierter Aufbau an, wenn Prognose- sowie Chancen- und Risikobericht inhaltlich noch nachvollziehbarer miteinander verknüpft werden sollen (wenn etwa nur wenige Chancen und Risiken bestehen, die sich vorrangig auf die im Prognosebericht genannten Umstände beziehen).
4. Prognosen sind zu den bedeutendsten finanziellen und nichtfinanziellen Leistungsindikatoren zu erstellen. Die Ausführungen des Prognoseberichts (Schilderungen der positiven und negativen Erwartungen der Geschäftsleitung, unternehmensinternen Aspekten und der erwarteten allgemeinen und branchenspezifischen Entwicklung) sind zu einer Gesamtaussage zu verdichten. Bei der Darstellung ist insbesondere auf die Vergleichbarkeit von Prognose- und Istwert zu achten, wobei auch die Richtung erwarteter Veränderungen und deren Intensität erkennbar sein müssen. Während Punkt-, Intervall- und qualifiziert-komparative Prognosen (alle quantitativ) den Anforderungen des DRS 20 regelmäßig gerecht werden, sind komparative und qualitative Prognosen unzureichend. Diese Grundsätze gelten, soweit nicht aufgrund gesamtwirtschaftlicher Bedingungen eine so hohe Unsicherheit besteht, dass die Prognosefähigkeit des Unternehmens wesentlich beeinträchtigt ist. Dann können etwa auch Alternativszenarien aufgezeigt werden.
5. Beim Chancen- und Risikobericht sind die wesentlichen Chancen und Risiken gleichberechtigt und ausgewogen darzustellen. Ihre Bedeutung ermittelt sich aus der Eintrittswahrscheinlichkeit und möglichen Auswirkung auf die Erreichung der Prognosen oder angestrebten Ziele. Quantitative Angaben sind erforderlich, wenn dies auch zur internen Steuerung im jeweiligen Unternehmen erfolgt und die quantitativen Angaben für den verständigen Adressaten wesentlich sind. Die quantitative Darstellung erfolgt in der Praxis mittels sogenannter Risikomatrizen.
6. Chancen und Risiken dürfen keinesfalls saldiert werden (Saldierungsverbot). Eine Chancen- oder Risikokompensation darf darüber hinaus nicht dazu führen, dass einzelne Chancen oder Risiken überhaupt nicht angegeben werden.

7. Welchen Umfang der Prognosezeitraum im Einzelfall haben sollte, hängt etwa von der Branche, der Geschäftstätigkeit sowie der Größe des Unternehmens ab, wobei zwei Jahre ab dem Abschlussstichtag in der Regel als angemessen angesehen werden. Der Prognosezeitraum ist bei der Prognoseberichterstattung stets anzugeben.
8. Bei (Konzern-)Zwischenberichten sind die Anforderungen an die Prognoseberichterstattung geringer. Es ist über die wesentlichen Chancen und Risiken sowie über Veränderungen zukunftsgerichteter Angaben zu berichten, wobei Unternehmen sich bzgl. letzteren auf wesentliche Veränderungen beschränken können. Bei den Chancen und Risiken kann (sofern keine wesentlichen Änderungen ersichtlich sind und es sich nicht um bestandsgefährdende Risiken handelt) zudem auf die entsprechenden Angaben des letzten (Konzern-)Lageberichts verwiesen werden. Im Ergebnis besteht also insbesondere eine Aktualisierungspflicht.
9. Bei Quartalsmitteilungen und freiwilligen Quartalsfinanzberichten ist zu unterscheiden. Quartalsmitteilungen richten sich ausschließlich nach der BörsO FWB und enthalten bzgl. Prognosen lediglich eine Aktualisierungspflicht, wobei auch die wesentlichen Risiken aufzuführen sind. Quartalsfinanzberichte sind zu behandeln, wie die zuvor genannten (Konzern-) Zwischenberichte.
10. Für börsennotierte Unternehmen, die nicht zur Veröffentlichung von Quartalsmitteilungen verpflichtet sind, empfiehlt der DCGK dennoch die unterjährige Berichterstattung (auf *comply or explain*-Basis). Dabei soll bzgl. Prognosen ebenfalls lediglich auf wesentliche Veränderungen der Geschäftsaussichten sowie der Risikosituation eingegangen werden.
11. Besonders schwerwiegende äußere Umstände und Unsicherheiten bzgl. der Zukunftsaussichten (z.B. durch eine Weltwirtschaftskrise) können den vollständigen Verzicht auf den Prognosebericht nicht rechtfertigen. Notfalls kann es jedoch zulässig sein, Alternativszenarien (mit hinreichender Begründung) zu veröffentlichen. Drohen schwerwiegende Nachteile, wenn bestimmte Risiken veröffentlicht würden, muss eine Interessenabwägung erfolgen. Während Risiken nie vollständig ausgelassen werden dürfen, kann es ausnahmsweise zulässig sein, den Konkretisierungsgrad bestimmter Risiken insoweit abzumildern, wie es zur Gefahrenabwehr zwingend erforderlich ist.
12. Bei der Prüfung der Prognoseberichterstattung kommt es für (Konzern-) Lageberichte insbesondere darauf an, ob zukunftsgerichtete Informationen plausibel sind und mit den Erkenntnissen der Abschlussprüfung übereinstimmen. Relevant sind dabei insbesondere das unternehmensinterne

Planungssystem, die verwendeten Informationen, die zugrundeliegenden Annahmen sowie das verwendete Prognosemodell bzw. verfahren, wobei die Annahmen inhaltlich nicht überprüft bzw. erforscht werden. Die Prognoseberichterstattung ist zudem Gegenstand des Prüfungsberichts sowie des Bestätigungsvermerks; sind die Angaben über Zukunftsaussichten, Chancen und Risiken unzutreffend, unvollständig oder fehlerhaft, ist der Bestätigungsvermerk nur eingeschränkt zu erteilen. Zu beachten sind dabei grundsätzlich auch Verstöße gegen den DRS 20, wobei es schwerer wiegt, wenn die betreffende Vorschrift der Gesetzesauslegung dient, als wenn der DRS 20 inhaltlich über das Gesetz hinausgeht. (Konzern-)Zwischenlageberichte können freiwillig einer Prüfung unterzogen werden, wobei die Anforderungen insgesamt niedriger sind und anstelle eines Prüfberichts oder Bestätigungsvermerks lediglich eine Bescheinigung erforderlich ist. Quartalsmitteilungen sind nicht zu prüfen; für Quartalsfinanzberichte gelten dieselben Anforderungen wie für sonstige (Konzern-)Zwischenberichte.

13. Bei einer fehlerhaften Prognoseberichterstattung im Rahmen der Regelpublizität besteht eine Vielzahl unterschiedlicher Sanktionierungsmöglichkeiten für Emittenten, deren Organmitglieder und gegebenenfalls sogar beteiligte Wirtschaftsprüfer (straf- bzw. ordnungswidrigkeitenrechtlich, deliktisch oder spezialgesetzlich). Keine dieser Personen muss jedoch für den tatsächlichen Eintritt des prognostizierten Ereignisses einstehen. Entscheidend ist vielmehr, dass bei der Prognoseerstellung der erforderlichen Sorgfaltsmaßstab sowie die geltenden gesetzlichen und untergesetzlichen Vorschriften beachtet werden. Insgesamt stellt eine gute Prognosebegründung das geeignetste Mittel zur Haftungsvermeidung dar. *De lege ferenda* wäre es gegenüber oft kritisierten Haftungskonstruktionen über § 823 Abs. 2 BGB iVm unterschiedlichen Schutznormen vorzugswürdig, einen §§ 97, 98 WpHG entsprechenden Haftungstatbestand auch für die Regelpublizität einzuführen.

IV. Prognosen im Rahmen von Wertpapierprospekten

1. Bei der prospektrechtlichen Prognoseberichterstattung ist insbesondere die Aufnahme von Gewinnprognosen problembehaftet, wobei auch sonstige Prognosen und anderweitige zukunftsgerichtete Informationen prospektrechtlich relevant werden können. Insbesondere vor dem Hintergrund des Inkrafttretens der neuen Prospektverordnung und flankierender delegierter Rechtsakte, stellen sich wesentliche Anwendungsfragen bzgl. Aufnahmepflichten und Haftungsrisiken.

2. Während Gewinnprognosen grundsätzlich freiwillig in den Prospekt aufgenommen werden können, ist die Aufnahme in einigen Fällen zwingend. Bei Aktienemissionen sind noch ausstehende und gültige Gewinnprognosen zwingend in den Prospekt aufzunehmen. Ferner sind Prognosen stets aufzunehmen, wenn sie für die Anlageentscheidung maßgeblich sind (Wesentlichkeit) oder wenn sie anderen Marktteilnehmern zur Verfügung gestellt wurden (informationelle Gleichbehandlung von Investoren). Ist eine Gewinnprognose nicht länger gültig, genügt eine Erklärung, weshalb an der Prognose nicht länger festgehalten wird.
3. Bei der Frage, welche Formulierungen eine Gewinnprognose darstellen, verfolgt die ESMA einen „*substance over form approach*", sodass es nicht auf die Bezeichnung als Gewinnprognose, sondern allein den Inhalt einer Aussage ankommt. Selbst Planzahlen, Zielvorgaben oder Projektionen können danach als Gewinnprognose einzustufen sein, wenn das Management den Eintritt des vorhergesagten Ereignisses für wahrscheinlich hält. Beim Vergleich mit der Regelpublizität fällt auf, dass nach der prospektrechtlichen Verwaltungspraxis sämtliche nach DRS 20 zulässigen Prognosearten – sofern sich aus ihnen das erwartete Geschäftsergebnis ableiten lässt – Gewinnprognosen im prospektrechtlichen Sinne darstellen.
4. Wurde ein Prospekt bereits gebilligt und wird anschließend eine Gewinnprognose veröffentlicht oder wird eine bestehende Gewinnprogose abgeändert oder zurückgenommen, führt dies zu einer Nachtragspflicht.
5. Das neue Prospektregime schafft insgesamt Rechtssicherheit bzgl. der Aufnahmepflichten bei (Gewinn-)Prognosen, indem es die bisherige Verwaltungspraxis kodifiziert und so vormals kritisierte Widersprüche zwischen Gesetzeswortlaut und Verwaltungspraxis beseitigt. Während damit zwar der eigene Ermessensspielraum der Emittenten eingeschränkt wird, wiegen die gewonnene Rechtssicherheit und insbesondere der für Investoren erhöhte Informationsgehalt von Prospekten schwerer, sodass die Gesetzesänderungen bzgl. Aufnahmepflichten insgesamt positiv zu bewerten sind. Insbesondere bei der Veröffentlichung von Zielvorgaben, Planzahlen und Projektionen müssen Emittenten künftig jedoch verstärkt darauf achten, dass aus ihrer Formulierung nicht hervorgeht, dass sie den Eintritt der vorhergesagten Ergebnisse für wahrscheinlich halten.
6. Dass Emittenten die Aufmerksamkeit der Anleger unter dem neuen Prospektregime auf Unsicherheitsfaktoren lenken müssen, die das Prognoseergebnis wesentlich verändern können, stellt für Emittenten keine zusätzliche Belastung dar, da dies bereits zuvor praktiziert wurde.

7. Die Streichung des nach der alten Prospektverordnung erforderlichen Wirtschaftsprüferberichts stellt für Emittenten zunächst eine Erleichterung dar, da Zeit und Kosten gespart werden können. Während wegen des begrenzten Aussagegehalts dieser Wirtschaftsprüferberichte kein maßgeblicher Vertrauensverlust seitens der Investoren zu erwarten ist, fehlt den transaktionsbegleitenden Banken jedoch ein für sie wichtiges *comfort*-Element. Da Wirtschaftsprüferberichte jedoch weiterhin zu internen Zwecken erstellt und/oder im Prospekt veröffentlicht werden dürfen, führt die neue Rechtslage insgesamt zu einer erhöhten Flexibilität, ohne zwingend Nachteile nach sich zu ziehen. Es ist jedoch zu erwarten, dass Wirtschaftsprüfer oft nicht dazu bereit sein werden, Prüfberichte zum Zwecke der Veröffentlichung im Prospekt zu erstellen, da eine Veröffentlichung nicht länger gesetzlich vorgeschrieben ist und darüber hinaus Haftungsrisiken entstehen können.
8. Mit Blick auf die Methodik der prospektrechtlichen Prognoseberichterstattung können sich Emittenten insbesondere auf die verschiedenen Verlautbarungen der ESMA und des IDW stützen. Danach ist ein vierstufiges Verfahren vorgesehen, wonach (i) zunächst die Geschäftsvorfälle im Prognosezeitraum zu erfassen, (ii) die ergebnisrelevanten Faktoren zu identifizieren, (iii) Annahmen zu treffen und schließlich (iv) die Gewinnprognosen daraus abzuleiten sind.
9. Sofern Emittenten bereits bei der Erstellung ihrer Finanzberichte absehen können, dass sie zeitnah einen Wertpapierprospekt veröffentlichen werden, können sie bzgl. der Prognoseberichterstattung bei der Regelpublizität und der Prospekterstellung von Synergieeffekten profitieren. Bzgl. des Prognoseinhalts sind die prospektrechtlichen Anforderungen an die Prognoseberichterstattung oft spezifischer und detaillierter (insbesondere bzgl. der Erläuterungen zu Annahmen, Unsicherheitsfaktoren), sodass Emittenten bereits bei der Finanzberichterstattung, die mehr Spielräume zulässt, einige dieser Anforderungen mitberücksichtigen können.
10. Da prospektrechtlich detailliertere Vorgaben bzgl. zu berücksichtigenden Umständen und Faktoren bestehen, können diese auch bei der Finanzberichterstattung herangezogen werden und so die Prognoseberichterstattung erleichtern.
11. Möchten Emittenten bzgl. ihrer Gewinnprognosen freiwillig einen Wirtschaftsprüferbericht erstellen lassen (zu internen Zwecken oder zur Veröffentlichung), haben sie den Wirtschaftsprüfer ihres letzten (Zwischen-) Abschlusses zu beauftragen. Bei der Prüfung stand stets die methodisch korrekte Prognoseerstellung im Vordergrund; es erfolgte keine tiefgehende inhaltliche Überprüfung, insbesondere bzgl. der zugrunde liegenden

Annahmen. Vorzugswürdig wäre es, auch die Annahmen künftig jedenfalls einer Plausibilitätsprüfung zu unterziehen, da sie für die Aussagekraft einer Prognose entscheidend sind. Auch Ergebnisse des Abschlussprüfers bei der Finanzberichterstattung können für die Prospekterstellung verwendet werden, wobei bei einer Veröffentlichung der Prüfergebnisse im Prospekt Haftungsrisiken auch für den Wirtschaftsprüfer entstehen. Da die Ergebnisse des Abschlussprüfers nicht speziell auf (Gewinn-)Prognosen zugeschnitten sind, ist eine Aufnahme in den Prospekt jedoch nur sinnvoll, wenn nicht freiwillig auch ein Wirtschaftsprüferbericht zu den (Gewinn-)Prognosen erstellt und veröffentlicht wird.

12. Drohende Haftungsfolgen (grundsätzlich Übernahme der erworbenen Wertpapiere gegen Erstattung des Erwerbspreises) sind ein Hauptgrund, weshalb Emittenten sehr zurückhaltend bei der Aufnahme von (Gewinn-)Prognosen in Prospekte sind. Eine generelle Zurückhaltung bei der Veröffentlichung von (Gewinn-)Prognosen ist jedoch nicht erforderlich; vielmehr dürfen auch (begründete) optimistische Prognosen aufgenommen werden.
13. Auch bei der Prospekthaftung kommen mehrere Anspruchsgrundlagen in Betracht (spezialgesetzlich, bürgerlich-rechtlich sowie deliktisch). Anknüpfungspunkt für eine Prospekthaftung ist ein schuldhaft fehlerhafter Prospekt. Anspruchsgegner sind die Prospektverantwortlichen, worunter zumindest der Emittent, Anbieter Zulassungsantragsteller oder Garantiegeber bzw. (bei Börsenzulassungsprospekten) zusätzlich auch emissionsbegleitende Banken fallen.
14. Speziell (Gewinn-)Prognosen müssen ausreichend auf Tatsachen gestützt und kaufmännisch vertretbar sein. Entscheidend ist das durch den Prospekt gezeichnete Gesamtbild. Die beste Strategie zur Haftungsvermeidung ist daher eine ausführliche und gut begründete Prognoseberichterstattung mit entsprechenden Erläuterungen und Risikohinweisen (auch zur Tatsachengrundlage, zugrundeliegenden Annahmen sowie Rechenmethoden). Gute Anhaltspunkte für eine Best Practice bieten insbesondere die IDW-Verlautbarungen über die Prüfung von Gewinnprognosen.
15. Obgleich ein freiwillig eingeholter Wirtschaftsprüferbericht nicht automatisch zur Exkulpation führt, entfällt das Verschulden der Prospektverantwortlichen, wenn ein Wirtschaftsprüferbericht eingeholt wurde, der inhaltlich die zur Unrichtigkeit führenden Faktoren prüft und für gut befindet. Dies ist jedoch nicht der Fall, wenn sich der Wirtschaftsprüferbericht – wie gewöhnlich – lediglich auf die methodisch korrekte Prognoseerstellung

und nicht auch die zugrundeliegenden Annahmen sowie die Tatsachengrundlage bezieht.

16. Eine Haftung des Wirtschaftsprüfers kommt nur in Betracht, wenn ein freiwillig erstellter Wirtschaftsprüferbericht absprachegemäß gegenüber den Anlegern verwendet wird (insbesondere durch Veröffentlichung im Prospekt). Andersherum scheidet eine Haftung des Wirtschaftsprüfers aus, wenn ein freiwillig erstellter Wirtschaftsprüferbericht absprachegemäß lediglich zu internen Zwecken (insbesondere für die Emissionsbanken) erstellt wurde.
17. Es nicht möglich, durch entsprechende Formulierungen im Prognosebericht des (Konzern-)Lageberichts zu vermeiden, eine prospektpflichtige Gewinnprognose aufzustellen. Die nach dem DRS 20 zulässigen und zwingend im Lagebericht zu veröffentlichenden Prognosearten bei der Finanzberichterstattung bzgl. finanziellen Leistungsindikatoren fallen sämtlich unter den prospektrechtlichen Begriff der Gewinnprognose. Ist die Prognose bei der Prospekterstellung noch gültig, muss der Emittent sie entsprechend zwingend auch im Prospekt veröffentlichen. Ein Disclaimer, dass ein Prospekt keine Gewinnprognose enthält, ist untauglich.

V. Prognosen und Ad-hoc-Mitteilungen

1. Bei Prognosen kommen verschiedene Anknüpfungspunkte für eine Ad-hoc-Publizitätspflicht in Betracht: der Prognoseinhalt, die Prognosegrundlage sowie die Information über das Bestehen einer Prognose als solcher.
2. Der Prognoseinhalt ist präzise, wenn eine überwiegende Eintrittswahrscheinlichkeit besteht, wobei der Probability/Magnitude-Test keine Anwendung findet. Für das Kursbeeinflussungspotential ist maßgeblich, ob der Prognoseinhalt wesentlich von zuvor veröffentlichten Prognosen, der Markterwartung oder vorherigen Geschäftszahlen abweicht, wobei die Eintrittswahrscheinlichkeit mitberücksichtigt werden muss (nicht jedoch im Sinne eines strengen Probability/Magnitude-Tests). Auch Prognoseänderungen sind regelmäßig kurs- und damit insiderrelevant.
3. Das Bestehen einer Prognose als solcher ist idR nicht kursrelevant, da Rückschlüsse auf eine Veränderung der Unternehmenspolitik nur möglich sind, wenn der Prognosegegenstand bekannt ist. Dann ergibt sich die Kursrelevanz jedoch vorrangig aus dem Prognoseinhalt.
4. Prognosen können sich, da sie die Markterwartung beeinflussen, auch auf die Insiderqualität sonstiger Informationen auswirken. Steht ein nach Prognoseveröffentlichung eintretender Umstand, der grundsätzlich kursrelevant wäre,

im Einklang mit der Prognose, entfällt mangels abweichender Markterwartung das Kursbeeinflussungspotential, sodass eine Ad-hoc-Publizitätspflicht ausscheidet.

5. Äußerungen Dritter (z.B. Banken oder Analysten), die von einer veröffentlichten Prognose abweichen, führen nur zu einer die (fehlerhafte) Markterwartung korrigierenden Ad-hoc-Publizitätspflicht des Emittenten, wenn der Emittent unmittelbar betroffen ist. Dies ist der Fall, wenn die Äußerungen oder abweichende Markterwartung unmittelbare Folgen für die Geschäftsentwicklung haben (z.B. durch erhöhte Refinanzierungskosten aufgrund eines negativen Ratings). Hat der Emittent eine abweichende Markterwartung durch Signale selbst herbeigeführt, führt das bloße Aufrechterhalten seiner Prognose nicht zu einer Ad-hoc-Publizitätspflicht, da die Erwartungshaltung des Emittenten bereits öffentlich bekannt ist.
6. Da Emittenten Ad-hoc-Mitteilungen lediglich "unverzüglich" veröffentlichen müssen, bleibt ihnen insbesondere bei Prognosen und Prognoseänderungen ein gewisser (eng bemessener) Zeitraum zur weiteren Sachverhaltsaufklärung. Dabei muss das Kapitalmarktinteresse an einer aussagekräftigeren Ad-hoc-Mitteilung das Kapitalmarktinteresse an einer sofortigen Veröffentlichung übersteigen.
7. Ein eine Selbstbefreiung rechtfertigendes berechtigtes Emittenteninteresse kommt bei Prognosen bzw. Prognoseänderungen insbesondere in Betracht, wenn noch mehr Zeit benötigt wird, um die Hintergründe und möglichen Folgen des Prognoseinhalts bzw. der Prognoseänderung zu untersuchen. Eine Selbstbefreiung scheidet bei insiderrelevanten Prognosen bzw. Prognoseänderungen jedoch regelmäßig aus, da andernfalls wegen des Abweichens der Prognose bzw. Prognoseänderung von zuvor kommunizierten Informationen des Emittenten eine Irreführung der Öffentlichkeit droht.

Literaturverzeichnis

Apfelbacher, Gabriele; Metzner, Manuel; Das Wertpapierprospektgesetz in der Praxis – Eine erste Bestandsaufnahme, BKR 2006, S. 81 ff. (zit.: *Apfelbacher/ Metzner*, BKR 2006).

Arbeitskreis „Externe und interne Überwachung der Unternehmung" der Schmalenbach-Gesellschaft für Betriebswirtschaft e.V., Köln; Probleme der Prognoseprüfung, DB 2003, S. 105 ff. (zit.: Arbeitskreis „Externe und interne Überwachung der Unternehmung" der Schmalenbach-Gesellschaft für Betriebswirtschaft e.V., DB 2003).

Arndt, Jan-Holger; Voß, Thorsten (jew. Hrsg.); Wertpapier-Verkaufsprospektgesetz (Verkaufsprospektgesetz) und Verordnung über Vermögensanlagen-Verkaufsprospekte (Vermögensanlagen-Verkaufsprospektverordnung-VermVerkProspV), Kommentar, 1. Aufl., München 2008 (zit.: *Bearbeiter* in Arndt/Voß VerkProspG).

Assmann, Heinz-Dieter; Gerüchte als Insidertatsachen, Anm. zu Hessischer VGH v. 16.03.1998 – 8 TZ 98/98, AG 1998, S. 438 ff. (zit.: *Assmann*, AG 1998).

Assmann, Heinz-Dieter; Schlitt, Michael; von Kopp-Colomb, Wolf (jew. Hrsg.); Wertpapierprospektgesetz, Verkaufsprospektgesetz: WpPG, VerkProspG, Kommentar, 3. Aufl., München 2017 (zit.: *Bearbeiter* in Assmann/Schlitt/v. Kopp-Colomb WpPG u. VermAnlG).

Assmann, Heinz-Dieter; Schlitt, Michael; von Kopp-Colomb, Wolf (jew. Hrsg.); Wertpapierprospektgesetz, Verkaufsprospektgesetz, Kommentar, mit Anhängen zur ProspektVO (EG) Nr. 809/2004, VermVerkProspV, VermVerk-ProspGebV, 2. Aufl., Köln 2010, (zit.: *Bearbeiter* in Assmann/Schlitt/von Kopp-Colomb (Voraufl. 2010)).

Assmann, Heinz-Dieter; Schneider, Uwe (jew. Hrsg.); Wertpapierhandelsgesetz, Kommentar, 6. Aufl., Köln 2012 (zit.: *Bearbeiter* in Assmann/ Schneider WpHG).

Assmann, Heinz-Dieter; Schneider, Uwe; Mülbert, Peter (jew. Hrsg.); Wertpapierhandelsrecht, Kommentar, 7. Aufl., Köln 2019 (zit.: *Bearbeiter* in Assmann/ Schneider/Mülbert Wertpapierhandelsrecht).

Assmann, Heinz-Dieter; Schütze, Rolf A. (jew. Hrsg.); Handbuch des Kapitalanlagerechts, 4. Aufl., München 2015 (zit.: *Bearbeiter* in Assmann/Schütze Kapitalanlagerecht).

Baas, Volker; Buck-Heeb, Petra, Werner, Stefan (jew. Hrsg.); Anlegerschutzgesetze, Kunden und Anlegerschutz im Bank- und Investmentrecht, 1. Aufl., Berlin 2019 (zit.: *Bearbeiter* in Baas/Buck-Heeb/Werner Anlegerschutzgesetze).

Baetge, Jörg; Haenelt, Timo; Anforderungen des Kapitalmarkts an die IFRS-Zwischenberichterstattung und empirische Befunde zur derzeitigen Qualität publizierter IFRS-Zwischenberichte, DB 2009, S. 2501 ff. (zit.: *Baetge/Haenelt*, DB 2009).

Baetge, Jörg; Kirsch, Hans-Jürgen; Thiele, Stefan (jew. Hrsg.); Bilanzrecht, Handelsrecht mit Steuerrecht und den Regelungen des IASB, Kommentar, 1. Aufl., Bonn 2002, 86. Lieferung 01.12.2018 (zit.: *Bearbeiter* in Baetge/Kirsch/Thiele Bilanzrecht).

Barth, Daniela; Rahe, Ingo; Rabenhorst, Dirk; Ausgewählte Anwendungsfragen zur Konzernlageberichterstattung nach DRS 20, KoR 2014, S. 47 ff. (zit.: *Barth/Rahe/Rabenhorst*, KoR 2014).

Baumbach, Adolf; Hopt, Klaus J. (jew. Hrsg.); Handelsgesetzbuch, mit GmbH & Co., Handelsklauseln, Bank- und Kapitalmarktrecht, Transportrecht (ohne Seerecht), 38. Aufl., München 2018 (zit.: *Bearbeiter* in Baumbach/Hopt HGB).

Baums, Theodor; Hutter, Stephan; Die Information des Kapitalmarkts beim Börsengang (IPO), Festschrift für Peter Ulmer zum 70. Geburtstag am 2. Januar 2003 (hrsg. v. Habersack, Mathias; Hüffer, Uwe; Hommelhoff, Peter; Schmidt, Karsten), Berlin 2003, S. 776 ff. (zit.: *Baums/Stephan* in FS Ulmer, 2003).

Berrar, Carsten; Meyer, Andreas; Müller, Cordula; Schnorbus, York; Singhof, Bernd; Wolf, Christoph (jew. Hrsg.); Frankfurter Kommentar, WpPG und EU-ProspektVO, Kommentar, 2. Aufl., Frankfurt 2017 (zit.: *Bearbeiter* in FrankKomm WpPG u. EU-ProspektVO).

Bingel, Adrian; Die „Insiderinformation" in zeitlich gestreckten Sachverhalten und die Folgen der jüngsten EuGH-Rechtsprechung für M&A-Transaktionen, AG 2012, S. 685 (zit.: *Bingel*, AG 2012).

Böckem, Hanne; Rabenhorst, Dirk; Änderungen bei der Quartalsberichterstattung in Deutschland, IZR 2016, S. 89 ff. (zit.: *Böckem/Rabenhorst*, IZR 2016).

Bronger, Björn; Scherer, Peter; Das neue europäische Prospektrecht – (Geplante) Änderungen und ihre Auswirkungen, WM 2017, S. 460 ff. (zit.: *Bronger/Scherer*, WM 2017).

Bürgers, Tobias; Das Anlegerschutzverbesserungsgesetz, BKR 2004, S. 424 ff. (zit.: *Bürgers*, BKR 2004).

Cahn, Andreas; Götz, Jürgen; Ad-hoc-Publizität und Regelberichterstattung, AG 2007, S. 221 ff. (zit.: *Cahn/Götz*, AG 2007).

Claussen, Carsten; Der Emittentenleitfaden, AG 2005, S. 745 ff. (zit.: *Claussen*, AG 2005).

Demarigny, Fabrice; Clerc, Christophe; Transparency Directive Assessment Report, abrufbar unter: https://www.mazars.com/Home/News/Our-publications/Surveys-and-studies/Transparency-Directive-Assessment-Report (aufgerufen am 26.10.2019) (zit.: *Demarigny/Clerc*, Transparency Directive Assessment Report).

Dieckmann, Hans; Sustmann, Marco; Gesetz zur Verbesserung des Anlegerschutzes (Anlegerschutzverbesserungsgesetz - AnsVG), NZG 2004, S. 929 ff. (zit.: *Dieckmann/Sustmann*, NZG 2004).

Dirnhausen, Florian; Eckstein, Hans-Martin (jew. Hrsg.); Beck'sches Handbuch der AG, Gesellschaftsrecht – Steuerrecht – Börsengang, 3. Aufl., München 2018 (zit.: *Bearbeiter* in Dirnhausen/Eckstein Beck'sches Hdb. der AG).

Driesch, Dirk; Riese, Joachim; Schlüter, Jörg; Senger, Thomas (jew. Hrsg.); Besck'sches IFRS-Handbuch, Kommentierung der IFRS/IAS, 5. Aufl., München 2016 (zit.: *Bearbeiter* in Besck'sches IFRS-Handbuch).

Dzulko, Thorsten; OLG Frankfurt: Fehlender Prognosebericht ist trotz Finanzkrise im Enforcementverfahren zu beanstandender Fehler, BB-Kommentar, BB 2010, S. 111 ff. (zit.: *Dzulko*, BB 2010).

Ebke, Werner F.; Haftung einer Wirtschaftsprüfungsgesellschaft für einen fehlerhaften Prüfbericht in einem Wertpapierprospekt, Besprechung von BGH Urt. v. 24.4.2014 – III ZR 156/13, ZGR 2015, S. 325 ff. (zit.: *Ebke*, ZGR 2015).

Ekkenga, Jens; Die Ad hoc-Publizität im System der Marktordnungen, Plädoyer für eine kapitalmarktrechtliche statt gesellschaftsrechtliche Interpretation des § 15 WpHG, ZGR 1999, S. 165 ff. (zit.: *Ekkenga*, ZGR 1999).

Ernstberger, Jürgen; Pfauntsch, Karin; Die Qualität von Zwischenberichten börsennotierter Unternehmen in Deutschland, IRZ 2008, S. 195 ff. (zit.: *Ernstberger/Pfauntsch*, IRZ 2008).

Fama, Eugene; Laffer, Arthur; Information and Capital Markets, The Journal of Business, Vol. 44, Nr. 3, Chicaco 1971 (zit.: *Fama/Laffer*, 44. J. Bus. (1971)).

Fleischer, Holger; Prognoseberichterstattung im Kapitalmarktrecht und Haftung für fehlerhafte Prognosen, AG 2006, S. 2 ff. (zit.: *Fleischer*, AG 2006).

Fleischer, Holger; Informationsasymmetrie im Vertragsrecht, Eine rechtsvergleichende und interdisziplinäre Abhandlung zu Reichweite und Grenzen vertragsschlussbezogener Aufklärungspflichten, 1. Aufl., München 2001 (zit.: *Fleischer*, Informationsasymmetrie im Vertragsrecht).

Fleischer, Holger; Ad-hoc-Publizität beim einvernehmlichen vorzeitigen Ausscheiden des Vorstandsvorsitzenden - Der DaimlerChrysler-Musterentscheid des OLG Stuttgart, NZG 2007 S. 401 ff. (zit.: *Fleischer*, NZG 2007).

Fleischer, Holger; Verhandlungen des Vierundsechzigsten Deutschen Juristentags, Bd. II/1, „Empfiehlt es sich, im Interesse des Anlegerschutzes und zur Förderung des Finanzplatzes Deutschland das Kapitalmarkt- und Börsenrecht neu zu regeln?", Kapitalmarktrechtliches Teilgutachten, Gutachten F,

Berlin, München 2002 (zit.: *Fleischer*, Teilgutachten F zum 64. Deutschen Juristentag).

Fleischer, Holger; Informationsasymmetrien im Vertragsrecht, Habil. München 2001 (zit.: *Fleischer*, Informationsasymmetrie im Vertragsrecht).

Fleischer, Holger/Schmolke, Klaus Ulrich; Gerüchte im Kapitalmarktrecht, Insiderrecht, Ad-hoc-Publizität, Marktmanipulation, AG 2007, S. 841 ff. (zit.: *Fleischer/Schmolke*, AG 2007).

Fleischer, Holger,; Buchführungsverantwortung des Vorstands und Haftung der Vorstandsmitglieder für fehlerhafte Buchführung, WM 2006, S. 2021 ff. (zit.: *Fleischer*, WM 2006).

Fuchs, Andreas (jew. Hrsg.); Wertpapierhandelsgesetz (WpHG), Kommentar, 2. Aufl., München 2016 (zit.: *Bearbeiter* in Fuchs WpHG).

Gelhausen, Hans Friedrich; Reform der externen Rechnungslegung und ihrer Prüfung durch den Wirtschaftsprüfer, AG 1997 (Sonderheft), S. 73 ff. (zit.: *Gelhausen*, AG 1997 (Sonderheft)).

Geyer, Matthias; Schelm, Joachim; Das neue europäische Prospektrecht – ein Überblick aus Sicht der Praxis, BB 2019, S. 1731 ff. (zit.: *Geyer/Schelm*, BB 2019).

Glöckle, Thomas; Die zukunftsbezogene Publizität von Kapitalgesellschaften in der Bundesrepublik Deutschland, Diss. Stuttgart 1996 (zit.: *Glöckle*, Die zukunftsbezogene Publizität von Kapitalgesellschaften in der Bundesrepublik Deutschland).

Groß, Wolfgang; Die börsengesetzliche Prospekthaftung, AG 1999, S. 199 ff. (zit.: *Groß*, AG 1999).

Groß, Wolfgang (Hrsg.)*;* Kapitalmarktrecht, Kommentar zum Börsengesetz, zur Börsenzulassungs-Verordnung zum Wertpapierprospektgesetz und zur Prospektverordnung, 7. Aufl., München 2016 (zit.: *Groß* in ders. Kapitalmarktrecht (Voraufl. 2016)).

Groß, Wolfgang (Hrsg.)*;* Kapitalmarktrecht, Kommentar zum Börsengesetz, zur Börsenzulassungs-Verordnung und zum Wertpapierprospektgesetz, 7. Aufl., München 2020 (zit.: *Groß* in ders. Kapitalmarktrecht).

Grottel, Bernd; Schmidt, Stefan; Schubert, Wolfgang; Winkeljohann, Norbert (jew. Hrsg.)*;* Beck'scher Bilanzkommentar, Handels- und Steuerbilanz, §§ 238 bis 339, 342 bis 342e HGB, 11. Aufl., München 2018 (zit.: *Bearbeiter* in Beck'-scher Bilanzkommentar).

Grunewald, Barbara; Die Haftung des Abschlußprüfers gegenüber Dritten, Besprechung des Urteils des BGH ZIP 1998, 826, ZGR 1999, S. 583 ff. (zit.: *Grunewald*, ZGR 1999).

Habersack, Mathias; Mülbert, Peter; Schlitt, Michael (jew. Hrsg.); Handbuch der Kapitalmarktinformation, 2. Aufl., München 2013 (zit.: *Bearbeiter* in Habersack/Mülbert/Schlitt Kapitalmarktinformation).

Habersack, Mathias; Mülbert, Peter; Schlitt, Michael (jew. Hrsg.); Unternehmensfinanzierung am Kapitalmarkt, 4. Aufl., Köln 2019 (zit.: *Bearbeiter* in Habersack/Mülbert/Schlitt Unternehmensfinanzierung).

Häublein, Martin; Hofmann-Theinert, Roland (jew. Hrsg.); BeckOK HGB, 27. Edition Stand 15.01.2020, München 2020 (zit.: *Bearbeiter* in BeckOK HGB).

Häublein, Martin; Hofmann-Theinert, Roland (jew. Hrsg.); BeckOK HGB, 19. Edition Stand 15.01.2018, München 2018 (zit.: *Bearbeiter* in BeckOK HGB (Voraufl.)).

Heidel, Thomas (Hrsg.); Aktienrecht und Kapitalmarktrecht, Kommentar, 5. Aufl., Baden-Baden 2020 (zit.: *Bearbeiter* in Heidel Aktienrecht und Kapitalmarktrecht).

Heinrichs, Joachim; Kleindiek, Detlef (jew. Hrsg.); Münchener Kommentar zum Bilanzrecht, Band 2, Bilanzrecht §§ 238-242e HGB, 1. Aufl., München 2013 (zit.: *Bearbeiter* in MüKo-Bilanzrecht).

Hirte, Heribert; Möllers, Thomas (jew. Hrsg.); Kölner Kommentar zum WpHG, Kommentar, 2. Aufl., Köln 2014 (zit: *Bearbeiter* in KölnKomm-WpHG).

Hirte, Heribert; Möllers, Thomas (jew. Hrsg.); Kölner Kommentar zum WpHG, 1. Aufl., Köln 2007 (zit.: *Bearbeiter* in KölnKomm-WpHG, Voraufl. 2007).

Hitzer, Martin; Zum Begriff der Insiderinformation, NZG 2012 S. 860 ff. (zit.: *Hitzer*, NZG 2012).

Holzborn, Timo (Hrsg.); Wertpapierprospektgesetz mit EU-Prospektverordnung und weiterführenden Vorschriften, Kommentar, 2. Aufl., Berlin 2014 (zit.: *Bearbeiter* in Holzborn WpPG).

Holzborn, Timo; Israel, Alexander; Das Anlegerschutzverbesserungsgesetz - Die Veränderungen im WpHG, VerkProspG und BörsG und ihre Auswirkungen in der Praxis -, WM 2004, S. 1948 ff. (zit.: *Holzborn/Israel*, WM 2004).

Hommelhoff, Peter; Die neue Position des Abschlußprüfers im Kraftfeld der aktienrechtlichen Organisationsverfassung (Teil I), BB 1998, S. 2567 ff. (zit.: *Hommelhoff*, BB 1998).

Hopt, Klaus; Seibt, Christoph (jew. Hrsg.); Schuldverschreibungsrecht, 1. Aufl., Köln 2017 (zit.: *Bearbeiter* in Hopt/Seibt Schuldverschreibungsrecht).

Ihrig, Hans-Christoph; Wissenszurechnung im Kapitalmarktrecht – untersucht anhand der Pflicht zur Ad-hoc-Publizität gemäß Art. 17 MAR, ZHR 181 (2017), S. 381 ff. (zit.: *Ihrig*, ZHR 181 (2017)).

Joost, Detlev; Strohn, Lutz (jew. Hrsg.); Ebenroth/Boujong/Joost/Strohn, Handelsgesetzbuch, Band 1, §§ 1-342e HGB, 4. Aufl., München 2020 (zit.: *Bearbeiter* in Ebenroth/Boujong/Joost/Strohn HGB).

Juretzek, Peter; WP-Gesellschaft haftet gegenüber einem Kapitalanleger für fehlerhaftes Testat in einem Wertpapierprospekt, Anm. zu BGH v. 24.4.2014 – III ZR 156/13, DStR 2014, S. 1515 f. (zit.: *Juretzek*, DStR 2014).

Just, Clemens; Voß, Thomas; Ritz, Corinna; Becker, Ralf; Wertpapierhandelsgesetz (WpHG), Kommentar, 1. Aufl. München 2015 (zit.: *Bearbeiter* in Just/Voß/Ritz/Becker WpHG).

Just, Clemens; Voß, Thorsten; Ritz, Corinna; Zeising, Michael (jew. Hrsg.); Wertpapierprospektgesetz (WpPG) und EU-Prospektverordnung, Kommentar, 1. Aufl., München 2009 (zit.: *Bearbeiter* in Just/Voß/Ritz/Zeising WpPG).

Kaiser, Karin; Auswirkungen des Bilanzrechtsreformgesetzes auf die zukunftsorientierte Lageberichterstattung, WpG 2005, S. 405 ff. (zit.: *Kaiser*, WpG 2005).

Kajüter, Peter; Berichterstattung über Chancen und Risiken im Lagebericht, Auswirkungen des Referentenentwurfs für das Bilanzrechtsreformgesetz, BB 2004, S. 427 ff. (zit.: *Kajüter*, BB 2004)).

Kirsch, Hans-Jürgen; Scheele, Alexander; Neugestaltung von Prognose- und Risikoberichterstattung im Lagebericht durch das Bilanzreformgesetz, WpG 2005, S. 1149 ff. (zit.: *Kirsch/Scheele*, WpG 2005).

Klöhn, Lars; Ad-hoc-Publizität und Insiderverbot nach „Lafonta", NZG 2015, S. 809 ff. (zit.: *Klöhn*, NZG 2015).

Klöhn, Lars; Ad-hoc-Publizität und Insiderverbot im neuen Marktmissbrauchsrecht, AG 2016, S. 423 ff. (zit.: *Klöhn*, AG 2016).

Klöhn, Lars; Die insiderrechtliche Bereichsausnahme für Bewertungen aufgrund öffentlich bekannter Umstände (§ 13 Abs. 2 WpHG) – Hintergrund, Dogmatik und Anwendungsfälle der wissenschaftlich am wenigsten beachteten Norm des deutschen Insiderrechts – (§ 13 Abs. 2 WpHG), WM 2014 S. 537 ff. (zit.: *Klöhn*, WM 2014).

Klöhn, Lars; Ad-hoc-Publizität und Insiderverbot im neuen Marktmissbrauchsrecht, AG 2016, S. 423 ff. (zit.: *Klöhn*, AG 2016).

Klöhn, Lars; Optimistische Prognosen in der bürgerlich-rechtlichen Prospekthaftung – Zugleich Besprechung von BGH WM 2009, 2303 –, WM 2010, S. 289 ff. (zit.: *Klöhn*, WM 2010).

Klöhn, Lars (Hrsg.); Marktmissbrauchsverordnung, Verordnung (EU) Nr. 596/2014 über Marktmissbrauch, 1. Aufl., München 2018 (zit.: *Bearbeiter* in Klöhn MAR).

Kocher, Dirk; Widder, Stefan; Die Bedeutung von Zwischenschritten bei der Definition von Insiderinformationen, BB 2012 S. 2837 ff. (zit.: *Kocher/Widder*, BB 2012, S. 2837).

Kocher, Dirk; Widder, Stefan; BB-Kommentar zu: EuGH: Zwischenschritte einer gestreckten Entscheidung als Insider-Informationen, BB 2012, S. 1820 ff. (zit.: *Kocher/Widder*, BB 2012, S. 1820).

Koller, Ingo; Kindler, Peter; Roth, Wulf-Henning; Drüen, Klaus-Dieter (jew. Hrsg.); Handelsgesetzbuch, Kommentar, 9. Aufl., München 2019 (zit.: *Bearbeiter* in Koller/Kindler/Roth/Drüen HGB).

Kraakman, Reinier; Armour, John; Davies, Paul; Enriques, Luca; Hansmann, Henry; Hertig, Gerard; Hopt, Klaus; Kanda, Hideki; Pargendler, Marina; Ringe, Wolf-Georg; Rock, Edward; The Anatomy of Corporate Law, A Comparative and Functional Approach, 3. Aufl., Oxford 2017 (zit.: The Anatomy of Corporate Law).

Krämer, Lutz; Kiefner, Alexander; Ad-hoc-Publizität nach dem Final Report der ESMA, Praxisfragen und weiterer Korrekturbedarf, AG 2016, S. 621 ff. (zit.: *Krämer/Kiefner*, AG 2016).

Krause, Hartmut; Brellochs, Michael; Insiderrecht und Ad-hoc-Publizität bei M&A- und Kapitalmarkttransaktionen im europäischen Rechtsvergleich, AG 2013, S. 309 ff. (zit.: *Krause/Brellochs*, AG 2013).

Krawitz, Norbert; Hartmann, Christina; Aktueller handelsrechtlicher Lage- und Konzernlagebericht im Rahmen eines IAS/IFRS-Abschlusses, WpG 2006, S. 1262 ff. (zit.: *Krawitz/Hartmann*, WpG 2006).

Kumpan, Christoph; Gestreckte Vorgänge und Insiderrecht, VGR Gesellschaftsrecht in der Diskussion 2018 (Hrsg.: Gesellschaftsrechtliche Vereinigung), 1. Aufl., Köln 2018 (zit.: *Kumpan* in Gesellschaftsrecht in der Diskussion 2018).

Kumpan, Christoph; Ad-hoc-Publizität nach der Marktmissbrauchsverordnung – Untersuchung wesentlicher Neuerungen und deren Auswirkungen auf Emittenten –, DB 2016, S. 2039 ff. (zit.: *Kumpan*, DB 2016).

Kumpan, Christoph; Misterek, Robin; Neues zur Ad-hoc-Publizität – Modul C des neuen BaFin-Emittentenleitfadens und seine Rezeption, EuZW 2019, S. 961 ff. (zit.: *Kumpan/Misterek*, EuZW 2019).

Kümpel, Siegfried (Begründer); Mülbert, Peter; Früh, Andreas; Seyfried, Thorsten (jew. Hrsg.)*;* Bank- und Kapitalmarktrecht, 5. Aufl., Köln 2019 (zit.: *Bearbeiter* in Kümpel/Mülbert/Früh/Seyfried Bank- und Kapitalmarktrecht).

Küting, Karlheinz; Hütten, Christoph; Die Lageberichterstattung über Risiken der künftigen Entwicklung, Annäherung an die geplante Änderung der §§ 289, 315 HGB durch das KonTraG, AG 1997, S. 250-256 (zit.: *Küting/Hütten*, AG 1997).

Marsch-Barner, Reinhard; Schäfer, Frank (jew. Hrsg.); Handbuch börsennotierte AG, 4. Aufl., Köln 2018 (zit.: *Bearbeiter* in Marsch-Barner/Schäfer Hdb. börsennotierte AG).

Merkner, Andreas; Schmidt-Versteyl, Michael; Völliger Verzicht auf Prognoseberichterstattung im (Konzern-)Lagebericht als im Enforcementverfahren zu beanstandender Fehler, NZG 2010, S. 175 ff. (zit.: *Merkner/Schmidt-Versteyl*, NZG 2010).

Merkner, Andreas; Sustmann, Marco; Insiderrecht und Ad-hoc-Publizität - Das Anlegerschutzverbesserungsgesetz „in der Fassung durch den Emittentenleitfaden der BaFin", NZG 2005, S. 729 ff. (zit.: *Merkner/Sustmann*, NZG 2005).

Merkner, Andreas; Sustmann, Marco; Retsch Alexander; Insiderrecht und Ad-hoc-Publizität im neuen Emittentenleitfaden der BaFin, AG 2019, S. 621 ff. (zit.: *Merkner/Sustmann/Retsch*, AG 2019).

Merkt, Hanno; Unternehmenspublizität, Tübingen 2001 (zit.: *Merkt*, Unternehmenspublizität, 2001).

Meyer, Andreas; Veil, Rüdiger; Rönnau, Thomas (jew. Hrsg.); Handbuch zum Marktmissbrauchsrecht, 1. Aufl., München 2018 (zit.: *Bearbeiter* in Meyer/Veil/Rönnau Marktmissbrauchsrecht).

Möllers, Thomas; Das europäische Kapitalmarktrecht im Umbruch, Ein Zwischenbericht zu den kapitalmarktrechtlichen Informationspflichten unter rechtsvergleichender Perspektive, ZBB 2003, S. 390 ff. (zit.: *Möllers*, ZBB 2003).

Möllers, Thomas; Insiderinformation und Befreiung von der Ad-hoc-Publizität nach § 15 Abs. 3 WpHG - Zur Neubeurteilung von mehrstufigen Entscheidungsprozessen durch das Anlegerschutzverbesserungsgesetz -, WM 2005, S. 1393 ff. (zit.: *Möllers*, WM 2005).

Mülbert, Peter; Steup, Steffen; Emittentenhaftung für fehlerhafte Kapitalmarktinformation am Beispiel der fehlerhaften Regelpublizität - das System der Kapitalmarktinformationshaftung nach AnSVG und WpPG mit Ausblick auf die Transparenzrichtlinie – WM 2005, S. 1633 ff. (zit.: *Mülbert/Steup*, WM 2005).

Müller, Hans-Friedrich; Einbeziehung des Anlegers in den Schutzbereich des Vertrags zwischen Emittentin und Wirtschaftsprüfer zur Testierung der Gewinnprognosen im Wertpapierprospekt, EWiR 2014, S. 483 f. (zit.: *Müller*, EWiR 2014).

Müller, Robert (Hrsg.); Wertpapierprospektgesetz, 2. Online-Auflage (Entspricht der 1264. Lieferung der Loseblattsammlung „Das deutsche Bundesrecht" (5/2017), Rechtsstand: 15.5.2017), Baden-Baden 2017 (zit.: *Müller* in Nomos WpPG).

Nikoleyczik, Tobias; Graßl, Bernd; Überarbeitung des Deutschen Corporate Governance Kodex (DCGK) – Die Änderungsvorschläge der

Regierungskommission aus der Plenarsitzung vom 13.10.2016, NZG 2017, S. 161 ff. (zit.: *Nikoleyczik/Graßl*, NZG 2017).

Otto, Harro (Hrsg.); Aktienstrafrecht, Erläuterungen zu den §§ 399-410 AktG (Sonderausgabe der Kommentierung der §§ 399-410 AktG aus: Großkommentar Aktiengesetz, 4. Aufl., Berlin 1997 (zit: *Bearbeiter* in GroßKomm AktG).

Park, Tido (Hrsg.); Kapitalmarktstrafrecht, Straftaten/Ordnungswidrigkeiten/ Finanzaufsicht/Compliance, 5. Aufl., Baden-Baden 2019 (zit.: *Bearbeiter* in Park Kapitalmarktstrafrecht).

Pföhler, Martin; Riese, Karina; Zukunftsorientierte Finanzinformationen – Systematisierung sowie Erstellung nach internationalen, europäischen und nationalen Regelungen, WpG 2014, S. 1184 ff. (zit.: *Pföhler/Riese*, WpG 2014).

Poelzig, Dörte; Insider- und Marktmanipulationsverbot im neuen Marktmissbrauchsrecht, NZG 2016, S. 528 ff. (zit.: *Poelzig*, NZG 2016).

Rabenhorst, Dirk; Wiechens, Gero; Praxis der Halbjahresfinanzberichterstattung der DAX 30-Unternehmen, DB 2009, S. 521 ff. (zit.: *Rabenhorst/Wiechens*, DB 2009).

Rieckhoff, Helge; Trendinformationen und Prognosen im Wertpapierprospekt – Ein Beitrag zur zukunftsbezogenen Unternehmensberichterstattung –, BKR 2011, S. 221 ff. (zit.: *Rieckhoff*, BKR 2011).

Rieckhoff, Helge; Prognoseberichterstattung im Kapitalmarktrecht, Diss. Baden-Baden 2009 (zit.: *Rieckhoff*, Prognoseberichterstattung im Kapitalmarktrecht).

Schäfer, Frank; Hamann, Uwe (jew. Hrsg.); Kapitalmarktgesetze, Wertpapierhandelsgesetz, Börsengesetz mit BörsZulV, Wertpapierprospektgesetz, Verkaufsprospektgesetz, Wertpapiererwerbs- und Übernahmegesetz, Kommentar, 2. Aufl. 1. Lieferung, Stand: Januar 2006, Stuttgart 2006 (zit.: *Bearbeiter* in Schäfer/Hamann Kapitalmarktgesetze).

Schimansky, Herbert; Bunte, Hermann-Josef; Lwowski, Hans Jürgen (jew. Hrsg.); Bankrechts-Handbuch, 5. Aufl., München 2017 (zit.: *Bearbeiter* in Schimansky/ Bunte/Lwowski Bankrecht).

Schindler, Joachim; Rabenhorst, Dirk; Auswirkungen des KonTraG auf die Abschlussprüfung (Teil I), BB 1998, S. 1886 ff. (zit.: *Schindler/Rabenhorst*, BB 1998).

Schlitt, Michael; Landschein, Carlos; Prospekthaftung – Aktuelle Entwicklungen, ZBB 2019, S. 103 ff. (zit.: *Schlitt/Landschein*, ZBB 2019).

Schlitt, Michael; Mildner, Andreas; Ad-hoc-Publizität im Zusammenhang mit (vorläufigen) Geschäftszahlen und Prognosen, Festschrift 25 Jahre WpHG (Hrsg.: Klöhn, Lars; Mock, Sebastian), Berlin 2019, S. 355 ff. (zit.: *Schlitt/Mildner* in FS 25 Jahre WpHG, 2019).

Schlitt, Michael; Schäfer, Susanne; Drei Jahre Praxis unter dem Wertpapierprospektgesetz – eine Zwischenbilanz, AG 2008, S. 525 ff. (zit.: *Schlitt/Schäfer*, AG 2008).

Schlitt, Michael; Schäfer, Susanne; Auswirkungen des Prospektrichtlinie-Umsetzungsgesetzes auf Aktien- und Equity-Linked Emissionen, AG 2005, S. 498 ff. (zit.: *Schlitt/Schäfer*, AG 2005).

Schmidt, Karsten; Ebke, Werner F. (jew. Hrsg.)*;* Münchener Kommentar zum Handelsgesetzbuch, Band 4, Drittes Buch. Handelsbücher §§ 238-342e HGB, 3. Aufl., München 2013 (zit.: *Bearbeiter* in MüKo-HGB).

Schmidt, Karsten; Lutter, Marcus (jew. Hrsg.)*;* Aktiengesetz, Kommentar, 3. Aufl., Köln 2015 (zit.: *Bearbeiter* in *K.* Schmidt/Lutter AktG).

Schmolke, Ulrich; Die Haftung für fehlerhafte Sekundärmarktinformation nach dem „IKB"-Urteil des BGH, ZBB 2012, S. 165 ff. (zit.: *Schmolke*, ZBB 2012).

Schulz, Stephan; Die Reform des Europäischen Prospektrechts – Eine Analyse der geplanten Prospektverordnung und ihrer Praxisauswirkungen –, WM 2017, S. 1417 ff. (zit.: *Schulz*, WM 2017).

Schwark, Eberhard; Zimmer, Daniel (jew. Hrsg.)*;* Kapitalmarktrechts-Kommentar, Börsengesetz mit Börsenzulassungsverordnung, Wertpapierprospektgesetz, Verkaufsprospektgesetz mit Vermögensanlagen-Verkaufsprospektverordnung, Wertpapierhandelsgesetz, Wertpapiererwerbs- und Übernahmegesetz, 4. Aufl., München 2010 (zit.: *Bearbeiter* in Schwark/Zimmer KMRK (Voraufl. 2010)).

Schwark, Eberhard; Zimmer, Daniel (jew. Hrsg.)*;* Kapitalmarktrechts-Kommentar, Börsengesetz mit Börsenzulassungsverordnung, Wertpapierprospektgesetz, Wertpapierhandelsgesetz, Wertpapiererwerbs- und Übernahmegesetz, Europäische Marktmissbrauchsverordnung, 5. Aufl., München 2020 (zit.: *Bearbeiter* in Schwark/Zimmer KMRK).

Schwarze, Hans-Joachim; Insiderregelungen im Spannungsfeld der Praktikabilität, BFuP 1994, S. 124 ff. (zit.: *Schwarze*, BFup 1994).

Seibt, Christoph (Hrsg.); Beck'sches Formularbuch Mergers & Acquisitions, Formularbuch, 3. Aufl., München 2018 (zit.: *Seibt* in Beck'sches Formularbuch M&A).

Seibt, Christoph/Huizinga, Michiel; Prognosen im Kapitalmarktrecht, CFL 2010, S. 289 ff. (zit.: *Seibt/Huizinga*, CFL 2010).

Seibt, Christoph; Wollenschläger, Bernward; Revision des Marktmissbrauchsrechts durch Marktmissbrauchsverordnung und Richtlinie über strafrechtliche Sanktionen für Marktmanipulation, AG 2014 S. 593 ff. (zit.: *Seibt/Wollenschläger*, AG 2014).

Siebel, Ulf; Gebauer, Stefan; Prognosen im Aktien- und Kapitalmarktrecht – Lagebericht, Zwischenbericht, Verschmelzungsbericht, Prospekt usw. - - Teil II -, WM 2001, S. 134 ff. (zit.: *Siebel/Gebaur*, WM 2001).

Simons, Cornelius; Kallweit, Dominik; Quartalsberichte – Quartalsprüfung – Prüferbestellung: Praxishinweise zu den Neuerungen durch das TranspRLÄndRL-UG, BB 2016, S. 332 ff. (zit.: *Simons/Kallweit*, BB 2016).

Spindler, Gerald; Stilz, Eberhard (jew. Hrsg.)*;* Kommentar zum Aktiengesetz, Band 2, 4. Aufl., München 2019 (zit.: *Bearbeiter* in Spindler/Stilz AktG).

Ulmer, Peter (Hrsg.); HGB-Bilanzrecht, Rechnungslegung, Abschlussprüfung, Publizität, Großkommentar, 1. Teilband: §§ 238-289 HGB, Grundlagen. Jahresabschluss der Personen- und Kapitalgesellschaften, Berlin 2002 (zit.: *Bearbeiter* in Staub-HGB).

v. Bonin, Gregor; Böhmer, Jörg; Der Begriff der Insiderinformation bei gestreckten Sachverhalten, EuZW 2012, S. 694 ff. (zit.: *v. Bonin/Böhmer*, EuZW 2012).

v. Klitzing, Joachim; Die Ad-hoc-Publizität, Diss. Köln 1999 (zit.: *v. Klitzing*, Die Ad-hoc-Publizität, 1999).

Vaupel, Christoph; Oppenauer, Li Alena; Zur Strafbarkeit eines unterlassenen, verspäteten oder verfrühten Aufschubs von der Ad-hoc-Veröffentlichungspflicht, AG 2019, S. 502 ff. (zit.: *Vaupel/Oppenauer*, AG 2019).

Veil, Rüdiger; Prognosen im Kapitalmarktrecht, AG 2006, S. 690 ff. (zit.: *Veil*, AG 2006).

Vetter, Jochen; Engel, Daniel; Lauterbach, Theresa; Zwischenschritte als ad-hoc-veröffentlichungspflichtige Insiderinformationen, AG 2019, S. 160 ff. (zit.: *Vetter/Engel/Lauterbach*, AG 2019).

von Nussbaum, Konrad; Prognosebericht muss trotz Wirtschaftskrise erstellt werden, GWR 2010, S. 16 (zit.: *von Nussbaum*, GWR 2016).

Weber, Martin; Die Haftung des Abschlussprüfers gegenüber Dritten, NZG 1999, S. 1 ff. (zit.: *Weber*, NZG 1999).

Wöckener, Karsten; Kutzbach, Annekatrin; Neue EU-Prospektverordnung – Anpassungsbedarf bei der Praxis der Prospekterstellung, RdF 2018, S. 276 ff. (zit.: *Wöckener/Kutzbach*, RdF 2018).

Wolf, Klaus; Neuerungen im (Konzern-)Lagebericht durch das Bilanzrechtsformgesetz (BilReG – Anforderungen und ihre praktische Umsetzung, DStR 2005, S. 438 ff. (zit.: *Wolf*, DStR 2005).

Zimmer, Daniel; Das Gesetz zur Kontrolle und Transparenz im Unternehmensbereich, Ein „Omnibus-Gesetz" bring die Aktienrechtsnovelle 1998 und weitere wichtige Neuerungen für das Handels- und Wirtschaftsrecht, NJW 1998, S. 3521 ff. (zit.: *Zimmer*, NJW 1998).

Zöllner, Wolfgang; Noack, Ulrich (jew. Hrsg.); Kölner Kommentar zum Aktiengesetz, Band 7, §§ 329-410 AktG, §§ 1-46 EGAktG, 3. Aufl., Köln 2016 (zit.: *Bearbeiter* in KölnKomm-AktG).

www.ingramcontent.com/pod-product-compliance
Ingram Content Group UK Ltd.
Pitfield, Milton Keynes, MK11 3LW, UK
UKHW021126041026
8980IPUK00026B/767

9 783631 850725